2018 年国家社会科学基金一般项目"健康中国战略下农村医养结合型养老服务体系构建研究"（18BSH165）阶段成果

Research on the Supply of the
Home-Based Care Services
for the Elderly in Rural Areas
of Liaoning Province

■
郑吉友 著

——

辽宁省农村居家养老
服务供给研究

中国社会科学出版社

图书在版编目（CIP）数据

辽宁省农村居家养老服务供给研究/郑吉友著.—北京：中国社会科学出版社，2019.9
ISBN 978 - 7 - 5203 - 5297 - 0

Ⅰ.①辽…　Ⅱ.①郑…　Ⅲ.①农村—养老—社会服务—研究—辽宁　Ⅳ.①D669.6

中国版本图书馆 CIP 数据核字 (2019) 第 215262 号

出 版 人	赵剑英
责任编辑	宋燕鹏
特约编辑	王 潇
责任校对	石建国
责任印制	李寡寡

出　　版	中国社会科学出版社
社　　址	北京鼓楼西大街甲 158 号
邮　　编	100720
网　　址	http://www.csspw.cn
发 行 部	010 - 84083685
门 市 部	010 - 84029450
经　　销	新华书店及其他书店

印　　刷	北京君升印刷有限公司
装　　订	廊坊市广阳区广增装订厂
版　　次	2019 年 9 月第 1 版
印　　次	2019 年 9 月第 1 次印刷

开　　本	710 × 1000　1/16
印　　张	15.5
插　　页	2
字　　数	252 千字
定　　价	78.00 元

前　言

　　在全面建成小康社会的伟大进程中，"老有所养"已成为保障和改善民生的重要目标之一。居家养老服务作为一种新型互动化养老服务模式，契合了老年人的传统观念与养老意愿，已逐渐成为老年人养老的理想选择。但在人口居住分散、公共养老资源相对匮乏、社会化养老服务水平较低的农村社区推进居家养老服务，不仅是一个重要的实践问题，也是亟待深入研究的理论课题。在农村居家养老服务供给中，政府、企业、非营利组织、社区和家庭各具优势，但又存在一定的局限。因此，本书以辽宁省农村居家养老服务供给为研究对象，旨在分析农村居家养老服务供给存在的问题及其原因，以推动辽宁省农村居家养老服务实现持续健康发展。

　　首先，本书在总结前人已有研究成果的基础上，以福利多元主义理论为指导，从农村居家养老服务供给主体、客体、内容、方式和供给机制等方面分析农村居家养老服务供给问题，界定了农村居家养老服务供给是由政府、企业、非营利组织、社区、家庭等多元供给主体，通过机构养老服务外溢式、家庭养老院式和农村互助幸福院式等不同供给方式，为农村老年人提供生活照料、医疗护理、精神慰藉和社会参与等服务。因此，本书认为，农村居家养老服务供给是一个完整的居家养老服务提供与递送系统，需要明确政府、企业、非营利组织、社区、家庭等多元主体的角色定位与职能分工。

　　其次，伴随着农村养老服务供给体系的逐步完善，根据辽宁省农村占主导地位的居家养老服务供给资源的不同，本书将辽宁省农村居家养老服务供给的发展阶段分为萌芽期、形成期和发展期三个历史阶段，同时，也体现了辽宁省农村养老服务由家庭养老向社会养老延伸，由服务机构化向社区化转变的历史时期。

　　再次，本书基于辽宁省农村居家养老服务供需状况的调研数据，综合运用访谈法、参与式观察法、问卷调查法和计量分析法等研究方法，测算了辽宁省农村居家养老服务的需求水平、需求强度与需求意愿以及供给水平、供给强度和供给效益，分析得出，辽宁省农村居家养老服务供给存在服务设施覆盖率低、服务供给的有限性与需求的多样性不匹配、农村居家养老服务供给主体间缺乏高度协同等突出问题，究其原因，是农村居家养老服务供给主体发育不成熟、多元保障机制不健全和协同供给能力不足等因素所致。同时，借鉴英、美、德、日等发达国家居家养老服务供给的典型经验，提出完善辽宁省农村居家养老服务供给的对策建议，即培育居家养老服务多元供给主体，完善居家养老服务供给的多元保障机制，推进居家养老服务协同供给，进而实现辽宁省农村居家养老服务的有效供给。

最后是本书的结论。本书分析认为，辽宁省农村居家养老服务是一种新型的互动化养老保障模式，辽宁省发展农村居家养老服务应以需求强度为依据实施精准供给，需要大力培育多元供给主体，构建农村居家养老服务多元协同供给机制，是提升辽宁省农村居家养老服务供给水平的关键。

目　录 CONTENTS

第一章　导论

第一节　研究背景与意义

　　伴随着乡村振兴战略的稳步推进，我国农村社会化养老服务体系逐渐完善，但在不同区域差距依然较大。因此，在稳增长、促改革、调结构、惠民生、防风险等各项工作稳步推进的背景下，研究农村居家养老服务供给，不仅是一个重要的实践问题，也是亟待深入研究的理论课题。本书是基于笔者身处辽宁省，对农村老年人的生活状况相对熟悉且便于沟通，有助于打消农村老年人的思想顾虑，便于获取第一手调研资料，因此选择辽宁省农村社区因地制宜开展调研，进一步深入分析辽宁省农村居家养老服务供给问题，为提高农村居家养老服务供给水平、增进农村老年人福祉发挥积极作用。

一　研究背景

（一）农村人口快速老龄化的迫切需要

　　伴随着人口结构的变化，辽宁省在 1996 年就进入老龄化社会①，比全国的老龄化进程提前了 4 年。根据全国老龄办公布的数据，截至 2017 年底，我国 60 岁及以上老年人口 2.41 亿人，占总人口 17.3%。其中比上年新增老年人口首次超过 1000 万。人口统计数据显示，我国从 1999 年进入人口老龄化社会到 2017 年的 18 年间，老年人口净增 1.1 亿。预计到 2050

---

　　①　国际上普遍认为，当一个国家或地区 60 岁及以上的老年人口占总人口的比重超过或等于 10%，或者 65 岁及以上老年人口占总人口的比重超过或等于 7%，即可认定该国或地区处于老龄化社会。

年前后，我国老年人口数将达到峰值 4.87 亿，占总人口的 34.9%。2017 年 3 月 9 日，国家卫计委等 13 个部门联合印发的《"十三五"健康老龄化规划》显示，到 2020 年全国 60 岁以上老年人口将增至 2.55 亿人，占总人口的 17.8% 左右。目前，农村少子化、空巢化、老龄化家庭日益增多，家庭养老难以持续。2017 年 1 月 25 日，国务院印发《国家人口发展规划 (2016—2030 年)》，发布的数据显示，2015 年，我国农村失能老年人已达 828.9 万人，农村空巢老年人占农村老年人总数的 23.3%。据《2018 年中国家庭发展报告》显示，家庭养老需求和医养结合需求较为强烈，老年人养老最强烈的需求是健康医疗。在我国社会化养老服务体系不断健全的今天，居家养老服务是解决老龄化危机的优先努力方向，是"健康中国"战略在农村老年群体中落实的"最后一公里"。第六次全国人口普查统计显示，辽宁省老龄化程度已经位居全国第四位，随着辽宁省老龄化趋势的加快和日益严峻的养老问题，居家养老模式已经成为辽宁省社会养老事业的主要发展方向。据《辽宁省老年人口信息和老龄化事业发展状况报告》显示，2017 年，辽宁省户籍总人口为 4232.57 万人，60 周岁及以上户籍老年人口 958.74 万人，占总人口 22.65%，全省 80 周岁及以上高龄老年人口为 124.59 万人，占老年人口 13%，比 2016 年增加 1.42 万人。农村老年人口为 440.49 万人，占老年人口 45.94%，全省有空巢老年人口 390.72 万人，占老年人口 40.75%。其中，农村空巢老人 190.3 万，数量相对减少。辽宁省老年人口抚养比①高出全国 5.35 个百分点，全省 14 个市除锦州、朝阳外，人口老龄化程度均超过 20%，大连、丹东、本溪、沈阳都超过 24%。在辽宁省老年人口中，健康人数占 52.42%。患有老年慢性病人数 276.53 万人，占老年人口 28.84%；患其他疾病人数 179.7 万人，占老年人口 18.74%。失能老年人 43.66 万人，占老年人口 4.55%；半失能老人 66.51 万人，占老年人口 6.94%。可见，辽宁省人口老龄化的发展速度非常惊人，不仅远高于全国同期水平，而且直接影响到未来经济发展的可持续能力。辽宁省老年人因年龄增长，常见病、多发病的发病比例增高，农村老年人在经济供养、生活照料、精神赡养等居家养老服务需求与日俱

---

① 老年抚养比是指人口中非劳动年龄人口数中老年部分与劳动年龄人口数之比，用以表明每 100 名劳动年龄人口要负担多少名老年人，也成为老龄人口抚养系数，简称老年系数。表达公式为：老年人口抚养比 = 65 岁以上人口数/15—64 岁人口数。

增，农村老年人养老状况不容忽视。伴随着辽宁省农村人口老龄化趋势日益凸显，农村养老服务供给面临巨大压力，已成为制约城乡统筹发展的关键因素，研究农村居家养老服务供给问题是农村人口快速老龄化的迫切要求。

（二）城乡基本公共服务均等化发展的必然要求

伴随着我国城乡基本公共服务均等化进程的加快推进，城乡居民养老保险制度逐渐实现全覆盖，我国开始迈入全民保障时代，推进城乡基本公共服务均等化发展已经成为全民共享经济发展成果的基本途径。《国务院关于印发〈"十三五"推进基本公共服务均等化规划〉的通知》（国发〔2017〕9号）指出，提高城乡社区卫生服务机构为老年人提供医疗保健服务的能力，加快社区居家养老服务信息网络和服务能力建设。完善服务项目和基本标准，强化公共资源投入保障，以普惠性、保基本、均等化、可持续为方向，提高共建能力和共享水平，努力提升人民群众的获得感、公平感、安全感和幸福感。因此，提高农村老年人经济供养和服务保障水平，完善涵盖生活照料、健康护理、文化娱乐和精神慰藉等全方位社会化养老服务体系，已成为城乡社区统筹发展的内在要求。"十三五"规划指出，建立健全以居家养老为基础、社区为依托、机构为支撑的居家养老服务体系，满足农村社区空巢、失独、高龄①、失能等特殊老年人和普通老年人异质性居家养老服务需求，是实现农村老年人"老有所养"的必然要求。辽宁省居家养老服务发展起步较早，发展较快。据《辽宁省老年人口信息和老龄化事业发展状况报告》显示，2017年，辽宁省各类养老机构已达1842个，全省共有区域性居家养老服务中心249个，城乡社区居家养老服务站、日间照料站（室）等3606个。据《辽宁省人民政府关于印发〈"十三五"辽宁省老龄事业发展和养老体系建设规划〉的通知》（辽政发〔2017〕41号），在居家养老与基层老年协会建设方面，2017年，全省76%的县（市、区）和70%乡镇（街道）的老龄工作机构逐步得到理顺和加强，老年协会建设更加规范，95%的村（社区）建立基层老年协会组织，约22万名志愿者经常开展为老服务。养老服务体系不断完善。全省各类养老机构达到1735家（公办802家、民办933家），其中农村敬老院

---

① 参照中国传统划分方法和中国高龄政策，本书将70岁以下的老年人界定为低龄老年人，70—79岁老年人界定为中龄老年人，80岁及以上界定为高龄老年人。

631 所（区域中心院 279 所、乡镇院 352 所）；全省村（社区）居家养老服务设施 8000 多个，社区照料床位 3.1 万张，年服务老年人数达到 52 万人次，15 万困难老年人享受政府购买的服务。社会养老床位达到 25.13 万张，每千名老年人拥有养老床位 30 张。老年人优待范围大幅拓宽，优待政策不断完善。省、市、县（市、区）建立了老年人法律援助中心，覆盖城乡的老年人维权网络体系基本形成。2015 年，辽宁省已有社区居家养老服务站 2905 个，农村互助幸福院 2625 个①，14868 个村（社区）建立基层老年协会，建会率达到 94%，登记备案率为 100%。在老年人权益保障方面，辽宁省已有 25.2 万老年人享受高龄津贴。各市及所属县（市、区）老龄办均有负责老年人权益保障的工作人员，面向社会公开老年人维权电话，乡镇（街道）普遍成立老年人维权工作站，省、市、县（市、区）建立老年人法律援助机构。在老龄产业发展方面，在辽宁省"关爱老年人健康工程"中，各级政府出资 221.8 万元为 10 万名城乡分散供养的特困老年人办理意外伤害保险。可见，伴随着城乡基本公共服务均等化的稳步推进，农村居家养老服务供给成效已逐步显现，今后仍需要从政策、资金和服务上予以重点支持，为农村居家养老服务供给的可持续发展奠定重要基础。

（三）全面建成小康社会的应有之义

"十三五"时期是我国全面建成小康社会的决胜阶段，是辽宁省全面建成小康社会的攻坚期，也是建立健全居家养老服务体系的关键时期。辽宁省既面临着重大机遇，又面临着严峻挑战。面对人口老龄化严峻形势，辽宁省老龄事业发展与实现全体老年人同步进入全面小康社会的新要求还存在明显差距。辽宁新一轮振兴处于滚石上山、爬坡过坎的关键时期，需要将社会保障放在与经济增长同等重要的位置，通过发展农村居家养老服务为辽宁省全面建成小康社会提供持久动力。当前，农村社区已不再是传统意义上的村庄社区，而是农村社会公共服务治理的基本单元，是一个更

---

① 农村互助幸福院主要提供膳食供应、生活照顾、医疗保健、康复理疗、休闲娱乐等日间托养服务。新民市 Z 镇 C 村农村互助幸福院是集生活照料、医疗康复、精神慰藉等功能为一体的生活、活动场所，设有图书室、会议室、社区活动室、厨房、农家书屋、会议室，为老年人提供生活照料、医疗保健、法律服务、精神慰藉、康复健康等服务。定期组织老年人进行健康检查，定期开展健康知识讲座，培养老年人的生活、卫生及作息习惯，增强老年人的保健养生意识。每季度开展一次慢性病随访，对高血压、糖尿病等不同群体老年人开展有针对性的健康教育和健康防御活动，为患有高血压的老人免费定期测量血压。

加广阔、更具弹性和开放性的社会发展、自我管理和公共服务平台。在我国农村，传统家庭养老功能逐渐弱化，现代社会养老保障的全覆盖体系尚未真正形成，社区在家庭和机构养老中发挥着桥梁作用。发展农村居家养老服务具有公益性、志愿性、民间性和组织性等属性，农村社会化养老服务体系的建设与完善是全面建成小康社会的必然要求，是全面贯彻党的十八届五中全会决定提出的"建设以居家为基础、社区为依托、机构为补充的多层次养老服务体系"精神的重要体现。2016 年 12 月，《国务院办公厅关于全面放开养老服务市场提升养老服务质量的若干意见》（国办发〔2016〕91 号）指出，养老服务业是涉及亿万群众福祉的民生事业。发展养老服务业是辽宁老工业基地结构调整、产业转型升级的必然选择，是保障和改善民生的重要举措。当前，辽宁省养老服务业发展较快，产业规模不断扩大，服务体系逐步完善。随着人民生活水平逐步提高，老年群体多层次、多样化的养老服务需求不断出现，对养老服务有效供给提出了更高要求。因此，将养老资源向农村倾斜，向失能、半失能老年人倾斜，大力培育小型化、连锁化、专业化养老服务机构，进一步提供护理型服务供给，建立医养结合绿色通道，推进"互联网＋养老服务"创新平台，尽最大努力实现农村居家养老服务全覆盖，是全面建成小康社会的应有之义。

（四）农村居家养老服务契合了学术界关注的前沿问题

目前，农村居家养老服务是近年来学术界关注的前沿问题。从国家社科基金项目的立项课题来看，自 2009 年至 2018 年，以居家养老为主题的资助立项课题有 20 项，其中，研究居家养老服务的国家社科基金项目为 30 项，而 2017 年至 2018 年国家社科基金资助居家养老服务研究课题为 4 项，说明这一问题越来越成为学术界研究的热点。国家社科基金作为社科类最高级别的项目专门资助了居家养老服务问题的相关研究，体现了这一问题十分重要，已立项课题主要体现在政府购买居家养老服务、资金投入保障机制、提升居家养老服务质量等方面，农村居家养老服务问题还需要继续深入研究，因此，著者选择农村居家养老服务供给研究作为研究主题，悉心调研并开展深入研究，契合了国家社科基金关注的前沿问题，同时，也是辽宁省经济社会发展进程中需要解决的关键问题，具有重要的现实针对性。

二 研究意义

（一）有利于进一步深化对农村居家养老服务的学理研究

通过本课题的研究，在理论层面分析农村居家养老服务的发展历程、供给方式及其重要价值。居家养老服务起源于 20 世纪 50 年代的英国社区照顾，当前已成为欧美福利国家占主导地位的养老模式。我国居家养老服务供给的发展呈现出以政府主导、城镇优先和循序渐进的特点，2016 年 7 月 13 日，《民政部、财政部关于中央财政支持开展居家和社区养老服务改革试点工作的通知》（民函〔2016〕200 号）指出，2016 年中央财政支持全国 26 个市（区）作为开展居家和社区养老服务改革试点地区，居家养老服务开始步入全面规范化发展阶段。在农村养老服务供给资源有限的条件下，农村居家养老服务供给应坚持以需求为导向，重点满足农村五保、失能、高龄等农村特殊老年人的生活照料、医疗护理、精神慰藉等服务需求，突出居家养老服务在整个社会养老服务体系中的基础性作用。

（二）有利于创新农村居家养老服务的供给方式

农村社区居家养老服务是一种新型的互动化养老保障模式，本书以辽宁省农村居家养老服务供给为研究对象，将居家养老服务的研究范畴拓展为机构照料的服务功能外溢、农村家庭养老院和农村互助幸福院等研究载体，提高农村养老服务资源的使用效率。同时，居家养老服务作为社会养老服务体系的基础，能否在机构养老服务外溢功能的补充下实现较快发展值得深入探讨，进而充分发挥政府、企业、非营利组织、社区、家庭各供给主体的优势，实现农村居家养老服务的协同供给，逐步完善农村居家养老服务体系，不断丰富农村居家养老服务的供给方式。

（三）有助于增强辽宁省农村老年人的获得感和幸福感

从 2008 年中央"一号文件"提出的"必须加快发展农村公共事业，提高农村公共产品供给水平"，到辽宁省"十三五"规划提出坚持把着力保障和改善民生作为全面建成小康社会，实现老工业基地全面振兴全方位振兴的出发点和落脚点，都凸显了中央和辽宁省对改善和加强农村公共产品供给的高度重视。辽宁省农村人口老龄化具有老年人口多、老龄化速度快、未富先老和养老责任压力地区差异大等特点。当前，由于农村居家养老服务发展相对滞后，导致农村居家养老服务供需矛盾不断显现。在全面振兴辽宁老工业基地的攻坚时期，企业和非营利组织等参与供给主体的活力有待充分激发的背景下，通过深入研究农村居家养老服务供给问题，促进农村居家养老服务多元供给主体的潜力充分释放，农村居家养老服务质量稳步提高，有效帮助农村老年人增进福祉，努力保障和改善农村老年人的生活质量，使改革发展成果更多更公平惠及农村老年人群体，使农村老年人有更多获得感和幸福感。"十三五"时期，辽宁省提出增加公共产品和公共服务的供给，提高供给结构对需求变化的适应性和灵活性，促进城乡居家养老服务统筹发展。通过逐步引导养老工作重心下移、资源下沉，大力推广便民惠民服务，以老年人养老服务需求为导向，创新农村居家养老服务供给方式，做细做实居家养老服务，提升农村养老服务供给质量，让农村老年人共享改革发展成果。通过分析农村居家养老服务供给存在的问题及其成因，以优化居家养老服务资源配置为途径，引导政府、企业、非营利组织、社区等多元主体参与农村居家养老服务供给，切实增强农村老年人的获得感、幸福感和安全感，是促进社会和谐稳定的必然要求。

（四）有助于探索构建农村居家养老服务协同供给机制

2016 年 11 月 11 日，民政部下发了《民政部：关于确定 2016 年中央财政支持开展居家和社区养老服务改革试点地区的通知》（民函［2016］310 号），确定全国 26 个城市和地区为国家居家和社区养老服务改革试点地区，辽宁省沈阳市位列其中。2017 年 4 月，民政部、财政部联合印发了《关于做好第一批中央财政支持开展居家和社区养老服务改革试点工作的通知》（民发［2017］54 号）（以下简称《通知》）和《中央财政支持开展居家和社区养老服务改革试点工作绩效考核办法》（民发［2017］55 号）（以下简称《考核办法》），对 2016 年底全国遴选的 26 个地级市试点地区提出试点任务要求和工作安排，标志着第一批中央财政支持的居家和社区养老服务改革试点探索正式启动，将为全国加快发展居家和社区养老服务，健全以居家为基础、社区为依托、机构为补充，医养相结合的养老服务体系提供有力支持。本书基于福利多元主义理论探索构建居家养老服务多元协同供给机制，有助于弥补政府与企业、非营利组织、社区、家庭等各个供给主体的不足，有效破解政府失灵、市场失灵、志愿失灵、社区失灵和家庭失灵。在协同供给体系中，多元供给主体间的协同具有多种供给方式，主要体现为政府与企业之间、政府与非营利组织之间以及政府与社区之间的二元低度协同，而缺乏多元供给主体间的多元高度协同。为此，通过本书的研究，有助于探索构建农村居家养老服务协同供给机制，逐步提高农村居家养老服务供给的经济和社会效益。

第二节　国内外研究现状

一　国外研究现状

（一）关于家庭护理与社区照顾的相关研究

在我国推进城镇化建设进程中，伴随着农村成年子女的乡城迁移，传统家庭养老功能弱化，使家庭供养能力逐渐下降。M. Satka 等基于芬兰中部地区农村家庭专业护理人员短缺的原因分析指出，人类护理伦理逐渐丧失，以及遵守社会公德的照顾者流失，社会机构护理专业人员的减少，服务人员供给不足，对社区照料系统形成严峻挑战。[1] 社区照顾依托社区服务与居民参与供给实现自助与互助相结合，是家庭养老与社区养老相结合的养老服务供给体系。社区照顾的宗旨是减少机构养老，代之以费用低廉的服务方式，为老年人提供灵活多样的养老服务项目。A. Gregory 等认为健康照顾需要从老年人认知、照顾者和健康服务提供者的角度支持老年人居家养老，不断增强服务可及性，改善居家照料服务质量。[2] A. E. Witsø 等认为，提高老年人参与居家养老服务供给的关键在于改善老年人居家生活质量和增强社会参与的能力，支持老年人共享高质量的居家养老服务供给。[3]

（二）关于居家照顾服务供给的相关研究

P. Davidsson 等基于家庭社会学的分析，提出以国家、市场、家庭和社

---

① Satka, Mirja and Pilvi Hämeenaho, "Finnish eldercare services in crisis: the viewpoint of rural home care workers", *Current Genomics*, Vol. 5, No. 1, November 2014, pp. 1 – 14.

② Gregory, Anna, et al. "Experiences of health care for older people who need support to live at home: A systematic review of the qualitative literature ", *Geriatric Nursing*, Vol. 38, No. 4, Jul. – Aug. 2017, pp. 315 – 324.

③ Aud Elisabeth Witsø, Borgunn Ytterhus, Kjersti Vik, "Taking home – based services into every-day life: older adults' participation with service providers in the context of receiving home – based serv-ices", *Scandinavian Journal of Disability Research*, Vol. 17, No. 1, May 2013, pp. 46 – 61.

区为多元福利供给主体，重构微观服务质量与宏观福利网络相结合的老年居家照顾体系。[①] H. Ines 等基于中低收入国家临床实践的研究认为，心理咨询评估具有有效性和可行性，以家庭为基础治疗轻度抑郁症，通过远程访问满足潜在精神疾病护理和缺医少药人群的需求。[②] F. F. Jacobsen 等讨论了挪威福利国家老年居家照顾体系的组成部分，老年人健康照料。服务主要由健康照料系统中的老年保健部门来提供，而由商业公司或自愿组织供给占较少部分。[③] D. Chappell 认为，要对老年人提供有效服务，需要组织家庭照顾者提供培训。[④] S. Voraroon 基于泰国农村老年人的研究认为，老年人参与社区护理的机会有限，对老年人照顾者缺乏认同，相关职能部门需要与老年人及其家庭成员加强沟通，以利于发展在共同理解基础上的健康照顾。[⑤] 可见，政府、企业、非营利组织、社区及家庭等居家养老服务供给主体的作用经历了动态演进过程，各主体之间相互促进，为增强居家养老服务供给奠定了重要的实践基础。

（三）关于居家养老服务需求的相关研究

由于需求测度的复杂性，老年人的社会需求主要包括以社会调查时老年人感觉到的需求为基础，和以研究者在研究过程中对子女进行访谈时子女所感觉到的老年人照料需求两类。[⑥] C. Chaves 等的研究表明，老年人的健康自评、经济状况、婚姻状况、家庭年收入、家庭居住结构和子女数量是影响老年人居家养老照料需求的重要因素。[⑦] V. Krůutilová 的研究表明意

---

① Davidsson, Per, and B. Honig, "The role of social and human capital among nascent entrepreneurs", *Journal of Business Venturing*, Vol. 18, No. 3, May 2003, pp. 301 – 331.

② Hungerbuehler, Ines, et al, "Home – Based Psychiatric Outpatient Care Through Videoconferencing for Depression: A Randomized Controlled Follow – Up Trial", *Jmir Mental Health*, Vol. 3, No. 3, Aug 2016, pp. 1 – 10.

③ Frode F. Jacobsen and Tone Elin Mekki, "Health and the Changing Welfare State in Norway: A Focus on Municipal Health Care for Elderly Sick", *Ageing International*, Vol. 37, No. 2, June 2012, pp. 125 – 142.

④ Chappell, D., "Communication and Better Support on Agenda at Inaugural Aged – care Gathering", *Medical Societies*, Vol. 18, No. 3, 2012, pp. 1173 – 2032.

⑤ Voraroon, S., Meebunmak, Y., Enmarker, I., Hellzén, O., "Shareholding Networks for Care in Rural Thailand: Experiences of Older Persons and Their Family Members", *Open Journal of Nursing*, Vol. 7, No. 2, 2017, pp. 318 – 330.

⑥ Bradshaw, J., "The Concept of Social Need", *New Society*, Vol. 30, 1972, pp. 640 – 643.

⑦ Chaves, Claudia, and M. Santos, "Patient Satisfaction in Relation to Nursing Care at Home", *Procedia – Social and Behavioral Sciences*, Vol. 217, 2016, pp. 1124 – 1132.

大利农村老年人面临着健康照护不平等，未能有效满足老年人健康照料需求，导致老年人身体健康状况不佳。[1] Y. Okabe 等通过日本福冈居家老年人接受居家养老服务的调研，运用 Logistic 回归分析认为，身体残疾、吞咽功能、营养状况、认知功能以及日常生活能力是需求评估的主要影响因素，保持吞咽功能可能有利于体弱老年人营养不良的预防。[2] E. Borowiak 等基于波兰农村老年人的社会护理服务需求要素评估分析认为，农村老年人的居家养老服务需求可能与人口社会学特征、健康状况、正式和非正式护理和居住地环境等因素有关，提高家庭照顾者的服务能力是完善社会保健护理系统的重要措施。[3] C. Laranjeira 等基于葡萄牙老年人居家养老服务质量的影响因素、困境、正式照顾者的工作条件，分析照顾者应该关注仁慈和尊重的重要性，帮助老年人保持其自主权。[4] S. J. Fitzpatrick 等认为，澳大利亚农村地区的地理和居民健康状况的结构性问题限制了社区心理健康服务供给，合作伙伴需要响应老年人的养老服务需求，在增加信任基础上，合理行使权利，整合养老服务知识和资源。[5] J. T. Caldwell 等运用 Logistic 回归与随机截距估计法，探讨了美国农村地区不同种族的住宅隔离与获得医疗保健之间的关系。[6]

（四）关于居家养老服务水平与效率的研究

当前，提高养老服务水平与效率是实现养老服务有效供给的重要前

---

[1] Krutilová, V., "Unmet Need For Health Care—A Serious Issue for European Elderly?", *Procedia - Social and Behavioral Sciences*, Vol. 220, No. 31, May 2016, pp. 217 – 225.

[2] Okabe, Y., Furuta, M., Akifusa, S., Takeuchi, K., Adachi, M., Kinoshita, T., Kikutani, T., Nakamura, S., Yamashita, Y, "Swallowing Function and Nutritional Status in Japanese Elderly People Receiving Home – care Services：A 1 – year Longitudinal Study", *The journal of nutrition, health & aging*, Vol. 20, No. 7, July 2016, pp. 697 – 704.

[3] Borowiak, E., Kostka, J., Kostka, T., "Comparative analysis of the expected demands for nursing care services among older people from urban, rural, and institutional environments", *Clinical Interventions in Aging*, Vol. 10, 2015, pp. 405 – 412.

[4] Laranjeira, C., Azeredo, Z., Guerra, M., Rodrigues, C, "Formal caregivers' perceptions of working in a home – based care for elderly", *European Psychiatry*, Vol. 33, March 2016, pp. 634 – 634.

[5] Fitzpatrick, S. J., Perkins, D., Luland, T., Brown, D., Corvan, E, "The effect of context in rural mental health care：Understanding integrated services in a small town", *Healthand Place*, Vol. 45, May 2017, pp. 70 – 76.

[6] Caldwell, J. T., Ford, C. L., Wallace, S. P., Wang, M. C., Takahashi, L. M., "Racial and ethnic residential segregation and access to health care in rural areas", *Health and Place*, Vol. 43, January 2017, pp. 104 – 112.

提，是养老福利制度建设的出发点和落脚点。R. Andersen 等根据安德森—纽曼模型认为，照料需求与照料资源使用倾向、获取照料资源能力、养老观念、经济状况和照料成本等因素密切相关。[①] R. Oomkens 等采用路径分析方法探讨家庭护理员工对绩效的感知，分析绩效外包和自主工作满意度之间的关系，进而逐步重视家庭护理工作。[②] C. Y. Kwak 等基于韩国农村居民医疗保健环境需求的分析认为，韩国社区卫生从业人员作为第一线的初级卫生保健提供者所提供的服务，有助于逐步缩小城乡居民之间的健康差距，进而建立终身健康管理系统。[③] G. V. Rooy 等认为，纳米比亚农村老年人获得健康照料服务的障碍在于服务行程距离，由于健康照料设施距离居住地较远，需要通过建立扩展性家庭制度，使农村老年人相对公平地获得健康照料服务。[④] J. Suurmond 等根据医疗保健服务的分析框架，即感知健康需求的能力，寻求卫生保健能力、支付能力、参与能力等产生医疗保健服务可及性五个维度的研究表明，老年人享受居家照顾服务存在语言沟通，以及信息网络和非正式照顾偏好的特定障碍，需要突破家庭护理人员和家庭护理护士之间的语言沟通障碍，使老年人获得较为平等的家庭护理服务。[⑤] K. Braekers等认为，提供居家养老服务的组织倾向于优化其服务行为，以满足不断增长的居家养老服务需求，居家养老服务提供者倾向于考虑老年人的不同偏好，在降低运营成本的同时最大限度地提高服务水平。[⑥] M. Knapp 等认为，购买养老服务是政府提高养老服务供给质量和供

① Andersen, R., Newman, J. F., "Societal and Individual Determinants of Medical Care Utilization in the United States", *The Milbank Memorial Fund Quarterly. Health and society*, Vol. 51, No. 1, Winter 1973, pp. 95 – 124.

② Oomkens, R., Hoogenboom, M., Knijn, T, "Performance – based contracting in home – care work in TheNetherlands: Professionalism under pressure? ", *Health and Social Care in the Community*, Vol. 24, No. 4, July 2016, pp. 399 – 410.

③ Kwak, C. Y., Ko, Y., "Historical overview of community health practitioners in Korea", *Public health nursing (Boston, Mass)*, Vol. 32, No. 2, March – April 2015, pp. 161 – 168.

④ Rooy, G. V., Mufune, P., Amadhila, E, "Experiences and Perceptions of Barriers to Health Services for Elderly in Rural Namibia", *Sage Open*, Vol. 5, No. 3, July 2015, pp. 1 – 10.

⑤ Suurmond, J., Rosenmöller, D. L., EI, M. H., Lamkaddem, M., Essinkbot., M. L, "Barriers in access to home care services among ethnic minority and Dutch elderly——a qualitative study", *International Journal of Nursing Studies*, Vol. 54, February 2016, pp. 23 – 35.

⑥ Braekers, K., Hartl, R. F., Parragh, S. N., Tricoire, F, "A bi – objective home care scheduling problem: Analyzing the trade – off between costs and client inconvenience", *European Journal of Operational Research*, Vol. 248, No. 2, January 2016, pp. 428 – 443.

给效率的重要方式。[①] A. Kiil 等认为，政府化解养老服务供需矛盾的关键是提高养老服务的水平与效率。[②] R. N. Marx 等认为，政府购买养老服务需要政府为养老服务供给主体承担更多成本。[③] V. K. Milena 等基于德国农村社区居家照顾安排的调查数据发现，非正式照顾者通过由正式照顾支持对老年痴呆症的影响。[④] P. Kumari 等基于共享控制结构体系监控居家老年人的日常健康状况，有效提高独居居家老年人的紧急救援能力。[⑤]

二 国内研究现状

居家养老服务研究领域受到越来越多的国内学者关注，在指导思想、基本原则、重点领域、关键环节和发展趋势方面已达成共识。

（一）关于农村居家养老服务需求的相关研究

目前，国内关于居家养老服务需求的研究，主要侧重于需求意愿及其影响因素等方面。穆怀中基于农村居家养老服务发展必然性的研究提出，伴随着农村家庭养老与照护功能逐渐弱化，需要提升人力资本水平，进一步健全和完善农村养老保障和社会救助体系，弥补人口老龄化对经济增长的负面影响，实现中等收入阶段向高收入阶段的跨越。[⑥] 刘妮娜认为要通过政府、社区、社区（村居）内部组织、专业社会组织等多方共治和自治力量营造积极向善的互助型社区共同体，农村互助式养老是自治与共治理

① Knapp, M., Bauer, A., Perkins, M., Snell, T., "Building Community Capital in Social Care: is There an Economic Case?", *Community Development Journal*, Vol. 48, No. 2, April 2013, pp. 179 – 196.

② Kiil, A., Houlberg, K., "How Does Copayment for Health Care Services Affect Demand, Health and Redistribution? A Systematic Review of the Empirical Evidence from 1990 to 2011", *The European Journal of Health Economics*, Vol. 15, No. 8, November 2014, pp. 813 – 828.

③ Novy – Marx, Robert and Rauh, Joshua D., "Linking Benefits to Investment Performance in Us Public Pension Systems" (October 2012). *NBER Working Paper*, No. 18491, Available at SSRN (https://ssrn.com/abstract = 2167594).

④ Milena, V. K., Reuther, S., Dortmann, O., "Care arrangements for community – dwelling people with dementia in Germany as perceived by informal carers – a cross – sectional pilot survey in a provincial – rural setting", *Health & Social care in the community*, Vol. 24, No. 3, May 2016, pp. 283 – 296.

⑤ Kumari, P., Mathew, L., Syal, P., "Increasing trend of wearables and multimodal interface for human activity monitoring: A review", *Biosensors and Bioelectronics*, Vol. 90, No. 15, April 2017, pp. 298 – 307.

⑥ 范洪敏、穆怀中：《人口老龄化会阻碍中等收入阶段跨越吗?》，《人口研究》2018 年第 1 期。

念的诠释与体现。① 朱震宇、李放等基于江苏省老年人医养结合型养老服务的满意度及其影响因素主要有家庭养老资源供给、医疗费用报销、接受方医疗资源的输出成本与获得收益及地区间的差异等，建议推行长期护理保险制度，合理配置"养"与"医"的位置关系，发展医养结合型养老服务。② 胡芳肖等运用 Logistic 回归方法从个体特征、家庭因素、社区便利性、思想文化观念和政策环境五大维度对农村老年人养老服务需求的影响因素进行分析认为，年龄和社区便利性对农村老年人养老服务需求意愿会产生弱的负向影响。③ 郭竞成基于浙江老年人问卷调查的实证研究证明了居家养老项目需求弹性的客观存在，根据弹性居家养老项目分为四类，对各类项目可确定轻重缓急不同的工作策略。④ 田北海等基于嵌入性视角阐释城乡老年人社会化养老服务需求特征及其影响因素。⑤ 李强等基于山东省农村失能老年人的调查数据分析认为，农村失能老年人对长期照护需求强烈，最认同的长期照护方式是家庭照护，最需要的长期照护服务是康复护理类服务。⑥ 李玉娇基于 Multinomial Probit 等模型分析认为，医疗费用报销水平、医疗保障制度主观评价和养老服务的认知度对居家养老需求具有显著影响。⑦ 郑真真、周云等基于 2008—2014 年中国老年健康影响因素跟踪调查（CLHLS）中对跟踪期间死亡老年人亲属的调查结果，分析老年人临终时的健康状况以及家庭和社会支持环境，认为缩短老年人完全失能期、改善老年人的认知健康以及高质量的照料都有助于改善老年人临终前的生活质量。⑧ 王琼基于中国城乡老年人口状况追踪调查数据分析了城市老年人有较高的社区居家养老服务需求的影响因素，其中，崇尚节俭和为

---

① 刘妮娜：《自治和共治：互助式养老的体现与诠释》，《中国社会工作》2019 年第 2 期。

② 朱震宇、李放：《医养结合养老服务满意度及其影响因素》，《中国老年学杂志》2018 年第 23 期。

③ 胡芳肖、李蒙娜、张迪：《农村老年人养老服务方式需求意愿及影响因素研究——以陕西省为例》，《西安交通大学学报（社会科学版）》2016 年第 4 期。

④ 郭竞成：《农村居家养老服务的需求强度与需求弹性——基于浙江农村老年人问卷调查的研究》，《社会保障研究》2012 年第 1 期。

⑤ 田北海、王彩云：《城乡老年人社会养老服务需求特征及其影响因素——基于对家庭替代机制的分析》，《中国农村观察》2014 年第 4 期。

⑥ 李强、岳书铭、毕红霞：《农村失能老年人长期照护意愿及其影响因素分析——基于山东省农村失能老年人的问卷调查》，《农业经济问题》2015 年第 5 期。

⑦ 李玉娇：《医疗保障水平、服务认知差异与养老方式选择制度效果会影响老年人居家养老需求吗？》，《华中农业大学学报（社会科学版））》2016 年第 3 期。

⑧ 郑真真、周云：《中国老年人临终生活质量研究》，《人口与经济》2019 年第 2 期。

子女着想等传统文化因素抑制了老年人的居家养老服务需求。① 王振军基于甘肃农村老年人的调研分析表明，多数农村老年人愿意享受居家养老服务，并对医疗护理和临终照料服务需求强度最高。②

（二）政府购买居家养老服务的相关研究

当前，我国政府购买居家养老服务的相关研究主要体现在几个方面：其一，关于社会组织参与政府购买养老服务的理论分析。国内学者侧重于分析政府购买公共服务中的政府与社会组织关系。丁煜基于"全国老年健康影响因素跟踪调查（2011—2012）"数据，分析认为我国社区养老服务供需结构城乡倒置的主要原因在于政策驱动不当，农村居民公共服务"强需求"与"弱表达"的矛盾，农村公共服务供给效率不高。③ 杨成波将农村居家养老服务供给分为社区照护、老年食堂、村级养老院和户院挂钩等方式，提出从政府购买服务、人才队伍、分类服务、平台建设和政策法规等诸多方面完善农村居家养老服务的供给模式。④ 其二，借鉴政府购买居家养老服务的国内外经验，为农村居家养老服务发展提供参考。邓大松等认为从人口结构深刻变化、养老服务发展滞后等现实背景出发，通过内涵阐释、政策演变和实践过程，分析医养结合模式的供需困境，以行动逻辑为导向，提出加强理念支撑、完善政策设计和制度供给、优化协同策略等医养结合服务健康发展的可行路径，以此满足老年人多层次需求，推动健康老龄化。⑤ 其三，政府购买养老服务体系构建研究，应通过优化农村养老保障政策，实现以人为本的价值理念，以缓解养老服务供需失衡。黄利文等研究认为，政府购买居家养老服务应以政府为主导，协调多元供给主体间的相互关系，进而有效提升养老服务的能力和水平。⑥ 李军从公共政

---

① 王琼：《城市社区居家养老服务需求及其影响因素——基于全国性的城市老年人口调查数据》，《人口研究》2016年第1期。

② 王振军：《农村社会养老服务需求意愿的实证分析——基于甘肃563位老人问卷调查》，《西北人口》2016年第1期。

③ 丁煜、王玲智：《基于城乡差异的社区养老服务供需失衡问题研究》，《人口与社会》2018年第3期。

④ 杨成波：《农村居家养老服务供给模式和对策建议》，《农业经济》2015年第11期。

⑤ 邓大松、李玉娇：《医养结合养老模式：制度理性、供需困境与模式创新》，《新疆师范大学学报（哲学社会科学版）》2018年第1期。

⑥ 黄利文、王健：《政民互动视角下政府购买养老服务问题研究》，《南京社会科学》2016年第12期。

策视角提出构建居家养老服务长效机制和保障制度。[①] 倪东升等运用定量方法分析政府购买养老服务资金使用标准，逐步增强政府购买养老服务的质量与效益，完善政府购买公共服务管理制度的政策体系。[②]

（三）以社区为依托的居家养老服务相关研究

目前，我国养老保障体系正在转型，城乡统筹发展的社会养老服务体系需要牢固树立城乡公平的基本理念，钟仁耀提出，我国构建社会养老服务体系的核心是城乡统一。从区域差异化视角来探讨老年津贴政策的"碎片化"问题，分析导致这种"碎片化"的原因以及对社会经济所带来的负面效应。[③] 杨翠迎等基于上海市医养结合服务尚存在内源型服务模式难以奏效、外源型服务模式流于形式、人才紧缺成为发展瓶颈、条块分割造成效率损失和政策衔接缺失诱发隐患等问题，需要优化服务模式的选择机制、建立医护人才培育的长效机制、制定适宜的养老服务行业标准与规范、建设省级统一的信息共享系统、出台配套的政策衔接办法等措施。[④] 农村社区服务低供给与老年人对社区服务高需求相矛盾，普遍存在供给不足问题。郑功成认为，社区居家养老依托政府政策扶持提供专业化、网络化和个性化托养与日间照料服务，促进社区居家养老服务可持续发展。[⑤] 丁建定提出对现行养老保障制度与服务加以整合，通过准确把握和合理满足老年人养老保障与服务的需求力，增强老年人养老保障与服务的承受力，强化养老保障制度与服务资源的配置力，提升老年人养老保障与服务的获得感、幸福感和安全感。[⑥] 敬义嘉提出，在协同治理实践中，社会组织积极参与养老服务的供给，通过发挥其影响力与政府共同参与居家养老服务的决策、咨询、实施、评价与监督等全过程。[⑦] 史云桐提出发挥国家

---

① 李军：《公共政策视域下政府购买居家养老服务研究》，《江苏大学学报（社会科学版）》2014 年第 5 期。

② 倪东生、张艳芳：《养老服务供求失衡背景下中国政府购买养老服务政策研究》，《中央财经大学学报》2015 年第 11 期。

③ 钟仁耀等：《我国老年津贴政策的区域差异化分析》，《公共治理评论》2017 年第 1 期。

④ 杨翠迎、鲁於：《"医疗嵌入型"医养结合服务的行为逻辑与实践经验——基于上海市六个区的调查分析》，《云南民族大学学报（哲学社会科学版）》2018 年第 6 期。

⑤ 郑功成：《尽快补上养老服务中人文关怀的短板》，《中国社会工作》2018 年第 29 期。

⑥ 丁建定：《论中国养老保障制度与服务整合——基于"四力协调"的分析框架》，《西北大学学报（哲学社会科学版）》2019 年第 2 期。

⑦ 敬义嘉：《从购买服务到合作治理——政社合作的形态与发展》，《中国行政管理》2014 年第 7 期页。

的"能促作用",通过对社会的"完整赋权",推动社会的"自我生产",实现"国家——社会"的"相互增能"。① 景天魁认为社区居家养老是延续传统孝文化的最佳接口,发挥孝文化在社区养老中的基础性作用要通过增强全社会的服务意识、责任和义务,提高社区服务能力等措施予以实现。② 刘蕾通过对太原、北京、南京三个城市五个居家养老案例的调研,认为理想的社区居家养老服务合作供给机制是在政府的主导下,根据老年人的服务需求,社区、市场、社会组织以及其他组织共同参与,利用社区内外的资源,为老年人提供以福利性、公益性和互助性为主,营利性为辅的社区居家养老服务。③

(四) 关于农村居家养老服务多元供给研究

农村居家养老服务多元供给研究主要涉及服务供给主体与供给方式等内容,居家养老服务供给以政府为主导,政府通过购买服务、特许经营、补助、以奖代拨等形式,将非营利性组织和志愿者团体引入居家养老服务供给体系中。邬沧萍、杜鹏认为,政府需要由福利服务供给者转变成为福利服务规范者、引导者和监督者,通过减免税收等政策完善社会养老服务体系,逐步形成由个人、家庭、社区和政府共同承养老担责任。④ 邵德兴基于杭州的调研认为,推行农村居家养老服务需要坚持政府主导、社会参与、市场化运作的多元化发展路径,立足农村乡土社会实际、尊重农民的自主选择意愿,需要政府持续稳定的财政投入,基层医卫人员投身于卫生公益事业的积极性,公立医疗机构公共职能的有效发挥以及医疗保障体系的有效运行。⑤ 穆光宗分析了老龄化的性质和方向,提出建设积极的老年文化应以"尊重老年发展权、推进成功老龄化"为战略取向,实现共融、共建和共享。⑥ 刘柏慧以福利多元主义视角探讨农村养老服务供给机制,

① 史云桐:《"政府造社会":社区公共服务领域的"社会生产"实践》,《社会发展研究》2016 年第 4 期页。
② 景天魁:《传统孝文化的古今贯通》,《学习与探索》2018 年第 3 期。
③ 刘蕾:《我国社区居家养老服务合作供给机制研究》,中国社会出版社 2017 年版,第 1—10 页。
④ 邬沧萍、杜鹏:《老龄社会与和谐社会》,中国人口出版社 2012 年版,第 367 页。
⑤ 邵德兴:《医疗卫生公益性嬗变析论——以改革开放以来农村基层医疗卫生政策变迁为例》,《浙江社会科学》2015 年第 8 期。
⑥ 穆光宗:《成功老龄化之关键:以"老年获得"平衡"老年丧失"》,《西南民族大学学报(人文社会科学版)》2016 年第 11 期。

分析家庭与社区在居家养老服务供给中的相互作用，坚持多方共同承担养老服务责任。① 刘一伟基于 CLHLS 数据采用联立方程模型和工具变量法，在控制内生性的基础上，将健康分为自评健康、生理健康与认知健康三方面，实证分析了居住方式与老年人健康水平的关系。② 宋言奇以苏州为例分析认为，探讨居家养老需要整合多方资源实现较快发展。③ 王丽敏基于我国社区居家养老服务的供需矛盾，分析提出构建由政府、社会、社区、民间组织和老年人自助组织等多方参与供给的居家养老服务体系。④ 王晓亚基于医疗保险与城镇居民个人医疗支出呈"倒 U 曲线"的关系，即医疗保险水平较低时只能发挥"释放效应"，认为只有当医疗保险提高到一定水平的时候才能发挥"减负效应"；高的收入水平可以缓解医疗保险发挥"释放效应"的压力，促使医疗保险在一个较低的水平上实现"减负效应"，因此当前的医疗保险政策具有亲富人的特征。⑤ 鲁可荣等基于浙江农村的实证研究认为，基于文化自觉视域，探索分析多元主体协同开展传统村落保护与居家养老服务的创新路径，将传统村落保护与居村老年人的居家养老服务有机融合已产生协同发展效应，⑥ 促进传统村落的生态保护与可持续发展。康蕊、吕学静基于北京地区的实地调研认为，北京市政府引入社会资本，通过凭单制购买服务、政府拨款或补贴、公私合作与公办民营等三种方式，扩大了养老服务的供给规模。⑦ 秦智颖等探讨我国农村养老服务发展过程中家庭邻里互助供给、政府与营利性机构共同承担、民间非营利性团体相互协作的多元化供给体系。⑧ 钱宁基于政策分析视角，探

---

① 刘柏惠：《养老服务体系的国际比较与可行选择》，《改革》2016 年第 4 期。
② 刘一伟：《居住方式影响了老年人的健康吗？——来自中国老年人的证据》，《人口与发展》2018 年第 4 期。
③ 宋言奇：《居家养老中资源整合问题——基于苏州的实践》，《苏州大学学报（哲学社会科学版）》2015 年第 1 期。
④ 王丽敏：《我国社区居家养老服务的供需矛盾及对策》，《商业经济研究》2016 年第 5 期。
⑤ 王晓亚、孙世芳、许月明：《农村居家养老服务的 SWOT 分析及其发展战略选择》，《河北学刊》2014 年第 2 期。
⑥ 李跃亮、鲁可荣：《传统村落保护与居家养老服务的协同发展效应及路径分析——以浙江三村为例》，《福建论坛（人文社会科学版）》2018 年第 3 期。
⑦ 康蕊、吕学静：《社会资本参与居家养老服务现状考察——以北京市为例》，《城市问题》2018 年第 3 期。
⑧ 秦智颖、李振军：《我国农村养老服务供给主体多元化研究——基于协同治理理论视角的分析》，《中国集体经济》2016 年第 1 期。

讨了完善社区居家养老政策体系对推动老龄社会治理的现实意义。① 童玉林基于福利多元主义理论分析居家养老服务体系的构建，认为需要实现政府主体、社会主体与个人主体间的相互协调。② 包先康基于微治理理论的视角提出政府、企业、非营利组织、社区、家庭等多元主体参与供给，进而努力实现农村养老服务的有效供给。农村社区"微治理"中"软权力"的生成遵循着"微事件解决或处理—期望满足—威望或威信生成"的逻辑，而"软权力"的运作遵循着"威望或威信的运用—微事件解决或处理——期望满足"的逻辑。在某种意义上，农村社区"微治理"的目标正是在"软权力"生产与运作中实现。③ 张国平提出完善城乡居家养老服务体系，实现由满足生存型养老服务向提高老年人生活质量转变。政府购买居家养老服务的满意度与政策主体、服务传递者和输送者、服务对象均有关联，政府购买居家养老服务的重点在于培育供给市场，提高服务的精准性和服务递送的有效性，提高老年人居家养老服务的满意度，促进居家养老服务供需平衡。④

（五）关于辽宁省农村居家养老服务供给的相关研究

杨志安基于协同治理理论分析辽宁省农村公共产品供给主体单一、资金不足、结构失衡及监督缺失的碎片化特点，提出引入市场供给，了解农民需求以及完善监督机制有助于完善农村公共产品的供给机制。⑤ 彭艳斌等基于对辽宁省彰武县、北镇市及新宾县的调查分析认为，由于供给主体单一，造成农村公共产品数量不足，农村公共产品的结构不合理，远落后于城市，认为需要明确界定不同纯度公共产品供给的主体，实现辽宁省农村公共产品的多元化供给。⑥ 穆林林基于辽宁省的调研数据，从社会学、经济学、人口学的角度展现出辽宁省居家养老的现状，并且对辽宁省居家

---

① 钱宁：《中国社区居家养老的政策分析》，《学海》2015 年第 1 期。

② 童玉林、赵英丽、鲁文雅：《居家养老服务层次体系的完善——基于福利多元主义的视角》，《广西经济管理干部学院学报》2016 年第 2 期。

③ 包先康：《农村社区"微治理"中"软权力"的生成与运作逻辑》，《南京农业大学学报（社会科学版）》2018 年第 5 期。

④ 张国平等：《政府购买居家养老服务的满意度及其影响因素分析》，《常熟理工学院学报》2018 年第 1 期。

⑤ 杨志安：《农村公共产品供给碎片化与协同治理——以辽宁省为例》，《长白学刊》2016 年第 1 期。

⑥ 彭艳斌、王春平、彭晶：《辽宁省农村公共产品的供给现状分析——基于对辽宁省彰武县、北镇市及新宾县的调查》，《农业经济》2007 年第 5 期。

养老服务存在的问题，提出了相应的完善对策和建议。① 目前，辽宁省农村居家养老服务研究取得了一定的进展，但对辽宁省农村居家养老服务仍然缺乏系统性和针对性的深入研究，不同老年人的养老意愿和养老需求均有所不同，应以农村老年人居家养老服务的需求强度为依据，提供有针对性的农村居家养老服务供给的对策。张乃心等在分析辽宁省实行居家养老服务的意义、现状和存在的问题基础上，提出了发展居家养老服务的对策。②

　　综观国内外学者的研究，学术界已经取得了以下积极进展，主要涉及管理学、经济学、统计学、医学、心理学、老年学等诸多学科间的交叉融合研究，充分整合不同学科的研究优势，深化农村居家养老服务领域的研究。但在我国进入经济发展新常态的背景下，农村居家养老服务供给的研究无论在理论还是实践上都是短板，主要体现为：其一，在研究内容上，已有研究多侧重于农村长期照料与护理供需研究，通过对农村养老服务需求总量以及供需缺口进行测算，并分析不同供给主体的职能定位，侧重于阐释养老服务的意义，为开展居家养老服务供给的研究奠定了重要基础。但单一性研究较多，综合性研究较少。其二，在研究方法上，综合采用了参与式观察、深度访谈法、问卷调查法等研究方法，积累了大量的研究素材，并注重不同研究方法间的互相支持与印证，注重研究方法与研究目的间的合理选择与匹配，以保证研究的科学性。个案调查仍然是国内学术界开展乡村研究的重要研究工具，从而更好地将微观研究与宏观分析相结合，使研究结论更加符合实际。其三，在样本选取上，尽可能做到抽样方法科学，大多数研究成果主要从全国范围内研究农村居家养老服务，对某一地区或省级居家养老服务的研究较少，学术界已有研究的样本主要集中在北京、上海、江苏、浙江等地的农村社区，但对欠发达地区农村社区居家养老服务供给还有待进一步深化。综上所述，农村居家养老服务供给需要注重政府、企业、非营利组织等不同供给主体间的动态协作，积极探索农村居家养老服务多元供给主体间实现协同供给。

---

　　①　穆林林、魏双燕、何景梅等：《辽宁省居家养老现状及对策研究》，《现代商贸工业》2015年第10期。
　　②　张乃心、姜文丽、任素娟：《辽宁省的居家养老服务现状与发展对策》，《经营与管理》2015年第6期。

第三节　研究目的与方法

一　研究目的

　　民生是检验辽宁老工业基地全面振兴的重要标尺。近年来，辽宁省农村少子化、空巢化现象逐渐显现，农村老年人口抚养比持续攀升，农村家庭养老的保障功能进一步削弱，因此，完善农村居家养老服务多元供给体系已成为经济社会发展的迫切需要。本书在厘清供给与协同供给、居家养老与居家养老服务、农村居家养老服务供给等相关概念的基础上，对辽宁省农村居家养老服务供给的历程进行梳理，试图运用福利多元主义理论结合辽宁省农村居家养老服务供需状况，实证分析农村居家养老服务供给存在的问题及其原因，从而进一步丰富农村居家养老服务供给的理论研究。通过提高农村居家养老服务的供给水平、供给强度和供给效益，增强农村居家养老服务供给能力，逐步形成与经济社会发展相适应的农村居家养老服务多元供给机制。明确政府、企业、非营利组织、社区和家庭等多元供给主体的责任分担，建立正式支持与非正式支持有机结合的良性互动机制。增强农村居家养老服务供给能力，真正实现农村老年人"老有所养"。

二　研究方法

（一）访谈法和参与式观察法

　　访谈法和参与式观察法是质性研究的基础，也是社会科学研究的重要方法。[1] 观察法可分为参与式观察法（Participant Observation，又称为"参与观察法""参与研究法"）、非参与式观察法（Non – Participant Observation，又称为"非参与观察法""局外观察法"）。[2] 通过深度访谈法和参与式观察法相结合，获取辽宁省农村老年人居家养老服务需求意愿以及居家

---

　　[1]　［丹麦］斯丹纳·苛费尔、斯文·布林克曼：《质性研究访谈》，范丽恒译，世界图书出版公司2013年版，第15页。
　　[2]　风笑天：《论参与观察者的角色》，《华中师范大学学报》2009年第3期。

养老服务的供给状况的第一手资料。通过深入辽宁省部分乡镇政府、社区、农村家庭养老院、互助幸福院、乡镇敬老院、农村养老院、老年托管中心等进行参与式观察，并与相关部门负责人开展深度访谈。访谈内容主要包括机构运营情况、政府和慈善组织以及社区等供给状况、居家养老服务的医养结合状况、居家养老服务的购买意愿与购买能力等。通过对省、市、区民政部门、慈善部门负责人的访谈，了解辽宁省农村居家养老服务的发展状况，以及农村居家养老服务的有待完善的工作等内容，为分析辽宁省农村居家养老服务供给问题提供重要依据。

（二）问卷调查法

笔者结合研究主题，设计了农村居家养老服务供需调查问卷，从实地调查入手，通过到农村走访调研获取第一手数据资料，结合实际问卷调查结果，较为全面地分析辽宁省农村居家养老服务供需状况。本书对农村老年人入户开展问卷调查的内容主要包括人口特征因素，如年龄、性别、健康自评、受教育程度、日常生活能力等，家庭特征因素，如家庭年收入、婚姻状况、居住状况、子女数量、家庭关系等，经济社会因素，包括制度特征、社区特征等。通过对辽宁省农村居家养老服务供需状况的问卷调查数据进行实证分析，得出农村居家养老服务供给与需求的实际状况及其影响因素，为推进农村居家养老服务供给问题研究提供实证支撑。

（三）计量分析法

论文运用计量分析工具实证测度了农村居家养老服务需求意愿、需求强度及其影响因素，采用结构方程模型测度了居家养老服务的供给水平，提出农村居家养老服务实现协同供给的新思路。运用 SPSS24.0、Amos23.0、Eviews7.2 等统计软件分析居家养老服务供给与需求的发展规律，运用结构方程模型（SEM）方法分析居家养老服务的供给水平，并运用有序 Logit 回归分析法测算了农村居家养老服务供给的社会效益。运用层次分析法（AHP）分析居家养老服务的需求强度，运用二元 Logit 回归模型分析居家养老服务的需求意愿，为较为全面地分析辽宁省居家养老服务供给问题提供实证支撑。

综上，论文综合运用访谈法、参与式观察法、问卷调查法以及计量分析法，基于对辽宁省农村社区的实地调研，分析影响农村居家养老服务的供需状况及其影响因素，阐释农村居家养老服务供给的困境与成因，努力探究推动辽宁省农村居家养老服务实现协同供给的重要路径。

第四节 基本思路和研究框架

一 研究思路

本书基于福利多元主义理论，重点关注辽宁农村居家养老服务供给的研究，选取辽宁省农村养老服务资源较为丰富的部分农村社区作为样本来源，运用辽宁省农村居家养老服务供给的政策与史料梳理辽宁省农村居家养老服务供给的历程。作者基于辽宁省农村居家养老服务供需调查问卷，综合运用访谈法、参与式观察法、问卷调查法等社会学研究方法以及结构方程模型分析法、层次分析法、多元回归分析法等计量分析方法进行验证，实证分析了农村居家养老服务供给水平、供给强度和供给效益，并测算了农村居家养老服务的需求水平、需求强度与需求意愿，如综合采用李克特量表法与层次分析法嵌入辽宁省农村居家养老服务需求强度的实证分析。在此基础上，分析辽宁省农村居家养老服务供给现状与问题。农村居家养老服务供给仍面临着农村居家养老服务供给设施覆盖率低、农村居家养老服务需求的多样性与供给的有限性不匹配、供给主体间缺乏有效协同等困境。农村居家养老服务供给面临困境的成因主要有居家养老服务多元供给主体发育不成熟、多元保障机制缺乏、协同供给机制不健全等。为此，提出农村居家养老服务协同供给的重要选择。

二 研究框架

本书的核心内容分为四篇，共 8 章。本书的研究思路总体上体现在以下几个方面。

第一篇是研究基础篇，包括第一章和第二章。第一章，导论。本章主要介绍农村居家养老服务的研究背景、研究目的、研究意义、文献综述、研究思路、研究方法及论文的创新点。第二章，基本概念界定与相关理论基础。本章在界定农村居家养老服务相关基本概念的基础上，以福利多元主义理论作为本书研究的理论基础，主要阐释福利多元主义理论的核心思想以及对本书的指导价值，为进一步研究辽宁省农村居家养老服务供给问题奠定了坚实的理论基础。

第二篇是供给历程篇，包括第三章，主要梳理农村养老服务供给的演进历程。结合我国农村经济社会发展历程，梳理了农村居家养老服务供给的萌芽、形成与发展阶段。将农村养老服务供给的演进历程主要概括为萌芽期、形成期和发展期三个阶段。其中，萌芽期以人民公社化运动为转折点，经历了家庭保障为主和集体保障为主两个分期，形成期以家庭联产承包责任制为转折点，经历了家庭、土地保障为主的时期，逐步形成以探索建立农村社会化养老服务体系为标志的发展阶段。

第三篇是供需分析篇，主要包括第四章、第五章和第六章。第四章，辽宁省农村居家养老服务供需实证分析。基于作者对辽宁民政福利机构、居家养老服务公司、从事居家养老服务的非营利组织、农村养老机构、农村互助幸福院及其所在乡镇政府部门以及农村老年人的访谈和问卷调研的第一手微观数据，测算了辽宁省农村居家养老服务的供给水平、供给强度和供给效益，分析农村居家养老服务的需求水平、需求强度和需求意愿，得出农村居家养老服务供给水平受需求意愿、供给能力、制度特征与家庭特征的影响，而且农村居家养老服务供给强度与需求强度不匹配，存在供需矛盾。农村居家养老服务供给的社会效益受农村老年人的人口特征、家庭特征和社区特征等因素影响。农村居家养老服务需求水平受人口因素、家庭因素、制度特征因素、社区服务特征因素影响。农村居家养老服务需求强度分为无弹性类、弱弹性类、中等弹性类、强弹性类以及可弃类五种类型。农村居家养老服务的需求意愿受到人口特征、家庭特征与现行的农村社会保障制度等因素的影响，第五章，辽宁省农村居家养老服务供给现状与问题。农村居家养老服务供给仍面临着农村居家养老服务供给设施覆盖率低、农村居家养老服务供给的有限性与需求的多样性不匹配、供给主体间缺乏有效协同等困境。农村居家养老服务供给面临困境的成因主要有居家养老服务多元供给主体发育不成熟、多元保障机制缺乏、协同供给机制不健全等。为此，提出农村居家养老服务协同供给的重要选择。第六章，人类社会关于老龄化的理念经历了从老年歧视主义向积极老龄化的演变过程，世界卫生组织从健康照顾的视角提出积极老龄的理念，尽可能维持老年人的可行能力，致力于提供持续性服务老龄化政策理念的转变引发各国养老服务供给的多层次演进。人口老龄化的快速发展已成为日益严峻的世界性问题，美国居家服务、英国整合照料、德国健康保障体系、日本居家养老服务、新加坡养老服务的发展具有较长的发展历程和各自的特点。国外居家养老服务的典型经验在于政府增强引导与规划有效促进养老服务法制建设，注重社区居家养老服务供给的福利性与公益性，构建家庭—社区—医院联动网络运行机制，逐步完善农村社区养老服务协同供给体系。

第四篇是对策结论篇，包括第七章和结论。第七章，完善辽宁省农村居家养老服务供给的对策。通过系统分析辽宁省农村居家养老服务供给这一现实问题，认为大力培育居家养老服务多元供给主体，努力构建居家养老服务供给的多元保障机制，推进以政府为主导的多元协同供给，是实现辽宁省农村居家养老服务协同供给的主要路径。最后是本书的结论。通过对农村居家养老服务供给进行系统研究认为，实现农村居家养老服务有效供给是一项系统工程，发展农村居家养老服务应从"供给导向"向"需求导向"转变，推动居家养老服务供给主体多元化，探索以居家养老服务需求强度为依据实施精准供给，构建多元协同供给机制，是提升辽宁省农村居家养老服务供给水平的关键。在今后的研究中，需要进一步分析提高居家养老服务供给效益的重要途径，以及在居家养老服务多元供给主体间的深度协同如何实现，以构建普惠的发展型辽宁省居家养老服务供给体系。

按照上述研究思路，本书研究的技术路线图见图1-1。

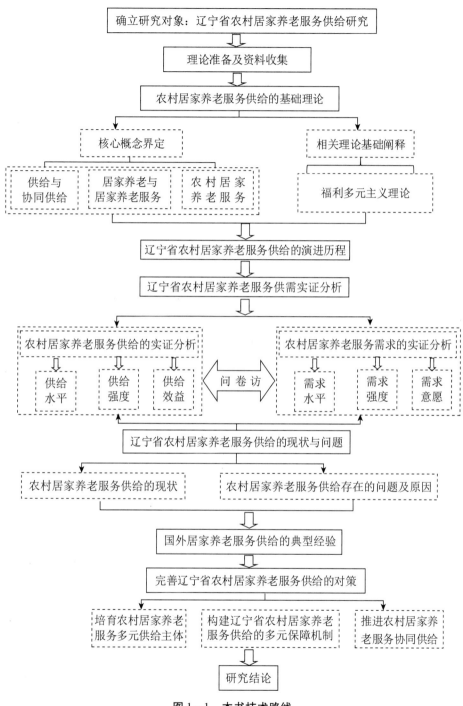

图1-1 本书技术路线

资料来源：笔者绘制。

第二章　基本概念界定与相关理论基础

本章着重对供给、居家养老服务和农村居家养老服务供给等基本概念进行系统阐释，逐步厘清农村居家养老服务的内涵与外延，并结合福利多元主义理论深入研究农村居家养老服务供给这一现实问题。

第一节　基本概念界定

一　供给与协同供给

（一）供给

供给是一个经济学的概念，是指生产者在某一特定时期内，在每一价格水平上生产者愿意并且能够提供的商品或劳务的数量。美国经济学家伯顿·韦斯伯（B. A. Weisbord）指出，人们对公共物品具有不同偏好，而政府对公共物品供给只倾向反映"中位选民"偏好，而不是根据社区需求来回应提供异质性服务。鉴于居家养老服务供给的特殊性，本书对供给概念的界定侧重于公共产品的有效供给，其中，公共产品既包括有形的产品，也包括无形的服务。所谓有效供给是指与消费需求和消费能力相适应的供给，即产品的供需平衡。由于公共产品具有非排他性和非竞争性，公共产品一旦提供，任何人都可以消费，且每个消费者的消费量相同。图 2 - 1 中 D_A 和 D_B 线分别是个人 A 与 B 对某公共产品的需求曲线，这一曲线与他们消费公共产品所得到的边际效用相一致，但每个人愿意支付的价格不同。垂直相加的市场需求曲线 $DD = D_A + D_B$ 与供给曲线 SS 交于 E 点，均衡产量为 Q_0，均衡价格为 $P_0 = P_A + P_B$。消费者的出价是与其消费公共产品所获得的边际效用相一致。因此，所有消费者出价的总和就是其边际效用的总和，即社会边际收益。在 E 点的社会边际成本等于社会边际收益，实现帕累托最优，即实现条件为：

$$MSR = \sum_{i=1}^{i} MR_i = MSC \ (i = 1, 2, \cdots\cdots, n) \qquad 式（2.1）$$

　　虽然公共产品不能由市场统一定价，但如果人们都能自觉地按照自己从公共物品中获得的边际收益相应的承担公共物品成本，A 承担 P_A 的税收，B 承担 P_B 的税收，这样就能实现公共产品的有效供给（见图 2 – 1）。[①]政府要尽最大努力满足多元化养老需求，以养老服务的普及性促进社会公平，以提供多样化的养老服务来实现效率提高。所谓有效供给是指与消费需求意愿和消费能力相匹配的供给，即产品的供需平衡。任何一种产品的市场均衡产量和价格都是由该产品的供给曲线和需求曲线的交点决定的。其需求曲线应与该产品消费方的边际效用曲线相一致，供给曲线应与该产品生产方的边际成本曲线相一致。这样，当社会边际收益等于社会边际成本时，帕累托最优得以实现。

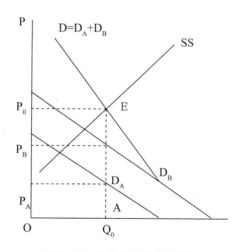

图 2 – 1　公共产品的有效供给

　　资料来源：杨志勇、张馨《公共经济学》，清华大学出版社 2013 年版，第 47 页。

　　综上，从总体效用最大化来说，应使有限的养老保障资源在不同的社会阶层中重新分配，使得在不同阶层中的边际效用相等，即使得用于 A 阶层养老保障资源的边际效用上升，用于 B 阶层养老保障资源的边际效用下

————————

　　① 樊勇明、杜莉：《公共经济学》，复旦大学出版社 2001 年版，第 54 页。

降，最后二者趋于相等，从而达到资源配置最佳状态。

（二）协同供给

莱斯特·萨拉蒙（L. M. Salamon）认为"有效供给公共服务，应该由社会中多元行为主体基于一定的集体行为规则，通过相互博弈、相互调适、共同参与和合作等互动关系，形成多样化的公共事务管理制度或组织模式"①。多元供给主体间的协同供给并非简单的多元供给，而是基于一定合作机制和合理分工的有效供给。

政府治理不再是单独行动，而是跨越政府与社会、公私部门之间界限的跨域治理，形成共管与合作的管理模式，不断提高公众满意度，努力实现"善治"。②构建服务型政府、推进城乡基本公共服务均等化，鼓励政府角色由"划桨"向"掌舵"转变，政府应"转向一种把政策制定（掌舵）同服务提供（划桨）分开的体制"。③伴随着城乡经济社会的持续发展，新的社会阶层和市场主体涌现，通过不同供给主体间的协同合作，为改善农村公共服务供给质量提供了可能。主要体现在两个层面：一是政府相关职能部门之间的协同，使政府与民政福利部门实现统筹规划、协同合作，二是政府与企业、非营利组织等供给主体在公共服务供给过程中的协同。④协同供给强调政府、企业、非营利组织、社区、家庭等多元供给主体间的互动合作、密切配合，但协同供给不能简单等同于合作供给，还包括多元供给主体间的竞争性供给，进而努力提高整个社会的福利水平。反之，如果有效供给能力不足则容易带来大量"需求闲置"或者"需求外溢"，难以促进地区经济社会持续健康发展。

二 居家养老与居家养老服务

（一）居家养老

老年人口的核心问题是老年人养老生活的质量问题，随着经济社会发展与生活水平的提高，老年人养老服务需求日益多元化。正确认识老年人

---

① ［美］莱斯特·萨拉蒙：《全球公民社会：非营利部门视界》，贾西津、魏玉等译，社会科学文献出版社 2002 年版，第 4 页。

② 汪锦军：《构建公共服务的协同机制：一个界定性框架》，《中国行政管理》2012 年第 1 期。

③ ［澳］欧文·E. 休斯：《公共管理导论》，彭和平等译，中国人民大学出版社 2001 年版，第 286 页。

④ 尹栾玉：《基本公共服务：理论、现状与对策分析》，《政治学研究》2016 年第 5 期。

居家养老服务需求的异质性和多元化，是发展居家养老的重要前提。居家养老最初源于英国"社区照顾"（community care），社区照顾以机构照料为借鉴，苏珊·特斯特认为养老院缺乏"家"的感觉，不符合中国人"落叶归根"的传统观念，集中宿舍式生活使老年人失去适应社会的能力，典型机构养老限制个人自由和独立。① 随着人口老龄化进程的加快，社区照顾由最早主要针对精神病人与残疾人，逐渐转为面向全体老年人提供室内保健、居住地保健、福利机构服务、家庭外医疗服务、日间照料服务以及有助于老年人生活质量提高的社交、休闲和教育等服务。在我国，社区养老是政府和社会提供养老服务的基础平台，指家庭暂时无人或无力照顾老年人，鼓励老年人选择集中居住在社区机构中接受养老服务。居家养老实现了从传统家庭养老向现代社区养老的转型，老年人的生活单位由家庭向社区转变。② 传统家庭养老向居家养老转型，既是工业化与城市化使然，也是应对人口老龄化和家庭核心化之必然趋势。③ 居家养老是我国应当长期坚持并适时推陈出新的新型养老模式。居家养老通常是指老年人居住在家里，依托所在社区提供的社会化服务，通过实现多种供给方式以满足日常生活需求为本质内容的新型社会化养老模式。老年人可享受由政府和社会力量依托社区提供的生活照料、家政服务、康复理疗、精神慰藉等方面的共性化和差异性服务，具有养老功能全方位性、养老资源多元性、养老体系多层次性、开放性和功能优势互补性等特征，在我国社会化养老服务体系中居于基础地位。

随着农村老龄化形势日益严峻，传统家庭养老功能日渐式微，家庭养老与居家养老既存在本质性差异，又互为补充。从养老服务供给主体的差异性看，家庭养老适应于农业社会，其基本支持系统为血缘关系，其责任与支撑主体为家庭或宗族。家庭养老主要由家庭成员或宗族网络履行对老年人经济供养、生活照料和精神赡养等责任，而居家养老的支持系统为社会网络，是以政府为主导，整合企业、非营利组织、社区、家庭等多元主体为老年人提供短期托养或日间照料服务，共同承担经济供养、生活照料

---

① ［英］苏珊·特斯特：《老年人社区照顾跨国比较》，周向红等译，中国社会出版社2002年版，第74页。

② 穆光宗：《美国社区养老模式借鉴》，《人民论坛》2012年第8期页。

③ 丁建定：《居家养老服务：认识误区、理性原则及完善对策》，《中国人民大学学报》2013年第2期。

和精神赡养等职责。① 同时，居家养老可以有效弥补家庭养老功能的缺失，能够契合农村老年人的养老诉求，是对传统家庭养老方式的继承与发展。依据养老者养老场所与居住方式的不同，我国社会化养老方式可分为居家养老和机构养老两种。② 居家养老与机构养老共同构成我国社会化养老服务体系的重要组成部分，各种养老服务方式相互融合，共同发展。居家养老与机构养老相比，其优势在于居家养老能够使老年人在其熟悉的社区生活中享受上门服务和日间照料服务，具有更高的服务可及性，能够整合社会养老服务资源，具有成本低、受益广、成效显著等优点，能够满足老年人多元化需求，提高老年人生活质量。

（二）居家养老服务

居家养老服务是指在政府主导下，以家庭为基础，以社会保障制度为支撑，由政府和社会力量依托社区，以居家老年人社会化服务需求为导向，帮助居住在家的老年人提供生活照料、家政服务、康复护理和精神慰藉和社会参与等基本公共服务，以上门服务、社区日托和引入专业化养老机构为主要途径的养老服务模式。居家养老服务是我国社会养老服务体系的基础，由政府提供基本公共服务，企业、非营利组织提供专业化服务，基层群众性自治组织和志愿者提供公益互助服务，兼具社会福利性、适度普惠性等特点，有利于推动农村养老服务从家庭养老向社会养老转变。从养老服务提供者角度，居家养老服务是由政府、企业、非营利组织、社区和家庭共同为老年人提供养老服务，社区只是养老服务提供者之一。从公共管理学角度看，居家养老服务作为社会公共服务的一部分，可分为福利性、公益性和营利性三种服务类型。③ 其中，福利性居家养老服务作为老年社会福利制度的重要组成部分，是社会福利改革的重要内容，由于福利性居家养老服务属于纯公共产品，具有非排他性和非竞争性，难以解决"搭便车"的问题。公益性居家养老服务属于准公共产品，具有外部性和部分的非排他性和非竞争性，既要获取经济利益来支撑自身发展和巨额外部成本，又要承担道义、公德、稳定等社会责任，无法单纯依靠市场力量

① 费孝通：《家庭结构变动中的老年赡养问题——再论中国家庭结构的变动》，《北京大学学报（哲学社会科学版）》1983 年第 3 期。
② 陈友华：《居家养老及其相关的几个问题》，《人口学刊》2012 年第 4 期。
③ 周敏：《论我国居家养老服务的产业化之路——兼谈政府、市场及家庭的职能定位》，《社会保障研究》2015 年第 1 期。

来提供，政府有责任和义务通过税收来补偿其运行外部成本，支持具有公益性养老服务机构运行和发展，公益性居家养老服务可由政府和企业实现协同供给。营利性居家养老服务属于私人产品，能够明确界定受益主体，则应由企业来提供，通过引入专业化养老服务机构，由正规服务机构，社区志愿者及社会支持网络协同治理。从服务形式来看，按照服务收费情况的不同，居家养老服务可分为无偿、低偿和有偿服务等形式。居家养老服务属于社区保障中的社会福利范畴，在社区公共服务供给中居于重要地位。① 从动态角度看，公共产品与准公共产品之间的界限具有较大的不确定性，在某种情况下，二者之间会发生逆向性转化。农村居家养老服务作为一种互动化养老保障模式，它以家庭为核心、以村（社区）为依托、以机构养老为支撑、以养老保险制度为保障，尊重农村老年人注重家庭、宗族网络与乡土情怀的传统观念，契合农村老年人居家养老意愿。为此，政府在居家养老服务供给中具有义不容辞的责任，政府通过培育多元供给主体协同参与供给，以提高养老服务的供给能力与水平。

三　农村居家养老服务供给

农村居家养老服务供给是由政府、企业、非营利组织、社区、家庭等不同供给主体，通过机构养老服务外溢、家庭养老院和农村互助幸福院等不同供给方式，为农村老年人提供的生活照料、医疗护理、精神慰藉和社会参与等服务内容，是一个完整的居家养老服务提供与递送系统。研究农村居家养老服务供给问题主要涉及农村社区的发展状况、居家养老服务的供给主体、供给对象、供给内容、供给方式、供给机制等方面的内容。农村人口加速老龄化与抚养比上升已构成积极老龄化和健康老龄化的严峻挑战，以下对农村居家养老服务供给主体、供给对象、供给内容、供给方式和供给机制进行概念的界定。

（一）农村与农村社区

"社区"作为社会福利思想的核心，最早由德国学者滕尼斯（Ferdinand Tonnies）在《共同体与社会》一书中从学术角度进行阐释与研究。他从纯粹社会学角度，将"社区"界定为具有价值取向相近和人口同

---

① 徐永祥：《社区发展论》，华东理工大学出版社2001年版，第214页。

质性强的居民生活共同体，存在共同信仰和习惯，是建立在有机浑然一体的血缘、地缘以及文化、宗教共同体基础之上，共同体是持久和真正的共同生活。① 农村社区精神共同体即社群主义所强调的文化、心理、信仰的共同体。滕尼斯将精神共同体理解为真正的人的和最高形式的共同体。在社区建设不断发展过程中，罗吉斯、伯德格、古达尔、鲍曼、桑德斯以及林德夫妇等学者从理论和实践上对社区的内涵进行了拓展。② 古达尔从地域性视角将社区界定为因居住和工作而占有和分享有限地域空间的互动人群，又代表着以包容社会日常生活为主要特征的最小空间系统。英国学者鲍曼认为社区是建立在起源、价值或信仰等精神纽带之上，成为人们心灵归属的港湾，是人们在从事社会生活中的那种同处一个"屋檐"下的"心理感觉"。③ 而社会学家桑德斯（Irwin T. Sanders）突破社区概念界定中的两分法，既不是用社会来界定社区，也不是用社团或国家来界定社区，而是既将社区看作是"一个互动的体系"，亦称为"一个行动的场所"，抑或是"一个行动的场域"。④ 已有研究关于社区的界定反映了社区的不同内涵，体现了社区特殊的意旨。本书在借鉴已有研究成果的基础上认为，社区是满足居民公共生活需要的社会基本单元，是空间性和社会性内在统一，通过血缘、地缘等纽带而形成的公共生活共同体。

农村社区研究最早源于美国学者盖尔平教授发表的《一个农业社区的社会解剖》的农村社区研究报告，开创了美国对农村社区的社会学研究。之后在美国、英国、日本、德国等发达国家相继开展农村社区的相关研究。在国内，早在 20 世纪 30 年代，农村社区研究就已在国内社会学界兴起，我国学者费孝通明确将社区界定为"若干社会群体（家庭、民族）或社会组织（机关、团体）聚集在同一个地域里，形成一个在生活上互相关联的大集体"。随着新型城镇化以及乡村振兴战略的推进，发展新型农村社区又成为学界研究的焦点，已有研究从各学科视角进行了深入研究。郑杭生教授将社区界定为"进行一定的社会活动，具有某种互动关系和共同

---

① ［德］斐迪南·滕尼斯：《共同体与社会》，林荣远译，商务印书馆 1999 年版，第 54 页。
② ［美］埃弗里特·M. 罗吉斯、拉伯尔·J. 伯德格：《乡村社会变迁》，王晓毅等译，浙江人民出版社 1988 年版，第 160 页。
③ ［英］鲍曼：《共同体》，欧阳景根译，江苏人民出版社 2003 年版，第 3 页。
④ 夏学銮：《社区管理概论》，中共中央党校出版社 2005 年版，第 14 页。

文化维系力的人类群体及其活动区域"①。农村社区作为农村社会生活共同体和社会治理的微观单元，是农村居民生活的公共载体，通常是由一个村庄或几个联系较为紧密的村落群构成的基于文化认同的基层社会生活共同体，具有较强的内生性、社会性、组织性和公共性等基本属性，是国家基层社会治理的基础载体，承担着农村社会的组织、管理与服务职能，为实现农村社区善治发挥了重要作用。传统农村社会逐步变迁、解体，农村社区的形态和结构也在潜移默化地发生着重大转变。传统农村社区是以血缘、地缘关系为基础的内生性共同体，由于社会分工不发达、人口同质性高、异质性低且流动性小等特点，使整合居民人际交往的社会群体与组织在数量与结构上简单化。② 而工业社会中的社区则具有外生性特征，它是不同身份居民基于生存、发展需要融合而成的社会集合体，既是个体私人生活领域，也是群体公共生活领域。农村社区已不再是传统意义上的村庄社区，而是农村社会公共服务治理的基本单元，是一个更为广阔、更具弹性和开放性的社会发展、自我管理和综合服务平台，农村社区的协同治理是社会转型、制度创新和组织变革的必然要求。按照农村社区建置及边界的差异，可将农村社区分为"一村一社区""一村多社区""多村一社区""集中建社区"和"社区设小区"五种类型。③ 为了增强研究问题的现实针对性，本书涉及的农村社区主要是指"一村一社区"和"集中建社区"两种类型。其中，"一村一社区"是以建制村为基础建立一个社区，由村两委负责社区生产性和生活性公共服务的监督与管理，以村民小组或自然村（屯）为单位设立"小区"。辽宁省农村社区在设置模式上，以"一村一社区"为主导模式，农村社区组织形式依托现有村级组织，与村两委有机融合，有利于形成农村社区建设的整体合力。在资金投入上，建立以各级政府公共财政投入为主体的多元投入机制，逐步建立起服务功能完善、服务质量和管理水平较高的农村社区公共服务体系。④ "一村一社区"是调研地区多数农村开展社区服务的通行做法，而"集中建社区"主要是在新农村建设过程中农民聚集居住的区域设立"社区"，如辽阳县前杜村。

---

① 郑杭生：《社会学概论新修》，中国人民大学出版社 2001 年版，第 364 页。

② 徐永祥：《社区工作》，高等教育出版社 2004 年版，第 12 页。

③ 项继权：《论我国农村社区的范围与边界》，《中共福建省委党校学报》2009 年第 7 期。

④ 文继红：《辽宁：公共服务向农村延伸》，《辽宁日报》2008 年 5 月 6 日第 A08 版。

(二) 农村居家养老服务供给主体

福利多元主义理论认为, 社会福利应由政府、企业、社会组织等多部门共同负担。公共服务参与者分为安排者、生产者和消费者。① 在政府购买居家养老服务中, 安排者是政府, 生产者是企业或社会组织等, 而消费者是老年人。农村居家养老服务供给主体是指居家养老服务提供的生产与递送的相关者, 具体包括政府、企业、非营利组织、社区、家庭等。农村居家养老服务供给主体的角色定位各不相同, 供给主体的服务理念、服务载体、服务对象和服务内容各有侧重 (见表 2 - 1)。为此, 在农村老年人居家养老服务需求不断升级与经济社会深度转型调整的良性互动中, 要努力实现各供给主体间的分工与协作, 有效整合社会养老服务资源, 推进农村居家养老服务供给实现高效、协作、可持续发展。② 农村居家养老服务供给创造了各供给主体间和而不同的 "和合" 境界。

表 2 - 1   农村居家养老服务供给主体的功能定位

功能定位 ＼ 供给主体	政府	企业	非营利组织	社区	家庭
服务理念	服务人民	顾客满意度	公益性、福利性、普惠性	共同体责任	爱、义务、传统习惯、宗教信仰、互惠
服务载体	各级政府及相关职能部门	在工商部门登记注册的营利性养老服务企业、养老服务机构等(市民呼叫中心、居家养老服务公司等)	民办非企业单位、社会团体、基金会,在工商部门登记注册的非营利性组织以及草根组织(妇女协会、老年协会等)等	村两委、农村互助幸福院、村卫生室、老年活动中心、托老中心、社区医院	家庭养老院家庭护理员或家属成员、亲友

---

① [美] E. S. 萨瓦斯:《民营化与公私部门的伙伴关系》, 周志忍等译, 中国人民大学出版社2003 年版, 第68 页。

② 姚远:《从宏观角度认识我国政府对居家养老方式的选择》,《人口研究》2008 年第 2 期。

续　表

供给主体＼功能定位	政府	企业	非营利组织	社区	家庭
服务对象	农村五保、低保、高龄、空巢等生活困难老年人	具有购买意愿和支付能力的农村老年人	愿意享受志愿服务，具有居家养老服务需求的农村老年人	所在社区（村）具有居家养老意愿的老年人	家庭中具有居家养老需求的老年人
服务内容	农村五保制度、农村养老保险制度、农村医疗保险制度、城乡低保制度等	生活照料、医疗护理、紧急救援、康复诊疗等	经济支持、生活照料、康复理疗、社会参与、社会娱乐等	生活照料、医疗保健、康复理疗、法律咨询、家政服务、社会娱乐等	养老生活用品与家庭养老服务等

资料来源：王浦劬、［美］莱斯特·M.萨拉蒙等著《政府向社会组织购买公共服务研究：中国与全球经验分析》，北京大学出版社2016年版，第6页。刘蕾：《我国社区居家养老服务合作供给机制研究》，中国社会出版社2017年版，第1—8页。并结合辽宁省农村居家养老服务的调研状况绘制。

1. 政府

政府主要包括各级政府和国家事业单位，其中，狭义政府主要包括中央、省、市、县（区）、乡镇（街道）的五级政府及其所辖的各职能部门，广义政府是在狭义政府基础上，还包括由各级政府设立的养老机构及养老服务机构。政府在福利供给中扮演着积极角色，如供给框架的界定与操作，良性发展条件的创造与维系，资源公正分配的主导与保障，资金来源的筹集与协调等。在政府的责任框架内，政府的责任更多在于"掌舵"。居家养老服务供给主体间的关系不是简单的并列关系，政府在供给中不总是居于主导地位。政府有效作为是保障社会公正实现的基础。[1] 经济学家哈耶克明确指出，欲使责任有效，责任必须是明确且有限度的。[2] 奥斯本

---

[1]　吕炜、王伟同：《发展失衡、公共服务与政府责任——基于政府偏好和政府效率视角的分析》，《中国社会科学》2008年第4期。

[2]　［英］哈耶克：《自由秩序原理》，邓正来译，生活·读书·新知三联书店1997年版，第99页。

和盖布勒曾说："当家庭、居民点、学校、志愿组织和企业公司健全时，整个社区也会健康发展，而政府最基本作用就是引导社会机构和组织健康发展。"① 在合同承包安排中，理想的政府角色是公共物品和服务需求的确认者、精明的购买者、对所购物品和服务有经验的检查者和评估者、公平税赋的有效征收者、谨慎的支出者，适时适量对承包商进行支付。② 养老服务应以政府为主体，通过发挥各部门的优势来整合养老服务供给资源。③ 养老服务资金提供应发挥政府主导作用，实行自上而下的支持方式。④ 随着新型城镇化进程的推进，为农村社区提供基本养老服务是政府义不容辞的重要职责。在农村居家养老服务多元供给主体中，政府主体主要承担养老服务资金、资源、专业社会工作者等诸要素的提供。辽宁省积极借鉴浙江、湖北等省发展农村互助养老服务的经验，利用村庄闲置场所建设农村互助幸福院，形成农村居家养老服务发展的主要动力。通过政府财政补贴将农村老年活动室或闲置校舍建成农村养老院或互助幸福院，如盘锦市盘山县红升养老院将校舍改造为养老院，由村委会或农村老年协会组织具体运作，充分调动义工、志愿者等社会力量参与农村居家养老服务。辽宁省多数城市社区和部分农村社区已意识到居家养老服务发展的重要性，如鞍山市千山区 D 镇政府已将居家养老服务列入财政预算，用以购买居家养老服务公益岗位。农村居家养老服务供给亟待政府的角色归位，政府作为农村居家养老服务供给的规范者、管理者和引导者，将居家养老服务以委托、代理、契约外包和购买服务方式由社区、企业和社会组织等主体供给，从而优化政府职能。

2. 企业

目前，市场提供公共服务主要依托于企业为载体，企业也是居家养老服务的主要供给主体之一。居家养老服务供给主体中的企业主要包括在工商行政部门登记注册的商业性企业，即由营利性养老服务机构、养老服务

---

① 叶响裙：《公共服务多元主体供给：理论与实践》，社会科学文献出版社 2014 年版，第 16 页。

② ［美］E. S. 萨瓦斯：《民营化与公私部门的伙伴关系》，周志忍等译，中国人民大学出版社 2002 年版，第 73 页。

③ Timonen, V., Mcmenamin, I., "Future of Care Services in Ireland: Old Answers to New Challenges?", *Social Policy and Administration*, Vol. 36, No. 1, February 2002, pp. 20 - 35.

④ 曲绍旭：《NGO 介入养老服务体系之优化考量——基于"福利效能"视角》，《河南大学学报（社会科学版）》2014 年第 2 期。

企业（一键通公司、居家养老服务产业集团）、家政服务公司、老年人护理机构和餐饮机构等营利性组织与服务实体诸多要素构成。随着社会主义市场经济的健康发展，居家养老服务中市场化、营利性服务占较大比重，企业也致力于养老服务事业。企业所承担的责任是为老年人提供送餐服务、家政服务、日托服务、医疗保健、康复理疗和精神慰藉等全方位、多功能居家养老服务，以满足农村老年人多元化的养老服务需求，提高供给效率。企业通过运用智能家居系统允许老年人对居住环境的选择，赋予老年人归属感和安全感，免受制度化养老机构的束缚，从而保持生活的独立性。沈阳市政府通过与"一键通"公司合作，搭建居家养老服务信息化平台，在一定程度上满足老年人的生活照料与紧急救援需求，老年人通过与市民呼叫中心的一键呼叫方式形成供需对接与信息共享，同时，农村乡镇企业与所在社区有一种特殊的地缘关系，企业领导与社区居民具有特殊的亲情关系。为此，应积极鼓励农村社区企业支持农村养老服务事业，企业对居家养老服务的慈善捐赠是企业履行社会责任的重要体现。

3. 非营利组织

非营利组织是社会组织的重要组成部分，社会组织具有广义和狭义之分，其中，广义的社会组织是指除党政机关、企事业单位以外的社会中介性组织；狭义的社会组织，是指由各级民政部门作为登记管理机关，纳入登记管理范围的社会团体、民办非企业单位、基金会这三类社会组织。农村居家养老服务供给主体中的非营利组织不仅包括在民政部门登记注册的基金会、社会团体和民办非企业单位，如志愿者组织、慈善组织等，还包括以企业名义在工商部门登记的非营利组织、单位内部活动不需要登记注册的社会组织（如学生社团）、农村合作社组织以及未登记注册的草根社会团体和志愿组织，如民间自发组织的老年协会、妇女联合会、自助互助组织等。非营利组织与营利组织的主要区别在于非营利组织以使命为先，并通过组织的使命吸引、凝聚员工和志愿者，而不是通过工资、福利待遇吸引员工和志愿者。[1] 我国社会组织既具有西方国家非营利组织或非政府组织的特征，又具有中国国情和制度赋予的特点。[2] 莱斯特·萨拉蒙提出

---

① ［美］彼得·德鲁克：《非营利机构的管理》，吴振阳等译，机械工业出版社 2009 年版，第3—6页。

② 王浦劬、［美］莱斯特·M. 萨拉蒙等：《政府向社会组织购买公共服务研究：中国与全球经验分析》，北京大学出版社 2016 年版，第6页。

非营利组织具有组织性、非政府性、非营利性、自治性和志愿性五个特征。非营利组织比公共部门和私营部门提供公共服务更具比较优势，在于其"特别含糊且混合的结构"。① 非营利组织在我国农村社会场域中所依循的必将是不同于西方的行动逻辑，也造就了我国农村非营利组织在社区协同治理中的特殊路径。农村非营利组织是农村集体行动过程中行动逻辑的基本结构性要素，是维系农村生活共同体网络的重要节点。非营利组织在提供生活照料、心理咨询和康复护理等专业性服务中具有自身的优势。农村老年协会已成为推动农村居家养老服务的生力军。农村老年协会基于老年人养老服务需求建立邻里互助式养老服务队伍，借助社会力量为农村高龄、空巢和失能老年人提供居家养老服务，如新民市柴家窝堡村已有老年协会成员 80 余人，由村书记、村主任兼任农村互助幸福院院长负责老年人居家养老服务管理工作。非营利组织主体，即由慈善协会、企业家捐赠、志愿者等构成。海城市开展农村社区建设以来，成立了社区志愿者协会，帮助有劳动能力的残疾人和困难户发展生产，救助孤寡老年人和特困户，实现自我管理、自我教育、自我服务、自我监督的村民自治。据鞍山市慈善院负责人介绍，市慈善院与鞍山市政府和鞍山市慈善总会、佛教协会、高校志愿社团等社会团体合作，积极争取政府财政补贴和融资信贷等政策扶持，实现社区内、外部资源的互动、融合与协作。针对养老服务人才队伍短缺问题，加强与老年护理专业的大专院校、培训机构合作，通过优势互补、信息互通等方式，实现共赢。

4. 社区（村）

社区（村）是农村居家养老服务的依托和载体，即由村两委组织实施养老服务供给。社区是农村老年人可以充分运用和信赖的社会资源。依托网络平台和社会组织实现对社会养老服务资源的整合，并通过社区服务站、家庭养老院、互助幸福院以及日间照料中心等提供居家养老服务。社区在我国传统福利提供中发挥着重要作用，扮演着准政府的基层组织角色。与城市不同，农村社区是由彼此联系且有共同利益或纽带，具有共同地域的共同体，② 具有认同感与归属感的居住区，属于地方性互动网络，

---

① 黄黎若莲、张时飞、唐钧：《比较优势理论与中国第三部门的研究》，《江苏社会科学》2007 年第 4 期。

② [美] 埃弗里特·M. 罗吉斯、拉伯尔·J. 伯德格：《乡村社会变迁》，王晓毅、王地宁译，浙江人民出版社 1988 年版，第 164 页。

是以感情、人情、互惠和信任为基础，奠定了农村社区支持的动力基础，家庭邻里的浓厚意识源于强有力的政策支持体系和邻里互助的优良民族传统。① 农村居民与自己所属的大家庭和地方社区之间有更为紧密的联系。作为中国农民自治性质的正式组织，村委会具有自我管理、自我服务与自我教育的组织使命，村委会、村民代表大会即村小组是社区组织的基本形式，试图以社区力量实现福利服务供给与传递。② 伴随着农民福利的提升，社区作为家庭照顾和机构照料有机衔接的平台和纽带，在改进农民福利环境中发挥积极的作用。农村居家养老服务以村庄或村落为载体，由社区、村集体（包括村两委和村集体企业）提供养老服务，社区主要向老年人提供生活照料服务，以满足老年人的养老需求，使老年人能够在家中或在熟悉的社区环境中享受居家照料，增强老年人归属感，通过村委会传递福利服务和支持实现集体福利再分配和福利共享。集体福利需要团结、凝聚与互助，农村互助幸福院养老主要通过国家财政投入和村委会管理与老年人互动相结合，而邻里是村庄生活共同体的显著特点，是地缘共同体，③ 也是最持久的人类群体生活的社会模式。④ 村集体发挥集体动员，对处境艰难的农村老年人予以自助与互助式精准帮扶，实施特困老年人精准帮扶，加强对老年人的"救急难"工作，按规定对流浪乞讨、遭受遗弃等生活无着落的老年人给予救助，能够有效缓解农村养老服务供给资源匮乏的困境。村集体通过政府政策扶持和财政支持完善村级社区居家养老服务，既包括"五保供养"，又包括村集体提供的居家养老服务，如村养老金、年节慰问等物质帮扶与精神慰藉。为此，社区（村）作为农村老年人居家养老服务的主要供给主体之一，在居家养老服务供给中起到协调与沟通作用。

5. 家庭

家庭，即由家庭成员、亲属等形成的组合体。福利多元主义注重"参与"，即将政府的福利责任分担到市场、家庭与社会组织之中，鼓励社会力量介入社会服务的传递。农村福利文化中重视社区、家庭等非正式部门的积极作用。传统农业社会是建立在家庭系统之上，而家庭宗族又构成社

---

① 韩央迪：《第三部门视域下的中国农民福利治理》，上海三联书店 2014 年版，第 137 页。
② 潘屹：《中国农村福利》，社会科学文献出版社 2014 年版，第 104 页。
③ ［德］斐迪南·滕尼斯：《共同体与社会》，林荣远译，商务印书馆 1999 年版，第 65 页。
④ 王思斌：《中国社会工作研究（第一辑）》，社会科学文献出版社 2002 年版，第 65 页。

会互动的政治和道德基础，① 是血缘的共同体。在居家养老服务中，家庭作为养老服务供给主体的核心，具有天然的血缘基础，家庭成员代际之间的经济供养、生活照料以及精神慰藉等具有较强的抵御养老风险的能力，且具有服务长效性的特点。② 家庭是传统社会家庭宗亲生儿育女的基本团体，兼具经济、教育、宗教祭祀以及娱乐功能的资源凝结体，承载着兜底、扶助与支持等多重功能，堪与当今的社会福利制度相媲美。我国农村老年人的支持主体主要来源于家庭，家庭是社会的核心单元，承担对老年人的赡养职责与义务，是家庭成员与生俱来的社会照料服务提供者。③ 随着我国农村经济社会不断发展，老年人生活质量和晚年幸福离不开家庭对老年人的照顾和关爱。家庭成员的经济供养、生活照料以及精神慰藉等具有较强抗风险能力。农村老年人不仅是居家养老服务的接受者，也是居家养老服务的供给者，农村老年协会、农村老年互助组成员基本上是老年人自身，年轻的老年人帮助年老的老年人，健康的老年人帮助需要照顾的老年人。据调查，辽宁省鞍山市 S 镇多福养老院，是开办者租用亲属的二层住房，在照料自家老年人的同时，招收社区老年人养老，不仅招收本村的老年人，也会接纳外村的老年人，有些老年人是在大型养老院不适应而返回村里养老，家中子女忙于务工，无暇照料，多数老年人身体状况较好，低龄老年人照顾高龄老年人，相互帮助，互相照料，亲如一家。据家庭养老院负责人介绍，多福养老院床位大致为 15 张，由开办者家庭成员为老年人服务，且民政和消防手续齐全。同时，避免与老年人家庭的纠纷，为农村老年人购买了意外保险，具有资金投入少、家庭气氛浓、服务细致周全等特点，契合农村社区老年人的养老意愿。积极老龄化在于保持充分活力和积极社会参与，健康老龄化是老年人生理与心理的最佳诉求。要重构"家庭价值"，发展家庭基础上的社会化养老服务体系，提高老年人的供养能力。

（三）农村居家养老服务供给客体

农村居家养老服务供给以社区为依托，以家庭照顾为主，以农村老年

---

① 秦智颖、李振军：《我国农村养老服务供给主体多元化研究——基于协同治理理论视角的分析》，《中国集体经济》2016 年第 1 期。

② 丁煜：《福利多元主义视角的社区居家养老问题研究——以 XM 市街道为例》，《公共管理与政策评论》2015 年第 4 期。

③ Wong, L, "Community social services in the People's Republic of China", *International Social Work*, Vol. 35, No. 4, 1992, pp. 455 – 470.

人为服务对象提供支持性居家养老服务。养老服务特别是农村居家养老服务是一项非常复杂的系统（工程），其服务对象异质性较强，其服务提供者亦非单一，尤其是在服务方式的多样性与同一性之间，总是存在着不同的理解。在服务对象上，农村老年人作为一个特殊群体，其在生理、心理、经济条件和适应能力等方面较城市老年人均处于劣势。农村居家养老服务对象主要侧重于缺乏自理能力和经济能力的困难弱势群体，服务对象由传统救济对象如农村五保、低保、高龄、失能、空巢老年人向全体老年人拓展。服务内容主要为农村老年人提供助餐、助浴、助洁、助急、助医、护理等上门服务，但供给价格有所差异。针对农村五保老年人等传统社会救济对象主要提供无偿居家养老服务，针对低保、高龄、失能、空巢老年人则提供无偿、低偿与有偿相结合的居家养老服务。对于具备购买能力的农村老年人可由企业根据其需求提供生活照料、医疗保健、精神慰藉、社会参与、法律维权等个性化和差异性服务；对于中等收入老年人采取政府与企业、非营利组织等多主体供给，或由政府制定长期护理保险或护理津贴制度推进农村居家养老服务供给的发展。

（四）农村居家养老服务供给内容

借鉴张仕平、景天魁等学者的研究成果，将社区综合养老服务分为经济支持、生活照料、精神慰藉三个方面，本书将居家养老服务供给内容分为生活照料、医疗保健、精神赡养和社会参与四个层次。①② 供给内容第一层次为生活照料类，主要包括做饭、送餐、家政服务、购买生活用品和助行服务等；第二层次为医疗保健类，主要涵盖建立健康档案、上门看病、提供保健知识、康复理疗、长期照护等服务；第三层次为精神赡养服务，主要包括心理咨询、技能讲座、特殊关怀和社会娱乐等；第四层次为社会参与服务，主要涵盖社区志愿服务和法律维权服务等。居家养老服务从物质到精神层面均有不同程度的供给，供给内容逐渐从生活照料服务向精神慰藉和社会参与等发展享受型服务供给拓展。多数农村设有养老机构，其中，部分乡镇敬老院可提供短期日托服务，涵盖助餐、助洁、助行、长期照护服务等。社区托老中心可提供短期日托式养老服务，部分农村家庭养

---

① 张仕平：《中国农村家庭养老研究》，《人口学刊》1999 年第 5 期。
② 景天魁：《创建和发展社区综合养老服务体系》，《苏州大学学报（哲学社会科学版）》2015 年第 1 期。

老院具有短期日托功能。农村机构养老服务外溢已成为农村居家养老服务的供给方式之一，也是农村居家养老服务研究的现实样本。辽宁省农村养老服务总体运行良好，服务人员参与定期培训，农村养老机构以收养介助、介护型养员为主，但养老服务资源分布不均衡，服务水平和服务能力参差不齐。

（五）农村居家养老服务供给方式

借鉴学术界将农村居家养老服务供给分为社区照护、老年食堂、村级养老院和户院挂钩等方式，并结合辽宁省农村社区的实地调研，将目前农村居家养老服务供给方式概括为机构照料服务外溢式、家庭养老院式、农村互助幸福院式和社区照护式四种主要方式。

1. 机构养老服务外溢式

机构养老服务外溢式是指机构养老服务生产由养老机构运作，以养老机构为支撑，为居家老年人提供服务，或通过政府购买居家养老服务等方式实现居家养老。机构养老服务外溢功能已成为居家养老服务的有益补充。随着社会化养老服务的发展和老年人养老观念的转变，农村养老机构的服务外溢功能承接居家养老服务，实现家庭养老与机构养老的优势互补，是兼具福利性、公益性和营利性的居家养老服务供给方式，提升居家养老服务的供给能力。

2. 家庭养老院式

家庭养老院式即家庭养老与居家养老、机构养老的有机结合，或由亲属、邻居、社区资源组建的"拟家庭养老"模式，实现自助与互助相得益彰。目前，家庭养老院主要分布在行政村或自然村（屯）。家庭养老院在农村和城乡结合部较为普遍，小型家庭养老院床位设置一般为15—30张，家庭养老院开办者利用自有住房，由其家庭成员为老年人服务，在照料自家老年人的同时，向高龄、失能、半失能老年人开放，且服务低偿，具有便于开办、资金投入少、规模较小、成本较低、家庭气氛浓和服务细致周全等优势，与农村老年人的需求意愿与支付能力相契合。通过村院互助和低水平集中养老可以承接居家养老服务功能，能够吸纳短期托养或日间照料的农村老年人，在拟家庭中实现自助与互助，增强老年人的归属感与安全感，是农村居家养老服务的主要供给方式之一。

3. 农村互助幸福院式

农村互助幸福院是由中央政府和地方政府共同推广的具有普惠性的农村居家养老服务方式，是我国农村基层自发探索形成的新型互助养老方式。农村互助幸福院式养老兼具家庭养老和机构养老的优势，融老年人健身、娱乐、文化为一体，使农村老年人通过自助与互助实现居家养老，是具有"居住在中心＋供养在家庭＋生活在社区＋照顾在彼此"特征的邻里守望互助的社会化养老模式，家庭养老是核心，互助服务是关键，中心居住是平台，社区生活是基础。[①] 互助养老方式的形成是乡村文化和社会结构冲突下农村社区互助文化传统相互作用的产物，使老年人逐步由"被赡养者"向"自助养老者"转换，实现了"抱团养老，就地享福"，离家不离村，离亲不离情。通过多元社会力量的共同推动，达到农村老年人从依赖家庭走向自助互助的目的。

4. 社区照护式

目前，社区照护是辽宁省农村居家养老服务供给的主要方式，主要以社区村委会和村老年协会为依托提供养老服务，村委会负责农村居家养老服务的决策和组织，而具体由村老年协会负责运作，资金来源主要依靠政府补贴、集体补助和社会捐助等；社区照护式养老服务供给主体由村里的党员干部以及热爱老年事业的社会人士构成。服务内容主要涵盖保洁、洗衣和餐饮等日常生活照料，为农村老年人提供健康检查等医疗服务，法律维权、文化娱乐、心理咨询等精神慰藉服务。农村老年人是服务的主要消费者，通过无偿或是低偿的服务方式为老年人提供服务，可见，社区照护服务供给方式发展较为迅速，内容较为丰富，逐渐成为辽宁省农村居家养老服务供给的主要方向之一。

（六）农村居家养老服务供给机制

本书基于福利多元主义理论的视角，依据多元供给主体间的协同程度，由单一主体供给所形成的供给方式是非协同供给，而由两者或两者以上供给主体间竞争与合作形成的供给是协同供给。从发掘和利用多元供给主体优势的角度看，农村居家养老服务供给方式包括政府供给和企业供给、非营利组织供给、家庭供给和社区供给等。协同供给是农村居家养老

---

① 赵志强、杨青：《制度嵌入性视角下的农村互助养老模式》，《农业经济》2013 年第 1 期。

服务的重要供给机制，是多元供给主体由二元主体间协同向三元主体间协同，进而向四元及以上主体间协同供给发展过程中形成的供给机制。基于福利多元主义理论的主要内容，可将居家养老服务协同供给机制由二元主体间协同、三元主体间协同向四元及以上主体间的协同，进而达到多元主体间的整体协同。其中二元协同是协同供给的低级阶段，表现为偶发协同，供给主体主要有政府与企业的协同、政府与非营利组织的协同、政府与社区协同、政府与家庭协同、企业与家庭协同。三元协同是协同供给的中级阶段，协同供给常态化，具体体现在政府与企业、非营利组织协同，政府与企业、社区协同，政府与非营利组织、家庭协同，企业、非营利组织与社区协同。高度协同即四元以上主体间的协同，是农村养老服务市场发育成熟，多元供给主体间的高度协同，是协同供给的高级阶段。目前，由于农村经济社会发展环境有限，农村居家养老服务处于偶发的二元协同供给阶段，且偶发的供给或个别部门的协同如家庭、社区、机构各自单独供给，且只有少量、低水平的协同，真正意义上的四元及以上主体间的协同供给尚未实现。而四元及以上主体供给是在农村社会化养老服务体系发育成熟，多元供给主体发育成熟阶段的供给机制。可见，农村居家养老服务供给机制体现了多元供给的形态，而协同供给是多元供给的发展形态之一。农村居家养老服务从非协同的多元供给走向协同供给需要供给主体间的结合，即政府、企业、非营利组织、社区、家庭的有机结合。

农村居家养老服务供给机制是以农村老年人的居家养老服务需求强度为依据，根据农村老年人对家庭的依赖程度、离家距离远近不同，通过建立互助幸福院、社区养老机构、乡镇托管中心等居家养老服务设施，充分发挥政府、企业、非营利组织、社区、家庭等不同供给主体的积极作用，满足农村老年人异质性居家养老服务需求。居家养老服务供给还需要从内部协同向外部协同拓展，争取得到外部其他供给系统的互动，如新型农村养老保险制度、最低生活保障制度等配套供给系统的支持，努力促成农村居家养老服务供给机制在更大范围的协同互补。除厘清各供给主体在居家养老服务中的优势外，需要探讨居家养老服务多元供给主体之间的协同供给机制。居家养老服务协同供给机制属于福利多元主义理论的研究范畴，其中，"协同"使事物向各方都有利的方向发展。"机制"即系统内各子系统、各要素之间相互作用、相互联系和相互制约的方式与内在运行过程。本质上是多元供给主体相互协商、合作和竞争，而形成的供给主体、客体、方式、机制等要素相互联系、相互作用和相互制约的有机整体，推动政策形成和执行的"协同效应"和"整体效应"，也就是系统内部各要素或子系统之间相互作用和有机整合的结果。多元供给主体通过在协调利益、平衡权利、相互合作、资源共享过程中实现整体社会福利最大化，尽可能实现全民共享。协同供给是协同供给主体之间的竞争与合作供给，既可能是政府供给，也可能是企业供给。政府供给则是通过强制推动的组织之间的合作。由于政府的政策激励所致的政策环境变化，原来二元或多元协同供给就会增加新的供给要素。① 企业供给是市场认识到通过合作能够获得比不合作更大的价值或利益，因而主动采取的联合行为，是一种自发的组织间选择性互利行为，是为了提高内部效率的"技术环境"而做出的选择。其特点是行动的自主性和价值的互利性。多元协同供给机制需要多元供给主体间的相互协作与制约，其多元供给主体的有机配置与组合可有效满足农村老年人的养老需求。② 依据居家养老服务供给主体的不同，各供给主体间的协同供给机制是一个相互关联的有机集合体（见图 2-2 所示）。

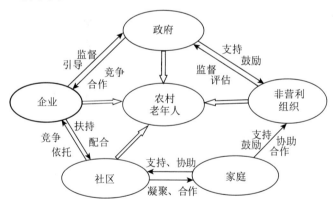

图 2-2　农村居家养老服务多元供给主体的协同供给机制

资料来源：作者绘制。

多元主体协同供给机制倡导政府应积极培育企业和非营利组织等多元主体的供给能力，政府在协同供给中负责政策与法规的制定，以提高供给的有效性。在管理实践中，政府给予企业和非营利组织适度的支持、鼓

---

① 周作宇：《协同创新政策的理论分析》，《新华文摘》2013 年第 10 期。
② 景小红、赵秋成：《农村公共产品供给新路径：协同供给机制》，《山西师大学报（社会科学版）》2016 年第 1 期。

励、监督和引导。企业积极遵守政府制定的法律制度，市场机制的竞争与合作可有效提高农村居家养老服务的供给效益。非营利组织与企业在协同供给机制中相互竞争与合作，能有效促进协同供给机制要素间的协调性。政府应给予非营利组织支持与鼓励，企业应给予非营利组织支持与协助，如通过政府购买服务等方式为企业和非营利组织提供资金支持，政府购买居家养老服务是政府协同社会力量完善居家养老服务有效供给的方式之一，而非营利组织应从自身特点出发，不断更新组织的理念与方法，对政府供给予以监督和评估，支持与鼓励家庭供给。社区作为居家养老服务的依托，积极扶持与配合企业的有效供给，凝聚与支持家庭供给，形成良性合作关系。

第二节　关于居家养老服务供给的相关理论

一　福利多元主义理论

（一）福利多元主义理论的源起

20 世纪 60 年代，伴随着世界人口老龄化和经济全球化的发展，福利国家面临巨大的财政压力，社区照顾理念逐渐兴起，继古典自由主义、凯恩斯——贝弗里奇范式之后，为解决福利国家危机，福利多元主义思想应运而生。它是社会政策领域在经历了工业革命早期的"家庭失灵"，工业革命时期的"市场失灵"和后工业时期的"政府失灵"后，后危机时代福利国家社会政策及福利制度的理性选择。福利多元主义是 20 世纪 80 年代欧洲国家社会政策领域新兴的福利理论范式，亦称为混合福利经济，最早由蒂特马斯（R. M. Titmuss）提出。之后，罗斯（Rose）对福利多元主义提出更为明确的阐释，罗斯在《相同的目标、不同的角色——国家对福利多元组合的贡献》一文中提出福利多元主义是社会福利由国家、市场及家庭共同构成福利供给方。[①] 约翰逊（N. Johnson）在罗斯基础上将志愿机构加入福利三角中，构成福利四角论。约翰逊认为提供社会福利部门在国

---

① Alcock, P., Powell, M. A., *Welfare Theory and Development*, SAGE Publications Ltd., 2011, pp. 61 – 88.

家、市场和家庭的"福利三角"基础上加入了志愿组织，具体涵盖公共部门、非正式部门、志愿部门和商业部门，[1] 减少了政府在福利中的作用，增加了企业和非营利组织的作用，发挥多元供给福利优势，引入了更为积极的公民参与，淡化了福利安排的政治色彩。在多部门协同参与下由福利国家向福利社会转型，从而降低公共服务供给成本，提高社区福利供给效能，有助于实现社会团结与整合。[2] 伊瓦思（A. Evers）也发展了罗斯的福利三角论，并从正式、非正式和公共、私人两个角度构造了福利主体的网络结构图。[3] 沙哈拉·拉扎维（S. Razavi）围绕福利三元论或福利四元论提出"照顾四边形"理论，即照顾供给者由家庭、市场、国家、非营利部门构成。[4] 在约翰逊的"四分法"基础上，吉尔伯特（N. Gilbert）强调这四个部门嵌入福利国家市场的公共和私人领域，既独立存在又彼此交织。[5]

（二）福利多元主义理论的核心思想

福利多元主义是社会政策的一个宏观分析范式，它关注福利的多元来源、供给、传输等结构。在福利国家陷入困境之时，福利多元主义理论纠正了过度强调国家提供福利的错误认识，提出国家、家庭、市场、志愿组织等多元福利提供者的职责并重，建立多元福利提供者的结构，从福利的国家提供转型到福利的多元提供模式等重要的观点。[6] 福利多元主义理论的核心理念是实现福利提供从国家到多元主体的转型，打破政府垄断地位，建立公私机构间的竞争，将市场机制引入居家养老服务领域，通过合同承包、补助、凭单、特许经营等形式由私营部门或社会机构来供给。[7] 福利多元主义强调去中心化、决策参与和反科层制，它以分权和参与为主要理念，社会福利是由公共福利、财税福利和职业福利三者相互配合、共

① Johnson, N., The Welfare State in Transition: The theory and Practice of Welfare Pluralism, Amherst: *University of Massachusetts Press*, 1987, pp. 25 – 31.
② Pestoff, V., "Citizens and co – production of welfare services. Childcare in eight European countries", *Public Management Review*, Vol. 8, No. 4, Dec 2006, pp. 503 – 519.
③ Evers, A., Svetlik, I, "Balancing Pluralism: New Welfare Mixer in care for the elderly", *Journal of Social Policy*, Vol. 23, No. 3, July 1994, pp. 446 – 448.
④ 彭华民：《福利三角：一个社会政策分析的范式》，《社会学研究》2006 年第 4 期。
⑤ Gilbert, N., "Remodeling social welfare", *Society*, Vol. 35, No. 5, July 1998, pp. 8 – 13.
⑥ 彭华民、黄叶青：《福利多元主义：福利提供从国家到多元部门的转型》，《南开学报（哲学社会科学版）》2006 年第 6 期。
⑦ ［美］E. S. 萨瓦斯：《民营化与公私部门的伙伴关系》，周志忍等译，中国人民大学出版社 2003 年版，第 5 页。

同作用的体系，即福利主体多元化。① 强调各福利部门间互补与非营利组织参与，福利的规则、筹资和提供由政府、营利组织、非营利组织、家庭、社区、睦邻组织和自助或互助团体等不同部门共担社会福利责任。通过市场化供给等方式实现公共产品多元化供给，以整合社会福利资源、提高福利服务供给效率。各供给主体参与的实质是非政府组织参与福利服务提供，福利消费者与福利提供者共同参与决策。政府控制财政金融，市场、社区组织和非正式组织对服务实施监管与调控。

二 福利多元主义理论对本书的指导意义

（一）福利多元主义理论已成为世界各国发展居家养老服务的重要指导思想

福利多元主义理论与实践表明，福利是全社会的共同产物，社会福利应由政府、市场、非营利组织、社区、家庭等多部门共同承担。受福利多元主义影响，西方发达国家普遍实行社会化养老服务，关注院舍照顾的负面效应，倡导"属地养老""去院舍化"以回归家庭和社区。社区照料模式已成为世界各国老年照料政策的目标，西方社区照顾改革不再是服务方式细枝末节的变化，而是方向性的根本性变革，是对服务传统构成进行组织改造和融资变革。政府应减少对服务提供者的行政管制，并应通过其他方式对服务进行促进、协调和监控。社会照顾和健康照顾可由政府部门、自愿部门、商业部门和非正式部门四大不同部门合作供给。② 同时，社会照护也是市场化供给的重要组成部分。③ 不同国家对承担福利供给主体即家庭、市场、国家、非营利部门等有着不同的政策倾向，从而形成不同福利体制及老年照顾供给模式。

（二）农村养老服务的多元供给是福利多元主义理论的实践探索

福利多元主义理论对我国社会保障发展具有科学的指导价值，为农村居家养老服务供给奠定了重要的理论基础。在养老服务供给中，福利多元

---

① ［英］理查德·莫理斯·蒂特马斯:《福利的社会划分：对追寻公平的一些反思》，刘继同译，《社会保障研究》2007年第2期页。

② Hatch, I., S. Mocroft, *Components of Welfare Voluntary Organisations*, *Social Services and Politics in Two Local Authorities*, London: Bedford Square Press, 1983, p. 2.

③ Graefe, P., "Personal Services in the Post-Industrial Economy: Adding nonprofits to the welfare mix", *Social Policy & Administration*, Vol. 38, No. 5, August 2004, pp. 456–469.

主义已成为居家养老服务供给的重要分析工具。农村居家养老服务既有别于传统家庭养老，也迥异于社会化机构养老，而是运用福利多元主义理论，在重视家庭、宗族等亲情伦理作用的基础上，借助农村养老资源，充分调动社会力量的综合养老服务模式，是最具代表性的福利多元主义形式。福利多元主义认为社会福利的供给来源需要政府、企业和非营利组织共同参与，居家养老服务需要由政府、企业、非营利组织等多元主体的协同供给，其供给内容包括服务提供方式、组织形式和资金来源。居家养老服务政策应适合于中央和地方不同层面，确保居家养老服务的权、责、利间的平衡。明确服务财政支持和基金来源，确定不同服务方式与服务效果。

（三）福利多元主义理论能够为农村居家养老服务供给研究提供理论支撑

通过引入福利多元理论阐述农村居家养老服务的产生与发展，为农村居家养老服务供给奠定了坚实的理论基础。在购买服务方式上，根据老年人的经济条件和生活状况，促进政府购买服务与个人购买服务相结合。以政府出资为主，为农村分散供养的"五保"老年人以及孤寡和生活困难老年人，提供无偿或低偿服务为主，完善多元化居家养老服务供给系统。农村居家养老服务协同供给格局，亟待在福利多元主义理论的指导下不断发展完善。

鉴于此，本书尝试在已有研究成果基础上，基于福利多元主义理论的重要思想，探讨如何在农村居家养老服务供给中，既保持多样性提供以满足农村老年人多样化的选择，又保持同一性以实现养老服务的公共性和公益性，从而更好地推进农村居家养老服务健康发展，需要运用福利多元主义理论指导农村居家养老服务供给的具体实践，以期为推进农村居家养老服务的协同供给做出些许的努力。

第三章 辽宁省农村养老服务供给的历程

借鉴王争亚、吕学静和李薇、丁建定等诸位学者对农村养老服务发展的历史分期，根据辽宁省农村占主导地位的居家养老服务供给资源的不同，本书将辽宁省农村养老服务供给的演进历程分为萌芽期、形成期和发展期三个阶段。① 新中国成立后至改革开放前是辽宁省农村养老服务供给的萌芽期，农村养老服务供给主要以家庭保障和集体保障为主，建立了与计划经济体制相适应的计划型养老服务模式，适应了计划经济体制的内在要求。改革开放以来至税费改革前是辽宁省农村养老服务供给的形成期，农村养老服务供给主要以家庭和土地保障为主。由于农村人民公社制度的解体，计划经济体制下以集体经济组织为筹资对象的公共服务供给机制已不复存在，同时，农村养老服务供给开始引入市场力量，进一步增强了辽宁省农村养老服务的供给能力，逐步适应社会主义市场经济体制的发展要求。2006 年免征农业税，党的十六届六中全会提出积极推进农村社区建设，逐步完善以居家为基础的养老服务体系，我国农村养老服务供给适应了社会主义市场经济体制的要求，经历了由家庭向社会延伸，由服务"机构化"向"社区化"转变的新阶段。

第一节 农村养老服务供给的萌芽期

一 家庭保障为主阶段

在中国古代社会中，忠孝观念源远流长，孝道文化以家庭为本位，以

---

① 王争亚、吕学静：《福利多元主义视角下我国养老服务供给主体问题解析》，《中国劳动》2015 年第 2 期。

血缘道义为核心的家庭养老在经济供养、生活照料和精神慰藉中起到举足轻重的作用。家国同构，家国一体。新中国成立至改革开放前的计划经济时期是辽宁省农村养老服务供给的萌芽期，辽宁是东北地区开发最早的省份，1929 年改为辽宁省直至今日，体现了人们期望辽河流域安定繁荣的愿望。但是，由于 1948 年解放前长期受封建制度束缚以及帝国主义的殖民统治，经济社会发展比较迟缓、落后，解放后整个社会经济才得到了新生。[①]自 1949 年至 1956 年的农业社会主义改造，不仅使乡村社会的农业生产经营方式发生了彻底改变，从个体农户经营走向了集体经营，而且也使乡村社会的地方性空间发生转变，乡镇转变为人民公社，村落转变为生产队，村民转变为社员。生活在村落里的社员的活动已经不仅受制于村落，且受国家计划和集体的制约。村落从地方性走向公共性和政治性，政治活动已广泛嵌入村落社会活动之中。[②] 1954 年，《中华人民共和国宪法》第九十三条明确规定，劳动者在年老、疾病或者丧失劳动能力的时候，有获得物质帮助的权利。国家举办社会保险、社会救济和群众卫生事业，并且逐步扩大这些设施，以保证劳动者享受这种权利。辽宁省农村土地改革时，对孤老残幼分给近地、好地，并组织帮种帮收。对生活仍有困难的，国家给予定量救济和临时救济。农业合作化时期，对无依无靠的孤老残幼，由集体安排力所能及的劳动，并适当照顾工分，保障生活。[③] 1956 年，《高级农业生产合作社示范章程》第二章第七条规定，合作社要吸收老、弱、孤、寡、残疾的人入社。第五十三条规定，农业生产合作社对于缺乏劳动力或者完全丧失劳动力、生活没有依靠的老、弱、孤、寡、残疾的社员，在生产上和生活上给予适当的安排和照顾，以保证他们的吃、穿和柴火的供应，保证年幼的受到教育和年老的死后安葬，使他们生养死葬都有依靠。1956 年秋，辽宁省在铁岭等九个县农村进行散居五保户试点，之后全省铺开，实现公社化后，为解决孤寡老人无人照料的问题。[④] 这一时期逐步形成了以"五保"供养主导、以社会救济为主要特征的社会保障制度。通过建立敬老院实现对孤寡老残社员的集中供养，使农民的基本生活得到

---

① 梁喜新：《辽宁省经济地理》，新华出版社 1990 年版，第 1—2 页。
② 陆益龙：《嵌入性政治与村落经济的变迁——安徽小岗村调查》，上海人民出版社 2007 年版，第 33 页。
③ 辽宁民政志编纂委员会：《辽宁省民政志》，辽宁人民出版社 1996 年版，第 453—458 页。
④ 同上。

保障，这种模式可集政府和集体的优势解决家庭单一主体难以规避的老年风险问题，对于解决农民的后顾之忧和促进社会生产，以及提高农村的公共服务水平等方面都起到了巨大的推动作用。但在城乡二元体制下，辽宁省农村养老服务供给相对滞后，农村老年人的养老服务需求难以得到应有满足。

二 集体保障为主阶段

人民公社时期（1958—1978）是从农业合作化开始至党的十一届三中全会前期间。1958 年之后，为适应计划经济体制的发展需要，政府对农村社会保障在原有基础上进行一定的修改与完善。从初级合作社开始，普遍建立了公益金制度。20 世纪 50 年代中期农业合作化高潮时，辽宁省农民的养老保障主要以集体保障为主，即使农民因年老残疾、体弱多病而部分丧失劳动能力也可通过由集体分派其力所能及的轻活，同样记工分，并参与年终分配，集体仍会给予赡养老年人的家庭适当支助。人民公社实行供给制与工分制相结合的分配制度，生活资料的 70% 按人口平均分配，其余 30% 按照社员的劳动量记工分进行分配。1958 年秋，辽宁省康平县小城子镇公社率先办起全省第一所农村敬老院，开始出现了集中供养形式。[①]
1961 年，《农村人民公社工作条例》（简称《六十条》）第二十六条规定，生产大队可以从大队可分配的总收入中，扣留百分之三到五的公益金，作为社会保险和集体福利事业的费用。生产大队对于生活没有依靠的老、弱、孤、寡、残疾的社员，家庭人口多劳动力少的社员，和遭到不幸事故、生活发生困难的社员，实行供给或者给予补助。这个供给和补助的部分，从公益金内开支。诸多公社和大队又相继建成了敬老院和福利院，使农村老年人老有所养、老有所为。以生产大队为单位建立了医务室（所），推行农村合作医疗制度，提高了农民的身体健康水平，部分经济发达的公社、大队通过互助合作建新村，发展福利事业，实行社员退休养老制度等。人民公社所建立的农村社区公共产品供给体系为满足农民物质文化生活需要，发展农村社会福利事业起到了重要的保障作用。[②] 农村养老服务

---

① 辽宁民政志编纂委员会：《辽宁省民政志》，辽宁人民出版社 1996 年版，第 453—458 页。
② 张应良、王晓芳、官永彬等：《农村社区公共产品有效供给与制度创新》，中国农业出版社 2013 年版，第 43—48 页。

由传统农业社会的家庭保障为主逐渐转向以农村社队集体经济为主，政府适度扶持的发展阶段。但由于农村生产力水平不高，农村养老服务仍以生存型供给为主，且各地区农村养老保障水平不均衡。① 1949 年至 1980 年，辽宁粮食总产量每年递增 5.4%。从 1949 年至 1980 年，辽宁粮食总产量每年递增 3.6%（全国 3.4%），同时辽宁粮食的征购率和征购量也都高于全国。农村合作化后，集体对五保户的主要赡养方式，对能参加轻微劳动的孤老户，安排他们从事力所能及的生产，不足部分照顾工分。对丧失劳动能力的五保户给予供给。一种是补助劳动日，按所在队每人一年平均所得劳动日数补助给五保户，并与其他社员同样参与分配；另一种是补助款物，按五保项目规定的吃、穿、烧、教等标准，计算出所需款物数，直接分配给五保户现款和实物。对年老体弱、病残人员，日常生活难以自理的安排专人照料。对散居五保户的赡养，随着农村经济的变化，逐步发展成多层次、多形式的供养体系。1983 年 10 月，辽宁省散居五保户的赡养方式大致是由集体负责供给费用，自行料理生活的 38091 人；拨给口粮田，由队里派人代耕，收入不足部分由集体给予补助的 7539 人；由集体付给费用或拨给土地，由亲属代养的 6196 人；对生活不能自理的老人，由集体付给报酬，由保户小组或派人照料的 8480 人。辽宁省实行政社分开建立乡（镇）政府以后，1985 年 10 月，辽宁省散居五保户中属于村供村养的 22151 户，30301 人；村供亲养的 7166 户，9803 人；亲供亲养的 3257 户，4456 人。为使供给政策兑现，属村供村养的五保户，每人发给"五保供给证"，凭证到所在乡、村领取五保费和口粮、烧柴等；村供亲养的，既发五保证又签订五保协议书；亲供亲养的，必须在老人自愿，关系亲近，供养者条件较好，能确保五保户生活的前提下，签订五保协议书。② 此外，辽宁农业技术装备雄厚，"四化"水平较高，为农村养老保障水平的提高奠定了良好的基础。③ 这一时期的农村社会保障逐步建立了以集体经济为依托的五保供养制度和合作医疗制度。在人民公社制度下，政府替代宗族承担了农村社会互助与救助职能。农村养老服务供给以集体保障为主，辅之以较低水平的社会救助与粗放式的机构养老，农村养老服务供给采取

① 杨翠迎：《我国农村社会保障制度的演变及评价》，《西北人口》2001 年第 4 期。
② 辽宁民政志编纂委员会：《辽宁省民政志》，辽宁人民出版社 1996 年版，第 453—458 页。
③ 梁喜新：《辽宁省经济地理》，新华出版社 1990 年版，第 124 页。

"自上而下"的决策机制和制度外渠道为主的筹资机制，弱化了家庭的生产功能，进一步弱化了家族的血缘权威，但国家和集体的供给水平较为有限，农村养老服务供给水平较低。

中华人民共和国成立后至改革开放之前是辽宁省农村养老服务供给的萌芽期，受高度集权体制与分配制度等客观因素影响，农村养老服务高度依赖家庭和集体保障供给，政府通过乡镇敬老院向农村集中供养的"五保户"提供养老服务，逐步确立了以农村社队集体经济为依托、国家适当扶助、农户自我服务为主的农村养老服务供给模式。与高度集中的计划体制相伴而生的农村养老服务模式亦有其自身的制度缺陷。农村养老服务供给在强化了集体保障功能后，却使家庭、市场等经济保障功能弱化。农村养老服务仍以家庭赡养为主，而市场和社会的地位和作用则被边缘化。在高度集中的计划体制下，农村养老服务供给主体单一，角色定位不清晰，从而造成养老服务供给效率不高，个人和市场参与供给的动力不足，弱化了农村传统家庭养老服务功能，造成我国农村养老服务供给效益不高。同时，计划经济体制下的城乡户籍制度的分野使城乡养老服务供给水平的差距进一步扩大，辽宁省农村养老服务供给与我国政治经济制度紧密相连，更为注重家庭责任和集体责任。

第二节 农村养老服务供给的形成期

农村养老服务供给的形成期是改革开放后至社会主义新农村战略的提出。这一时期，随着人民公社的解体和家庭联产承包责任制的实施，农村基层政权和社会管理体制基本形成了"乡政村治"格局。[①] 2005 年 12 月31 日，党中央、国务院印发了《中共中央国务院关于推进社会主义新农村建设的若干意见》（中发［2006］1 号），逐步建立农村社会保障制度。按照城乡统筹发展的要求，逐步加大公共财政对农村社会保障制度建设的投入。探索建立与农村经济发展水平相适应、与其他保障措施相配套的农村社会养老保险制度。

---

① 金太军：《"乡政村治"格局下的村民自治——乡镇政府与村委会之间的制约关系分析》，《社会主义研究》2000 年第 4 期。

一 家庭与土地保障为主和政府救助为辅阶段

我国农村集体经济组织实行家庭联产承包责任制和统分结合的双层经营体制，使原有高度集中的计划经济体制逐渐被打破，农村经济朝着商业化和市场化方向发展。传统农村养老服务在资源供给、集体组织效率以及养老服务运行机制等方面遇到前所未有的挑战。农村集体经济弱化以及农村养老服务"社会化"改革的推进，使辽宁省原有农村经济社会结构发生较大变化，瓦解了传统计划经济体制下的集体经济组织形式，农民所面临的风险已经从集体经济组织下的共同风险演变为个人的、分散化的风险。传统社会中的宗族家庭观念日渐淡化，宗族制度或家族力量提供家庭照料的可能性越来越小，大量社会职能和责任逐渐回归社区，农村养老服务在缺少充分集体经济支持和国家扶助的情况下，实现了自我社会化，曾出现集体合作医疗废弃、"五保"制度难以落实，养老服务重新退回家庭范围内，回归自然经济时代以亲情为依托，以家庭成员为服务主体、邻里互助为辅、以土地资源为分配基础和来源的传统家庭养老服务供给模式，有助于恢复传统养老服务功能，巩固家庭关系，提高农民养老保障水平，对于促进辽宁省农村经济社会发展起到推动作用，为农村养老服务的发展奠定了物质基础，强化了家庭参与养老服务的功能，同时也刺激了商业性养老服务的发展，促进了我国农村养老服务体系的不断发展。

家庭联产承包责任制规模较小，在保证农村老年人基本生活需求方面具有天然优势，具有不可替代的精神养老功能。但是，由于家庭生产功能较低，在提高农村养老服务向更高水平发展层次上显得无能为力。家庭联产承包责任制自身的局限性也导致了农村集体积累机制的削弱，公积金（用于再生产）和公益金（用于福利与公益事业）难以保证按时足额提取，削弱了集体保障赖以维系的基础，抑制了农村养老服务体系的转型升级，缩小了我国农村养老服务体系进一步发展的空间，影响了我国农村养老服务体系的发展。[1] 政府在经济体制改革中为建立和完善农村社会养老保障做出了重要的战略部署。自20世纪80年代中期开始，我国在养老保障、医疗保障、社会救助、五保供养等社会保障制度上对农村社会保障制度进

---

[1] 李迎生：《市场转型期的农村社会保障制度建设：进展与偏差》，《中国人民大学学报》2005年第4期。

行了改革。1982 年，辽宁省农村推行联产承包责任制，乡镇企业有较快发展，五保经费的提取，由过去单一从公社、大队、生产队公益金中支出，改为由当地农户和乡（镇）、村企业按一定比例合理分担，并分别列入乡（镇）、村年度公共事业统筹提留计划。所筹的经费作为五保供养基金，实行专项管理，由乡（镇）和村两级分项安排使用。贫困乡（镇）、村统筹的五保供养基金入不敷出，由乡（镇）人民政府报请县人民政府审查批准，给予补助，其费用在县、乡（镇）的社会救济福利事业费中列支。连续遭受严重自然灾害的贫困乡（镇）、村，在国家发放救灾款时，对五保户给予重点救济。辽宁省五保经费，总体状况是集体支出逐年增加，国家救济有所减少，供养人数逐渐减少，五保经费年年增加，生活水平不断提高。① 1986 年 4 月，六届全国人大第四次会议审议通过了《中华人民共和国国民经济和社会发展第七个五年计划（1986～1990）》。国家在"七五"计划第五十一章中指出："抓紧研究建立农村社会保险制度，并根据各地的经济发展情况，进行试点，逐步实行。"自从"七五"计划以来，在国务院的统一部署下，民政部门积极倡导，地方政府和农村基层社区的积极支持和参与，逐渐探索建立农村社会保障制度。随后，"八五"计划进一步指出："建立健全养老保险和待业保险制度，逐步完善社会保障体系，……在农村采取积极引导的方针，逐步建立不同形式的老年保障制度。"1988 年 7 月，辽宁省政府颁布《辽宁省农村供养五保户暂行办法》，使工作迈向法制化。② 自 20 世纪 80 年代后，农村集体经济的衰弱，农村老年人由子女或其他亲属供养的比重逐渐增加，家庭和土地养老支持在较长时期仍是辽宁省农村养老服务的主要来源。1990 年，辽宁省共有敬老院 1200 多所，基本实现了一乡一院，有 226 所敬老院对外开放。辽宁省享受五保供养总人数 6.78 万人，占农村人口的 2.95%，其中，散居的人口 4.02 万，入住敬老院的人口 2.76 万。③ 随着辽宁省农村经济社会的发展，农村五保老人的生活状况由过去的温饱型向康乐型过度发展，赡养方式由社队单一供养向乡镇、村（社区）多渠道、多层次、多形式的供养体系发展。

---

① 辽宁民政志编纂委员会：《辽宁省民政志》，辽宁人民出版社 1996 年版，第 453—458 页。
② 同上。
③ 同上。

二　探索以居家为基础的社区服务发展阶段

我国农村居家养老服务供给经历了以居家为基础探索社区服务发展的转型阶段。政府从传统社会迈向近代社会进程中正由"权力政府"向"责任政府"转变，政府在居家养老服务供给中承担有限责任。政府管理模式从统治型管理转向公共行政管理模式的产物，是政府积极回应社区公众需求，采取积极措施，公正、高效地满足公众需求与利益。[①] 政府作为社会福利事业的引导者，其主要职能是提供服务与政策引导，其责任定位于政策导向与组织领导。[②] 仅凭乡镇政府不可能提供完善的包括农村社区公共产品在内的公共服务，这就需要在政府与社区居民之间构建一个具有中介职能的微观组织基础，为农村社区公共产品供给提供动力源泉。[③] 而乡镇民营机构、非营利组织的供给责任逐渐回归，在社会福利分工中，家庭和社区是我国农村社会福利的基础。

1986 年，民政部提出社区服务，并正式提出在经济发达地区发展社区型养老保险。1987 年，部分乡村从自发实验进入保险制度试点，具有代表性的如上海市嘉定县马陆乡、大连甘井子区凌水镇庙岭村等。1989 年，全国 19 个省、市、自治区的 800 多个乡、8000 多个村开始实行养老保险制度，但这次探索未获得成功。[④] 1991 年，社区服务转变为社区建设，社区服务逐渐成为社区建设的重要内容。社区服务主要以老年人、儿童、残疾人、社会贫困户和优抚人员为服务对象的社会福利服务，而以社区为依托，为老年人提供生活照顾和养老服务是政府义不容辞的职责。1999 年 9 月，辽宁省民政厅下发了《辽宁省社会福利事业机构执业管理暂行办法》（辽民发［1999］9 号）。2000 年 3 月，国务院发布了《关于进行农村税费改革试点工作的通知》，标志着农村税费改革的开始。2000 年，《关于加快实现社会福利社会化意见的通知》（国办发［2000］19 号）首次提出"居家"概念，在供养方式上提出以居家为基础、以社区为依托、以社会福利

---

① ［美］格罗弗·斯塔林：《公共部门管理》，陈宪等译，上海译文出版社 2003 年版，第 145 页。

② 张奇林、赵青：《全民社保与社区居家养老模式的发展》，《武汉理工大学学报（社会科学版）》2012 年第 1 期。

③ 张应良、王晓芳、官永彬等：《农村社区公共产品有效供给与制度创新》，中国农业出版社 2013 年版，第 43—48 页。

④ 高进水：《我国农村社会保障制度体系的变迁》，《财政研究》2010 年第 2 期。

机构为补充的发展方向，探索以政府为主导、社会力量积极兴办社会福利事业。居家养老政策提出伊始就定位于以政府和社会力量依托社区，为居家老年人提供生活照料、家政服务、医疗护理、法律咨询、社会参与、精神慰藉等全方位服务的政策理念，政府对居家、社区和机构养老服务三者的功能与作用的阐释具有较为清晰的界定，以政府为主导的居家养老服务发展取得阶段性进展。同年8月，《中共中央国务院关于加强老龄工作的决定》（中发〔2000〕13号）中提出，建立以家庭养老为基础、以社区服务为依托、以社会养老为补充的养老机制，逐步建立较为完善的以老年福利、生活照料、医疗保健、体育健身、文化教育和法律服务为主要内容的老年服务体系，切实提高老年人的物质和精神文化生活水平，基本实现老有所养、老有所医、老有所教、老有所学、老有所为、老有所乐，作为老龄事业发展的主要目标。2000年12月，辽宁省政府办公厅转发了《关于加快实现社会福利社会化的意见》（辽政办〔2000〕108号）。2001年，"居家养老"的概念首次在政府文件中明确提出。民政部《"社区老年福利服务星光计划"实施方案》中指出，建立和完善社区老年福利服务网络，为居家养老提供支持，为社区照料提供载体，为老年人活动提供场所。2003年，党的十六届三中全会首次提出加强农村社区服务、"农村社区保障""城乡社区自我管理、自我服务"的要求。老年福利事业作为社会保障体系的重要组成部分，党的十六届四中全会提出要健全社会保险、社会救助、社会福利和慈善事业相衔接的社会保障体系。辽宁省委《关于构建和谐辽宁的实施意见》中也提出要加快完善社会保障体系。时任辽宁省委书记李克强批示"养老事业应予以重视，并及早筹划，有关成果要写入我省'十一五'社会保障规划之中"。2004年，辽宁省政府《关于加快养老产业发展的意见》（辽政发〔2004〕19号）指出，将养老产业发展提升到发展新兴产业，扩大就业，维护社会稳定，加快辽宁省老工业基地振兴，促进经济社会持续健康发展的高度，并已纳入本地区国民经济和社会发展的总体规划。农村养老产业是全省养老产业的重要组成部分，要在深化现有农村敬老院改革的基础上，通过大力发展农村乡（镇）区域性中心敬老院和老年服务中心，扩展服务对象和服务范围，不断提高养老的社会覆盖面和服务水平。2005年，我国提出建设社会主义新农村是我国现代化进程中的重大历史任务，要统筹城乡经济社会发展，推进现代农业建设，全面深化农村改革，大力发展农村公共事业。辽宁省推动养老服务社会化工作一直是全国瞩目的焦点。2005 年 10 月,《辽宁省委、省政府关于印发〈辽宁省开展"敬老行动"的安排意见〉的通知》,旨在进一步完善养老保障制度,构建适应社会主义市场经济体制需要,以居家养老为基础、社区服务为依托、社会福利机构为骨干的覆盖所有老年人的养老服务社会化体系,建立健全保障老年人合法权益的政策法规体系。在农村居家养老服务供给的形成期,辽宁省农村养老服务供给以家庭保障为主,供给主体日益多元化,是政府、企业、非营利组织、社区、家庭等多元供给主体的形成期,多元供给主体的职能定位与特征主要在于对政府、企业、非营利组织、社区、家庭各自承担的福利功能上,政府主动介入,供给主体日益多元化,注重凸显市场和社区的主体作用,但各主体之间的协作与互动较少。尊重和赡养老年人是家庭和社会的共同责任,强化家庭和社会责任有机结合的重要性,是补缺型福利向普惠型福利转化的有益尝试。

第三节 农村养老服务供给的发展期

2006 年,免征农业税标志着农村已进入零赋税时代。同年,党的十六届六中全会首次提出积极推进"农村社区建设"的重要任务,从宏观层面将居家养老服务纳入基本公共服务均等化范畴加以推广,并积极引导企业和非营利组织介入农村居家养老服务供给,形成以政府为主导多元力量参与居家养老服务的供给格局。这一时期,辽宁省在总体上已进入以工促农、以城带乡的发展阶段。农村养老服务供给的发展期以"居家为基础"的养老服务体系的提出为标志,是政府、企业、非营利组织、社区、家庭等多元主体的发展期,凸显政府和社会供给主体职责的有机整合。农村居家养老服务供给与多元化需求相适应经历了多元供给的实践探索,注重彼此间的竞争与合作。

一 探索建立农村社会化养老服务体系

这一时期农村传统家庭养老面临着内在基础削弱和外在缺乏保障的双重困境。由于农村青壮年劳动力大量外出打工创业,加上独生子女家庭老年人逐渐增多,农村"养儿防老"模式已难以为继。如何更好地满足农村高龄、空巢、独居老年人的养老服务需求,已成为探索建立农村社会化养老服务体系的重要任务。同时，土地养老功能的弱化增强了农民对养老保险制度需求的程度。政府积极吸纳和挖掘社会慈善福利资源，不断注入农村社区服务，探索建立以农村老年人需求为导向的社会化养老服务体系。2006 年，《国务院关于加强和改进社区服务工作的意见》（国发［2006］14 号）提出，进一步推进社会福利社会化，加快发展居家养老服务业，"居家养老服务业"的政策表述首次被提出。同年，《关于加快发展养老服务业的意见》（国办发［2006］6 号）中提出，逐步建立和完善以居家养老为基础、社区服务为依托、机构养老为补充的服务体系，居家、社区、机构地位不同，但"三位一体"的服务体系"雏形"初现。2007 年，党的十七大报告明确提出将城乡社区建设成为管理有序、服务完善、文明祥和的社会生活共同体。同年，国家发改委、民政部联合印发《"十一五"社区服务体系发展规划》（发改社会［2007］975 号），明确提出大力发展居家养老服务，重点发展面向老年人及其家庭的商品递送、医疗保健、日间照料和生活陪伴等服务。具备条件的地方，依托社区提供老年护理服务，尤其为空巢、高龄、失能老年人提供社区服务，居家养老服务的内涵逐渐明确。2008 年，全国老龄委联合发改委、民政部等 10 部门下发《关于全面推进居家养老服务工作的意见》（全国老龄办发［2008］4 号），提出全面推进居家养老服务工作，首次明确界定居家养老服务。农村居家养老服务政策的持续推进为积极应对农村人口老龄风险起到关键性和基础性制度保障作用。

2008 年，辽宁省有 400 个村完成"一场五室"等农村社区建设任务，辽宁省农村社区基础设施建设主要是围绕"一场五室二市"的建设来进行，其中，"一场"，即室外文体活动广场；"五室"，即农村社区办公室、医疗卫生室、警务室、图书阅览室、综合（多功能）活动室；"二市"，即日用百货超市和农业生产资料超市。有条件的农村社区可以根据情况建立档案室、法律服务站、科普站、劳动就业服务站等。2008 年，辽宁省11700 多个村中，约有 20% 的村已基本达到了上述要求和标准。2009 年，《民政部关于进一步推进和谐社区建设工作的意见》（民发［2009］165号）强调大力发展居家养老服务，依托社区养老机构和社区老年人日间照料中心，逐步建立以居家为基础、社区为依托、机构为补充的社会养老服务体系，社会化养老服务体系建设的重点是居家服务，明确提出了"社会养老服务体系"的概念。国家高度重视"三农问题"，相继出台了"两减免、三补贴、四保障"等支农惠农政策。辽宁省农村养老模式以此为契机逐渐向现代化福利型养老模式转变。2009 年，辽宁省人民政府办公厅关于贯彻实施《辽宁省老年人权益保障条例》的通知（辽政办发［2009］8 号）指出，引导农村地区依托行政村和较大自然村，利用农家院等场所建设托老所、老年活动场站等养老设施开展居家养老服务，使农村老年人能够更好地享受居家养老服务，辽宁省老年人权益保障工作已逐步迈上法制轨道。2009 年 11 月，辽宁省人民政府《关于开展新型农村社会养老保险试点的实施意见》（辽政发［2009］31 号）指出，经国务院批准在义县、康平县、彰武县和建平县等八个县开展新型农村社会养老保险（以下简称"新农保"）试点。辽宁省农村养老保障事业发展稳步推进。

二　探索支持发展农村居家养老服务

2011 年，国务院《中国老龄事业发展"十二五"规划》（国发［2011］28 号）指出，将"建立以居家为基础、社区为依托、机构为支撑的养老服务体系"作为主要发展目标之一，其中，机构养老在养老服务体系中的地位由"补充"转变为"支撑"。同年，国办印发《社会养老服务体系建设规划（2011—2015 年）》（国办发［2011］60 号），在对社会养老服务体系内涵的定位与阐述中，对居家养老的地位和内涵有了更为明晰的界定。2012 年，新修订的《老年人权益保障法》则明确规定："保障老年人合法权益是全社会的共同责任。"人的生活保障和福利从最初的个人命运和家庭义务，逐渐成为政府责任和国家行动。

这一时期，辽宁省农村居家养老服务供给主体日益多元化，既包括政府或者社会（涵盖政府福利与救助、救济，社会养老金、社会慈善和福利等）提供经济支持，也包括家庭（包括子女、亲属、配偶或者自己），体现了政府、社会、家庭、个人共同承担责任的原则。伴随着老年人保障养老法规的完善，对养老服务供给主体的多元化发展提出了明确的法律要求。2012 年，《老年人权益保障法修订草案》对养老进行了重新定位，即将现行法"老年人养老主要依靠家庭"修改为"老年人养老以居家为基础"。2013 年，国务院关于加快发展养老服务业的若干意见（国发［2013］35 号），要求地方政府支持居家养老服务网络建设，通过扶持政策，培育相关企业，发展家政服务以及其他养老服务项目。明确"以居家为基础、社区为依托、机构为支撑的养老服务体系初步建立"，加大对基层和农村养老服务的投入，充分发挥社区基层组织和服务机构在居家养老服务中的重要作用，统筹发展居家养老、机构养老和其他多种形式的养老，实行普惠性服务和个性化服务相结合。针对养老服务和产品供给不足、市场发育不健全、城乡区域发展不平衡等问题，提出加快发展养老服务业的意见。同年9月，国务院《关于促进健康服务业发展的若干意见》（国发〔2013〕40号），指出从服务价格、质量评价机制、职称评定等方面入手，推动发展专业化、规范化的护理服务。辽宁省在制定国民经济和社会发展第十二个五年规划时提出，将保障和改善民生作为省政府工作的根本出发点和落脚点。建立覆盖辽宁省城乡居民的社会保障体系，关键在于如何提高农村社会保障的水平。到2020年，全面建成以居家为基础、社区为依托、机构为支撑，功能完善、规模适度，涵盖生活照料、医疗护理、精神慰藉、紧急救援等内容的城乡统筹社会化养老服务体系。养老产业规模显著扩大，养老志愿服务深入开展，敬老、养老、助老的优良传统得以继承和发展。以老年生活照料、老年产品用品、老年健康服务、老年体育健身、老年文化娱乐、老年金融服务、老年旅游等为主的养老服务业全面发展，建立健全养老服务政策法规体系，科学规范行业标准，不断完善监管机制，养老服务质量显著提高。

为推进辽宁省养老服务业加快发展，2014年，辽宁省人民政府《关于加快发展养老服务业的实施意见》（辽政发〔2014〕4号）指出，切实加强农村养老服务，健全居家养老服务网络。完善农村养老服务的托底功能，依托农村互助幸福院工程，充分利用和改造村集体的公共服务设施，为农村老年人提供日间照料等居家养老服务。此后，中央部委多部门及各级地方政府陆续出台了支持政策，在政府积极支持下，居家养老服务健康有序发展。2014年，商务部《关于推动养老服务产业发展的指导意见》（商服贸函〔2014〕899号）提出，政府在政策制定上注重居家养老服务供给。同年，国务院提出将养老事业发展成养老产业，并通过市场机制推动养老服务业健康发展，依托非政府组织、社区组织、企业和社区医院等多种供给主体，建立健全省、市、县、乡镇（街道）、村（社区）等多层次居家养老服务网络，满足多元化居家养老服务需求。2014年8月，财政部、发改委、民政部、全国老龄办《关于做好政府购买养老服务工作的通知》（财社〔2014〕105号）明确指出，政府购买养老服务的基本原则和工作目标，要求根据养老服务的性质、对象、特点和地方实际情况，重点选取生活照料、康复护理和养老服务人员培养等方面开展政府购买服务工作，并分别从购买居家养老服务和养老服务评估等多角度明确了购买养老服务的内涵。其中，购买农村居家养老服务主要表现为对基层和农村养老服务的支持，逐步拓展政府购买养老服务的领域和范围，为符合政府资助条件的老年人购买助餐、助浴、助洁、助急、助医、护理等上门服务，以及养老服务网络信息建设。2015 年 12 月 30 日，中共中央政治局召开会议，审议通过《关于全面振兴东北地区等老工业基地的若干意见》指出，抓好新一轮东北老工业基地振兴，着力保障和改善民生，使发展成果更多更公平惠及全体人民。2016 年 7 月，民政部、财政部关于中央财政支持开展居家和社区养老服务改革试点工作的通知（民函［2016］200 号），为推动居家和社区养老服务改革，将通过中央资金引导和地方资金政策支持，在各省市开展改革试点，试点内容包括对提供养老服务主体的扶持，对养老专业服务人员的培养、养老服务的标准化和规范化建设等。在新一轮东北振兴的时代背景下，2016 年 4 月，国务院《关于全面振兴东北地区等老工业基地的若干意见》指出，加快发展旅游、养老、健康、文体、休闲等产业，将东北地区建成世界知名生态休闲旅游目的地。新一轮东北振兴已站在新的起点上，支持与民生相关的居家养老服务业发展，培育形成新的经济增长点，使民生改善和经济发展良性互动、相得益彰。辽宁省人民政府关于印发《辽宁省积极发挥新消费引领作用加快培育形成新供给新动力实施方案的通知》（辽政发［2016］22 号），指出依法盘活农村建设用地存量，重点保障农村养老、文化及社区综合服务设施建设用地，合理规划现代农业设施建设用地，完善城乡养老服务体系。2016 年 11 月 11 日，辽宁省第十二届人民代表大会常务委员会第二十九次会议通过《辽宁省老年人权益保障条例》，条例规定居民委员会、村民委员会应当组织开展老年人信息登记，及时了解反映老年人的服务需求，协助政府对本区域内的养老设施及其他养老服务项目的情况进行监督、评议，组织开展互助养老和以老年人为对象的志愿服务和文化娱乐、体育活动，依法成立老年协会，反映老年人的要求，调解老年人纠纷，维护老年人合法权益。辽宁省人民政府办公厅《关于推进医疗卫生与养老服务结合发展的实施意见》（辽政办发（2016）56 号）指出，推动医疗卫生服务延伸至社区、家庭，提高基层医疗卫生机构为居家养老人提供上门服务能力，规范为居家老年人提供的医疗和护理服务项目，将符合规范的医疗费用纳入医保支付范围。强化社区卫生服务中心、乡镇卫生院（村卫生室）的医疗康复功能，为小型养老机构、城乡社区居家养老服务中心、"老年关爱之家"和社区老年人提供基本医疗康复服务。加强医疗机构与养老机构的衔接与合作，完善医养结合功能。实现医疗卫生和养老服务资源共享，提高资源的使用效益。依托基层政府综合服务信息和基层医疗卫生信息服务平台，实现服务对象信息、健康信息和服务信息共享。实现医疗、养老资源有效融合，建成一批兼具医疗卫生和养老服务资质和能力的医疗卫生机构或养老机构。2017 年 1 月 23 日，民政部等 13 部门联合印发的《关于加快推进养老服务业放管服改革的通知》指出，按照国务院关于深化简政放权、放管结合、优化服务改革的部署要求，进一步调动社会力量参与养老服务业发展的积极性，激发市场活力和民间资本潜力，促进社会力量逐步成为发展养老服务业的主体，尽快破除养老服务业发展瓶颈，助力养老服务供给侧改革。

2017 年 2 月，国务院关于印发"十三五"国家老龄事业发展和养老体系建设规划的通知（国发〔2017〕13 号），《规划》中指出要在"十三五"期间健全养老服务体系，大力发展居家社区养老服务，支持定期上门巡访，整合建立养老服务综合信息平台，创新服务模式，实施"互联网＋"养老工程。同年 3 月，民政部、财政部印发《中央财政支持开展居家和社区养老服务改革试点工作绩效考核办法的通知》（民发〔2017〕55 号），对中央财政支持的居家和社区养老服务改革试点工作绩效考核办法进行了明确规定，考核将采用综合评分法，具体考核指标和评价标准将逐年确定。同年 6 月，国务院办公厅《关于制定和实施老年人照顾服务项目的意见》（国办发〔2017〕52 号）指出，国家要为居家养老服务提供政策支持，鼓励各类老年人服务项目的发展。

2018 年 12 月，辽宁省民政厅、辽宁省市场监督管理局联合发布《辽宁省养老服务标准体系建设指南》（以下简称《指南》），提出了构建我省养老服务标准体系的总体框架，为养老服务标准化工作提供了重要指引，推进养老服务质量持续提升。《指南》以服务对象能力、养老服务形式、养老服务、养老服务管理作为构建因素，按照《服务业组织标准化工作指南》（GB/T24421—2009）系列标准要求，结合质量管理原理，提出由通用基础、服务保障、服务提供、服务评价 4 个子体系构成辽宁省养老服务标准体系。结合辽宁省养老服务工作发展现状和目标要求，《指南》明确了医养结合、智慧养老、职业心理健康和风险管理四个发展方向。为扎实推进全省养老服务标准体系建设工作，《指南》还提出了 3 项组织实施措施，即推动建立协同工作机制、加快急需标准研制与实施、强化标准宣贯和协调推进。①

可见，在农村居家养老服务的发展期，农村养老服务供给呈现动态发展变化过程。政府逐步将农村居家养老服务供给的部分权利和责任"让渡"给企业和非营利组织等供给主体，并由企业、非营利组织提供老年人需要的居家养老服务。村委会并非一般的群众性自治组织，而是一个综合性的社会治理单位。政府逐步从养老服务领域退出而由企业等多主体供给。农村居家养老服务生产和提供社会化，作为服务承接方的企业在生产前了解服务需求，由营利性养老机构来供给，逐步提高服务质量和效率。②通过营利性和市场化服务，引入竞争机制，通过公办民营、民办公助、购买服务等形式实现社会资源参与，而具体采用何种多元供给方式取决于市场需求规模、企业主体供给能力等要素，不仅能有效弥补了非营利性服务供给的不足，也能让具有支付能力的农村老年人享受专业化和个性化服务。福利多元主义理论已嵌入农村居家养老服务多元供给中，居家养老以需求为导向，居家养老服务的生产、运营、管理等过程所需的资源需要社会力量协同供给，逐步实现农村居家养老服务供给主体之间的协同合作，以创新服务供给方式为途径，切实增强农村老年人的幸福感和获得感。

---

① 辽宁省民政厅《我省发布〈辽宁省养老服务标准体系建设指南〉》，2019 年 1 月，ht-tp：//www.lndca.gov.cn/mzyw/201901/t20190123_ 3424827. html。

② ［美］E. S. 萨瓦斯：《民营化与公私部门的伙伴关系》，周志忍等译，中国人民大学出版社 2002 年版，第 5 页。

第四章　辽宁省农村居家养老服务
供需实证分析

伴随着辽宁省农村人口老龄化进程不断加快，农村家庭照料资源日益匮乏，农村居家养老服务供给总量不足与供需结构性矛盾并存，而矛盾的主要方面在供给侧。辽宁省老龄化程度位居全国前列，辽宁省较早地为解决老龄化问题支持居家养老服务的发展，通过对辽宁省农村居家养老服务供需状况，分析居家养老服务供给水平的主要影响因素，如需求意愿、家庭特征、制度特征和供给能力等，运用结构方程模型分析法，实证分析了农村居家养老服务供给与需求的各影响因素之间的内在机理，为推动农村居家养老服务健康发展奠定重要基础。

第一节　辽宁省农村居家养老服务供需调研设计

一　样本来源

本书基于笔者身处辽宁省，对农村老年人的生活状况相对熟悉且便于沟通，尽可能打消农村老年人的思想顾虑，有助于获取丰富的调研资料，因此选择辽宁省部分农村社区因地制宜开展农村居家养老服务供需状况的调研。基于农村居家养老服务供需状况的调查显示，农村居家养老服务供需结构性矛盾突出，因此，研究农村居家养老服务的供给问题尤为迫切。然而，已有关于农村居家养老服务的研究对象仅限于农村居家养老服务中心，未涵盖传统农村养老机构的服务外溢和具有日间照料功能的农村互助幸福院等。本书试图通过"农村老年人居家养老服务供需状况"的实地调研，侧重研究乡镇敬老院、农村社区老年托管中心等农村养老服务机构的服务外溢和农村家庭养老院、农村互助幸福院，或将成为农村居家养老服务供给的有益补充。"农村老年人居家养老服务供需状况调查问卷"的调查对象主要为60岁以上的农村老年人，主要包括农村老年人的人口社会学特征、家庭特征、经济社会特征以及对农村居家养老服务供给与需求状况等相关要素。

本研究相关的事实获取与数据采集过程具体分为以下三个阶段：首先，资料初步收集与预调研阶段。2015年10月至2016年5月对农村老年人的居家养老服务需求状况与农村养老服务机构的供给状况进行预调研，了解农村老年人的养老服务需求与农村居家养老服务的供给状况。其次，座谈与考察阶段。在分析前一阶段所获得的相关资料并于2016年10月至11月联系辽宁省民政部门，获得辽宁省农村养老服务机构，尤其是农村互助幸福院基本发展的基本情况，并与沈阳市民政部门负责人进行访谈，进一步了解相关情况。在学校专业老师的推荐下，深度访谈了辽宁省知名居家养老服务企业，获得居家养老服务市场发展的相关情况，同时，又对长期从事养老服务事业的非营利组织等服务供给主体的负责人进行访谈。最后，问卷调查和访谈阶段。在辽宁省民政福利部门的协调联络下，作者于2016年11月至2017年3月先后到沈阳市、鞍山市、盘锦市几个较为典型的乡镇（其典型性表现在所在农村地区经济发展水平、地理区位、养老服务资源分布等方面），分别同乡镇敬老院、老年托管中心/养老院、家庭养老院、互助幸福院负责人，以及所在农村社区的村委会负责人和所在乡镇分管领导进行访谈，对样本养老院、家庭养老院、托管中心、互助幸福院等养老机构的负责人和部分在农村互助幸福院、托管中心、敬老院、养老院接受居家养老服务的老年人和居家老年人进行了访谈和调查。

二　数据说明

本书所用数据主要来源于两部分：一统计部门是公开的数据，二是辽宁省的调研数据。运用全国数据分析农村居家养老服务发展的一般性现象，运用辽宁省的调研数据分析居家养老服务供给问题的重要性和紧迫性，尽最大可能使全国宏观数据与调研地区微观数据在分析问题中相互补充、相得益彰。

（一）公开的统计数据

本书采用的全国性数据和区域性数据均来自《中国统计年鉴》

《中国农村统计年鉴》《中国人口与就业统计年鉴》《中国劳动统计年鉴》《中国经济年鉴》《中国民政统计年鉴》、民政部社会服务统计季报等统计资料以及相关政府部门或研究机构的全国性或区域性的课题调查数据。

（二）辽宁的调研数据

为真实了解农民的居家养老服务需求，摸准辽宁省居家养老服务供给的现状，作者以东北大学研究生创新项目"我国农村社区居家养老服务供给研究"为依托，于 2015 年 10 月至 2019 年 3 月到辽宁省所属的沈阳市、鞍山市、盘锦市的农村对老年人做了问卷调查和深入访谈。"辽宁省居家养老服务供需调查问卷"则主要为分析供给水平、供给强度、供给效益以及需求水平、需求强度和需求意愿等供需问题提供数据支撑。在综合考虑抽样调查的科学性、代表性和操作性的前提下，依据辽宁省农村社区经济社会发展和人口老龄化的态势，以辽宁中部居家养老服务具有代表性的城市沈阳、鞍山、盘锦为抽样框，按照随机抽样原则随机抽取辽宁省 3 市 6 县（区）7 个乡镇 23 个行政村，每个行政村 20 位 60 岁以上老年人。本次调查共发放 500 份问卷，有效问卷 460 份，合格率为 92%。调研地区的农村养老服务资源较为丰富，按照地理区位、经济发展水平和居家养老服务类型不同，选择所在行政村 17 个农村养老机构（含 1 个互助幸福院）及其所在农村社区开展问卷调查和访谈。在 17 个养老服务机构中，沈阳市 4 个（其中，苏家屯区 2 个，东陵区 1 个，新民市 1 个），鞍山市 12 个（其中，千山区 5 个、铁西区 7 个），盘锦市 1 个。

三　调研状况

（一）农村社区自然状况

在农村社区的设置模式上，辽宁省以"一村一社区"为主导模式，依托现有的村级组织，与村两委有机融合，有利于推进农村公共服务资源的整合。目前，农村老年人的生活来源主要依靠自己的劳动，且多以务农为生，农村老年人主要从事以传统生产方式为主的手工或半手工农业生产。调研农村社区的主要产业涉及花卉苗木种植业、蔬菜批发产业、观赏鱼养殖业、水稻种植业、钢铁深加工产业。不同农村社区的居民职业机构、产业结构、养老服务机构类型有所差别，其中，养老服务机构类型主要涉及乡镇敬老院、社区托管中心、家庭养老院、农村互助幸福院等（见表4－1）。①

表4－1 调研农村社区结构以及养老服务支撑状况

调研城市	县（区）	乡镇	社区（村）	社区居民职业结构	产业结构	养老服务机构类型
鞍山市	千山区	大孤山镇	上石桥村	农业/非农职业	农业、钢铁深加工产业为主	宗教养老机构、乡镇敬老院、托管中心
			下石桥村			
			花麦屯村			
			对桩石村			
	铁西区	宁远镇	宁远屯	农业/非农职业	花卉苗木产业、蔬菜批发产业为主	家庭养老院、农村养老院、乡镇敬老院
			双楼台村			
			小台子村			
			大阳气村			
			笔管堡村			
			张忠堡村			
			新堡村			
			丰盛堡村			
			南地号村			
			北地号村			
		达道湾镇	邢阳气村	农业/非农职业	观赏鱼养殖业为主	乡镇敬老院
			二台子村			
			大郑台村			

---

① 娄成武、孙萍：《社区管理学》，高等教育出版社2006年版，第12页。

调研城市	区（县）	乡镇	社区（村）	社区居民职业结构	产业结构	养老服务机构类型
盘锦市	盘山县	古城子镇	夏家村	农业/非农职业	水稻种植业为主	农村养老院
沈阳市	新民市	张家屯镇	柴家窝堡村	农业/非农职业	绿色蔬菜种植业	互助幸福院
	东陵区	白塔堡镇	大羊安村	农业/非农职业	花卉养殖业、农业研发等	乡镇敬老院
			毡匠村			
			火石桥村			
	苏家屯区	七家小镇	官房社区	非农职业		家庭养老院

资料来源：根据调查问卷及访谈资料整理而得。

鞍山市千山区涵盖东鞍山镇、唐家房镇、大孤山镇、齐大山镇、宋三台镇、汤岗子镇6个乡镇。其中，鞍山市千山区托老中心位于大孤山镇下石桥村，是辽宁省民政厅批准的福利事业单位，能够承接短期托养和社区日间照料服务，向社会开放。D镇辖11个行政村，3个居民委员会，拥有人口1.3886万，面积47.5平方公里。其中，65岁以上老年人1763人。鞍山市S镇位于鞍山市西南部的鞍山经济开发区，S镇辖14个行政村，人口总数4万人，集公路、铁路、空运等交通优势于一身，具有得天独厚的地理交通优势，属于城乡结合部。S镇年财政收入近1.3亿元，综合实力名列鞍山市83个乡镇之首，被评为"辽宁文明镇"和"全国五百强乡镇"，S镇敬老院能够承接短期日间照料服务和日托服务。D镇位于鞍山市西郊，辖24个行政村，5个居委会，是鞍山市朝鲜族聚居的地区，二台子家庭养老院可承接日间照料服务。盘锦市盘山县G镇，位于县境东南部，辖13个村委会，其中，夏家村农村养老院可向社会开放，承接日托、月托、长期托养服务。沈阳新民市Z镇位于新民市东南25公里，是辽宁省新民市所辖镇，Z镇有12个行政村，21个自然屯，聚居汉、满、蒙、回鲜和锡伯六个民族，是省级"文明乡（镇）"，柴家窝堡村建有农村互助幸福院。沈阳市东陵区 B 镇辖 16 个行政村，二个社区，五个居委会，被辽宁省委、省政府命名为"文明小城镇"，被辽宁省环保厅评为"辽宁省首批省环境优美试点小城镇"，国家民政部授予全国小康建设示范镇标兵。

（二）农村老年人养老生活状况

在农村社区调查中，主要调查了农村老年人的人口特征、家庭状况、养老服务认知状况。个人因素主要有年龄、性别、受教育程度、健康自评等。在年龄构成中，60—69 岁低龄老年人占比 59.4%，农村老年人性别比中，男性占 52%，女性占 48%，男性多于女性，基本符合辽宁省老年人口的年龄结构。由于历史性原因，农村老年人受教育水平不高，初中及以下文化老年人比例为 76.7%。在婚姻状况中，近 1/5 农村老年人丧偶独居，女性丧偶比例远高于男性。农村老年人年患病一次以上的近 70%，健康自评较好以上的超过 3/4。在已有研究中，衡量农民收入的多寡是以家庭年收入为主要指标。[①] 在家庭经济状况中，近 1/2 为低收入群体，近 3/5 依靠家庭供养。家庭年收入在 4000 元以下者占 45.9%，4000—10000 元占 24.6%，1—2 万元占 14.9%，2 万元以上占 14.6%。农村老年人经济收入不足，且受季节性因素影响显著，获取资产性收入机会偏少，家庭年收入水平较低。

从农村收入构成上来看，农村老年人主要依靠子女供养和务农收入，构成了农村老年人最基本的收入来源，农村老年人生活缺乏稳定保障，农村养老保障体系尚不完善，农村老年人缺乏高水平的养老保险金和退休金，子女供养和务农收入在老年人的收入来源中约占 34% 和 19.4%（见图 4-1），家庭经营收入和劳动报酬收入仍是农民收入的主要构成部分。[②]

---

① 杜鹏、武超：《中国老年人的主要经济来源分析》，《人口研究》1998 年第 4 期，第 55—57 页。

② 张车伟、王德文：《农民收入问题性质的根本转变——分地区对农民收入结构和增长变化的考察》，《中国农村观察》2004 年第 1 期。

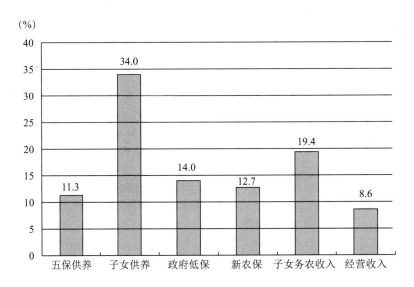

图 4 - 1 农村老年人养老的收入来源

数据来源:根据辽宁省农村居家养老服务供需调查问卷统计而得。

子女的经济供养是影响农村老年人生活质量的重要影响因素,较多承担生活照料和精神慰藉义务。在日常生活照料中,农村老年人生活照料与服务主要靠配偶、子女赡养或者自我供养,64.04%的农村老年人由子女(包括儿媳、女婿)照顾。在其生病时老伴是最主要的照顾者,另有1.62%的老年人在生病时无人帮助,只能自己照顾自己,这既给农村家庭带来了较大负担,又影响农村老年人生活质量的提高。由此,农村留守老年人享有家庭成员生活照料减少,需要承受自我照料与隔代抚养的压力。农民受传统乡土文化和家庭伦理的影响,具有极大的劳动耐力。[1] 即使步入老年,农村老年人依然具有产出性,劳动参与率较高,只要健康状况允许,相当部分农村老年人仍从事家庭农业生产劳动,[2] 农村老年人生活自理自给能力较强,农村人口老龄化与劳动力就业非农化同步推进,农村人口老龄化与农村优质劳动力择优迁移的双重压力促进农村农业生产要素的重新配置,而农业生产劳动投入老龄化兼女性化

---

① Pang, Lihua, A. D. Brauw, and S. Rozelle, "Working Until Dropping: Employment Behavior of the Elderly in Rural China", *Department of Economics Working Papers*, 2004, pp. 1 - 36.

② 刘生龙、李军:《健康、劳动参与及中国农村老年贫困》,《中国农村经济》2012 年第 1 期。

趋势日渐明显。① 老年人生存状态不佳，因赡养老年人所引起的家庭纠纷不断。精神孤独甚至厌世等问题，② 肩负种地、管家、照顾子女、孙子女以及赡养长辈等多重任务，使老年人过度劳动供给与生活照料资源匮乏并存。在"4－2－1"家庭格局的背景下，特别是辽宁人口流失的现象使传统的家庭养老功能明显弱化。家庭结构变迁改变了农村老年人的家庭生活，多代同居式家庭减少，农村老年人与子辈、孙辈的空间距离延伸，单身老年人或者独居老年人增多且呈显著增长趋势。城乡空间转换造成代际交流减少，外出务工子女难以及时对农村留守老年人的需求做出回应，以农为生的生产生活方式需要社区生活共同体成员的密切合作。

第二节　辽宁省农村居家养老服务供给的实证分析

一　农村居家养老服务供给水平

（一）研究原理、数据与变量

1. 研究原理

本书所采用的结构方程模型（Structural Equation Modeling，简称 SEM）是一种多元数据分析工具，可以研究多个原因和多个结果之间的关系。结构方程建模现已成为管理学研究的重要工具之一。③ 20 世纪 70 年代，瑞典统计学家 Karl G. Joreskog 总结提出 SEM 方法。根据 SEM 属性的差异分析，SEM 可以具有不同的名称。如从数据结构角度分析，将其称为协方差结构模型（Covariance Structure Models）；依据功能角度分析，将其称为因果建模（Casual Modeling）。AMOS 又称为协方差结构分析、潜在变量分析、验证性因子分析，④ 是从变量的协方差矩阵对变量之间关系的角度进行统计分析的具体方法，可称其为协方差结构分析。SEM 是一种多变量复杂关系

① 毛学峰、刘靖：《农地"女性化"还是"老龄化"？——来自微观数据的证据》，《人口研究》2009 年第 2 期。
② 王武林：《中国老年人口自杀问题研究》，《人口与发展》2013 年第 1 期。
③ 汪应洛：《系统工程理论、方法与应用》，高等教育出版社 1998 年版，第 50 页。
④ 邱皓政：《结构方程模型的原理与应用》，中国轻工业出版社 2009 年版，第 245 页。

的建模工具，其融合了回归分析、因子分析与路径分析的功能与方法，具有辨析诸多变量间的内在逻辑关系的优势，与传统多元回归分析方法相比较更为客观有效。结构方程模型的发展与运用弥补了传统统计方法的局限，并已成为多元数据分析的重要建模工具。[①] 结构方程模型主要有极大似然法、加权最小二乘法等参数估计方法。本书应用 AMOS23.0 软件，采用极大似然法对模型进行参数估计，以探究所构建模型的内生潜变量与外源潜变量之间的相关关系。

本书选用结构方程模型（SEM）探析供给水平及其影响因素之间的内在联系。结构方程模型的应用范围主要有以下两方面：一方面，运用测量模型以检验潜变量与观测变量间的相关关系，提供一种测量难以直接观测的潜变量的有效方式，有利于开展对该变量做深入研究；另一方面，运用结构模型检验不同变量间可能存在的相关关系，将其通常称为结构关系。结构方程模型与传统回归模型相比较，其优势在于结构模型可同时处理多个因变量，自变量允许存在测量误差，也可在结构模型中同时处理测量关系和因素之间的相关关系，且可以具有弹性的模型设定。本书所采用的 SEM 模型，属于线性方程系统，用以表示潜变量与观测变量之间以及各潜变量之间的相关关系。结构方程模型既包括结构模型，又包括测量模型。其中，结构模型所反映的是供给水平的外源潜变量即需求意愿、家庭特征、制度特征和供给能力与内生潜变量供给水平间的结构关系，而测量模型是四个影响供给水平的外源潜变量与外源观测变量间的相关关系。关于农村居家养老服务供给水平的关键因素主要从主客观两方面衡量，即需求意愿和供给能力、制度特征与家庭特征，二者相辅相成，缺一不可。模型关键因素的提取综合运用了探索性因素分析、验证性因素分析以及路径分析，提取出农村居家养老服务供给水平的关键影响因素，确定了各潜变量间的相关关系以及各潜变量中的观测变量，运用结构方程模型衡量供给水平四个维度的影响因子及其与供给水平间的结构关系，即需求意愿、家庭特征、制度特征和供给能力四个外源潜变量对供给水平的影响（见图 4 - 2）。

---

① 侯杰泰、温忠麟、成子娟：《结构方程模型及其应用》，教育科学出版社 2004 年版，第 15—17 页。

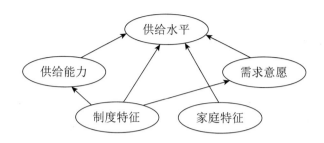

图 4 - 2 农村居家养老服务供给水平潜在影响因素机理示意图

资料来源：笔者绘制。

2. 数据来源

数据来源于 2015 年 10 月至 2017 年 3 月笔者参与的"我国农村社区居家养老服务供给研究"课题组（以下简称"课题组"）进行的农村居家养老服务供需状况调查数据。

3. 变量选取

目前，农村居家养老服务的供给水平，有效提高供给能力逐渐优化养老服务治理已成为农村社区治理亟待解决的问题。新公共管理将公众视为"顾客"，以"顾客满意度"来对公共部门的绩效进行评价。本书采用李克特量表法，将农村老年人对居家养老服务供给水平的满意度分为"非常满意""满意""一般""不太满意""不满意"来反映农村居家养老服务的供给水平。农村居家养老服务供给水平不仅与老年人的人口特征有关，并受家庭因素和社会因素等诸方面因素的影响。本书在借鉴李凌燕、[1] 王蕾、[2] 李兵水等研究的基础上选取了农村居家养老服务供给水平及其影响因素的指标，[3] 其研究成果为本书的研究方法和指标选择提供了思路和借鉴，故本书所研究的变量主要从以下五个方面进行选取（见表 4 - 2）。变量选取的指标包括以下五个方面：（1）需求意愿，包括期望的供给主体、期望的供给价格、提高生活质量满意度、居家养老服务的必要性；（2）家庭特征，包括家庭年收入、婚姻状况和居住状

---

① 李凌燕：《农村公共品供给效率实证研究》，《公共管理学报》2008 年第 2 期。

② 王蕾、杜栋：《农田水利设施供给水平、农户需求意愿与供给效果研究》，《中国管理科学》2015 年第 1 期。

③ 李兵水、时媛媛、郭牧琦：《我国居家养老服务供给主体分析——从老年人对居家养老服务供给主体的期望的视角》，《广西经济管理干部学院学报》2012 年第 2 期。

况等；（3）制度特征，包括社区医疗服务水平满意度、是否享有"新农保"；（4）供给能力，包括医养设施配置、服务方便性等；（5）供给水平，包括社会工作人员责任心和态度、居家养老服务内容专业化水平、居家养老服务质量满意度等。

表 4-2　农村居家养老服务供给水平影响因素指标体系及解释

潜变量	观测变量	观测变量解释	均值	标准差
农村居家养老服务供给水平（gjsp）	责任心（sp1）	社会工作人员责任心和态度的满意程度：1. 不满意；2. 不太满意；3. 一般；4. 满意；5. 非常满意	2.64	1.039
	专业水平（sp2）	社区养老服务内容专业化水平的满意程度：1. 不满意；2. 不太满意；3. 一般；4. 满意；5. 非常满意	2.75	1.072
	服务质量（sp3）	居家养老服务质量的满意程度：1. 不满意；2. 不太满意；3. 一般；4. 满意；5. 非常满意	2.72	1.084
农村居家养老服务供给能力（gjnl）	医养设施配置（nl1）	医养服务设施配置的满意程度：1. 不满意；2. 不太满意；3. 一般；4. 满意；5. 非常满意	2.76	1.094
	服务方便性（nl2）	服务预约与提供方便性的满意程度：1. 不满意；2. 不太满意；3. 一般；4. 满意；5. 非常满意	2.61	1.060

潜变量	观测变量	观测变量解释	均值	标准差
需求意愿（xqyy）	期望的供给主体（yy1）	您希望由谁提供居家养老服务：1. 政府；2. 企业；3. 非营利组织（老年协会，志愿者）；4. 社区；5. 家庭	0.86	2.541
	期望的供给价格（yy2）	您能够享受的养老服务项目应该是：1. 免费的；2.10 元/小时及以下；3.11—20 元/小时；4.21 元/小时及以上	0.45	2.114
	提高生活质量满意度（yy3）	您认为居家养老服务提高您生活质量的满意程度：1. 不满意；2. 不太满意；3. 一般；4. 满意；5. 非常满意	2.74	1.065
	居家养老服务的必要性（yy4）	1. 有；0. 无	1.12	0.326
制度特征（zdtz）	社区医疗服务水平满意度（zd1）	您对村/社区医疗服务水平是否满意：1. 不满意；2. 不太满意；3. 一般；4. 满意；5. 非常满意	2.58	1.003
	是否享有新农保（zd2）	1. 是；0. 否	1.36	0.482
家庭特征（jttz）	家庭年收入（jt1）	1.4000 元以下；2.4000—10000 元；3.1 万—2 万元；4.2 万元以上	1.98	1.093
	婚姻状况（jt2）	1. 未婚；2. 已婚；3. 离婚；4. 丧偶	2.29	0.816
	居住状况（jt2）	1. 与配偶同住；2. 与子女同住；3. 与孙子女同住；4. 在养老院居住；5. 独居	2.22	0.829

资料来源：根据辽宁省农村居家养老服务供需调查问卷统计而得。

（二）理论分析与研究假设

在供给能力上，医养服务设施配置的满意程度和服务预约与提供方便性的满意程度作为供给能力的评价指标对供给水平具有一定的影响。王蕾认为，农田水利设施供给水平、农户需求意愿对农村公共产品及服务的供给效果产生影响。[①] 朱玉春等运用 CSI – Probit 回归模型和结构方程模型等方法对农村公共品供给的农户满意度以及需求意愿进行评价。[②] 在需求意愿上，农村老年人期望的供给主体、农村老年人期望的供给价格、居家养老服务的必要性、提高生活质量满意度对居家养老服务供给水平具有显著影响。爱瓦·布偌瓦克（E. Borowiak）基于波兰农村老年人的需求意愿分析城市和农村老年人对供给主体中家庭、朋友、养老机构等具有不同的期望。[③] 苏珊·特斯特认为，服务供给资金水平、数量和来源渠道等会影响养老福利体系结构及服务质量与数量。[④] 在制度特征上，医疗保障制度影响老年人居家养老服务需求意愿，具有显著的正向作用。[⑤] 农村老年人的社区医疗服务水平满意度越高，越偏好于居家养老。在家庭特征上，农村老年人的家庭年收入、婚姻状况、居住状况对农村居家养老服务供给水平具有显著的影响。农村老年人以与子女同居共爨为主、单独居住为辅，独居老年人增多对社会养老服务和保障水平具有更高要求。[⑥] 农村公共品供给满意度主要受农民教育水平、医疗可及性、农民收入水平和被调查者年龄、基础设施价格与供需缺口以及养老服务设施、养老服务供给农民参与情况等影响。[⑦] 由于农村老年人的生活照料、医疗护理等养老服务供给滞

① 王蕾、杜栋：《农田水利设施供给水平、农户需求意愿与供给效果研究》，《中国管理科学》2015 年第 1 期。

② 朱玉春、唐娟莉、罗丹：《农村公共品供给效果评估：来自农户收入差距的响应》，《管理世界》2011 年第 9 期。

③ Borowiak, E., Kostka, J., Kostka, T, "Comparative analysis of the expected demands for nursing care services among older people from urban, rural, and institutional environments", *Clinical Interventions in Aging*, Vol. 10, 2015, pp. 405 –412.

④ ［英］苏珊·特斯特：《老年人社区照顾跨国比较》，周向红等译，中国社会出版社 2002 年版，第 33 页。

⑤ 李玉娇：《医疗保障水平、服务认知差异与养老方式选择制度效果会影响老年人居家养老需求吗？》，《华中农业大学学报（社会科学版）》2016 年第 3 期，第 118—124 页。

⑥ 王跃生：《中国城乡老年人居住的家庭类型研究——基于第六次人口普查数据的分析》，《中国人口科学》2014 年第 1 期。

⑦ 樊丽明、骆永民：《农民对农村基础设施满意度的影响因素分析——基于 670 份调查问卷的结构方程模型分析》，《农业经济问题》2009 年 9 期。

后于养老服务需求。为此，客观分析农村居家养老服务供给水平尤为紧迫。

基于以上国内外学术界对居家养老服务供给的相关研究文献与实地调研经验，本书提出以下五个假设：

假设1：居家养老服务供给能力对供给水平具有直接影响，且较好的居家养老服务供给能力对供给水平的提升具有显著影响。

假设2：家庭特征对供给水平有显著的直接影响，并通过需求意愿间接影响着供给水平。

假设3：制度特征对供给水平具有直接影响，其影响体现在两个方面，其一是直接影响路径，其二是以供给能力为中间变量的间接影响效应，以需求意愿为中间变量的间接影响效应，如较强的农村居家养老服务供给能力通常能够获得较好的供给水平。

假设4：居家养老服务制度特征对供给能力具有显著影响，且通过供给能力间接影响着供给水平。

假设5：制度特征对需求意愿有显著的直接影响。是否享有"新农保"，农村老年人对社区医疗服务水平满意度在一定程度上影响着居家养老服务的需求意愿。

（三）实证结果检验

本书运用极大似然估计法，构建结构方程模型（SEM）进行检验、识别与修正，进而得到显著结果。采用近似误差均方根（RMSEA）等模型拟合指标，以检验结构模型的整体拟合度。结构方程模型通过各拟合度指标来衡量模型拟合程度，模型的路径系数估计结果的所有负载中，除假设2外，其余4项假设均在0.01水平上显著（见表4-5）。RMSEA为一种不需要基准线模型的绝对性指标，RMSEA为渐进残差均方和平方根，其意义是每个自由度的平均和之间的差异值，RMSEA是最重要的适配指标信息，其值越小表示模型适配度愈佳，如果其值小于0.05表示模型适配度非常好；在0.05至0.08之间表示模型良好，即合理适配；其数值在0.08至0.10之间表明模型尚可，具有普通适配；当RMSEA的数值高于0.1以上，则表示模型适配度欠佳。X^2/df值为1.605，小于可接受值3。在SEM结果验证中，GFI值可视为假设模型协方差用以解释观测数据协方差的程度。GFI数值介于0—1之间，其数值愈接近1，表示模型的适度愈佳，AGFI为调整后适配度指数，或译为调整后良适性适配指标。GFI 值愈大，则 AGFI 的值也会愈大，AGFI 数值介于 0—1 间，数值越接近 1，表明模型适配度愈佳，如果 AGFI 值大于 0.90，则表明模型路径图与数据具有良好的适配度。AGFI 值相当于复回归分析中的调整后的判定系数。[①] 在此，对于前文中提出的六项假设进行验证，第二次修正后模型整体适配度结果（见表 4-3），显著性概率值为大于 0.05，接受虚无假设，修正后的理论模型与实际数据适配度较好。

表 4-3　修正后的拟合指标汇总

拟合指数	X^2	df	X^2/df	GFI	AGFI	CFI	RMSEA
	112.389	70	1.605	0.927	0.892	0.861	0.038

资料来源：根据辽宁省农村居家养老服务供需调查问卷统计而得。

从表 4-4 可知，模型结果中的估计参数均通过显著性检验，具有统计意义。根据标准化路径系数得出，各因子的解释力标准化路径系数分别为 1.259、0.535、-0.533、-0.299，表明各测量维度与农村老年人居家养老服务供给水平呈显著相关，其中供给能力在农村居家养老服务供给水平中的重要性影响最高，而家庭特征则最低（0.201），然而未通过显著性检验。

表 4-4　供给水平模型路径系数估计值

	路径系数	标准误	临界比率	显著性概率	是否支持假设
需求意愿←制度特征	0.377***	0.139	2.706	0.007	是
供给能力←制度特征	0.897***	0.093	9.689	0.000	是
供给水平←供给能力	1.259***	0.125	10.107	0.000	是

---

① 吴明隆：《结构方程模型：Amos 的操作与应用》，重庆大学出版社 2009 年版，第 44 页。

续　表

	路径系数	标准误	临界比率	显著性概率	是否支持假设
供给水平←需求意愿	0.535	0.355	1.509	0.131	否
供给水平←家庭特征	-0.553	0.432	-1.279	0.201	否
供给水平←制度特征	-0.299**	0.150	-1.990	0.047	是
供给主体←需求意愿	1.000				否
供给价格←需求意愿	0.394*	0.233	1.691	0.091	是
生活质量满意度←需求意愿	3.318***	1.218	2.723	0.006	是
养老服务必要性←需求意愿	0.130	0.093	1.393	0.164	否
医养设施配置←供给能力	1.000				
是否享有新农保←制度特征	0.016	0.034	0.464	0.642	否
服务方便性←供给能力	0.929***	0.057	16.407	0.000	是
社区医疗服务满意度←制度特征	1.000				
家庭年收入←家庭特征	-1.431*	0.860	-1.663	0.096	是
居住状况←家庭特征	1.000				
婚姻状况←家庭特征	4.127*	2.397	1.722	0.085	是
责任心←供给水平	0.962***	0.043	22.306	0.000	是
服务质量←供给水平	1.000				
专业水平←供给水平	0.929***	0.048	19.346	0.000	是

注：***、**、*分别表示在1%、5%和10%水平上显著。

资料来源：根据辽宁省农村居家养老服务供需调查问卷统计而得。

模型中各潜变量的方差拟合结果基本具有统计学意义，显著性概率值基本稳健，方差估计值基本达到显著水平，方差结果基本有效，路径系数估计值基本达到了显著水平（见表4－5）。

表4－5　模型中各潜变量方差拟合结果

	方差 Estimate	标准误 S. E.	临界比率 （C. R.）	显著性概率 P
Z1	0.405	0.065	6.272	0.000
Z2	0.021	0.019	1.100	0.272
Z3	0.031	0.026	1.224	0.221
Z4	0.338	0.056	6.009	0.000
Z5	0.134	0.040	3.352	0.000
d3	0.315	0.027	11.502	0.000
d2	0.381	0.032	11.764	0.000
A6	0.096	0.007	13.735	0.000
A5	0.750	0.163	4.617	0.000
A4	0.616	0.046	13.534	0.000
A3	1.999	0.142	14.082	0.000
A1	0.416	0.039	10.684	0.000
A2	0.466	0.040	11.615	0.000
A11	0.615	0.046	13.285	0.000
A10	0.314	0.207	1.512	0.130
A9	1.069	0.077	13.848	0.000
A7	0.526	0.051	10.215	0.000
A8	0.163	0.012	13.887	0.000
d1	0.265	0.025	10.623	0.000

注：（1）各潜变量的对应名称参照图4－2；（2）＊＊＊、＊＊、＊分别表示在1%、5%和10%水平上显著。

资料来源：根据辽宁省农村居家养老服务供需调查问卷统计而得。

　　结构方程模型的标准化系数（见图4－3）。结构方程模型中各路径系数的标准误差很小，且各路径系数 t 统计量均大于1.96，说明模型路径系数的显著性检验结果较为稳健，模型结果与实际数据拟合较好，模型适配度较高，具有一定的客观性和科学性。

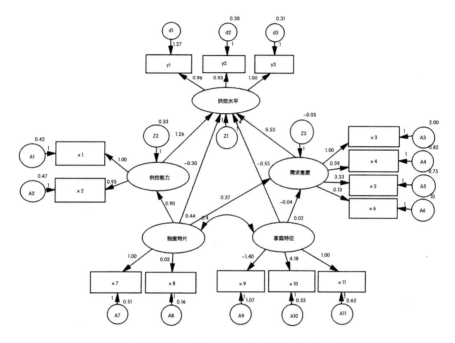

图4－3　结构方程模型标准化系数路径图

资料来源：根据辽宁省农村居家养老服务供需调查问卷统计而得。

　　模型的研究假设检验结果汇总表，如表4－6所示。农村居家养老服务供给能力对供给水平的直接影响效应为1.26。制度特征对供给水平产生了直接和间接双重影响的整体效应为1.03，其中通过供给能力的间接影响效应为1.134，通过需求意愿的间接影响效应为0.196。制度特征对供给能力的直接影响效应为0.90，制度特征对需求意愿的直接影响效应为0.37。

表4－6　研究结果假设的检验结果汇总

研究假设	检验结果	整体效应	直接效应	间接效应
假设1：供给能力对供给水平具有显著的直接影响	接受	1.26	1.26	0

续　表

研究假设	检验结果	整体效应	直接效应	间接效应
假设2：家庭特征对供给水平具有显著影响	拒绝	0	0	0
假设3：制度特征对供给水平具有显著影响	接受	1.03	-0.30	1.33
假设4：制度特征对供给能力具有显著的直接影响	接受	0.90	0.90	0
假设5：制度特征对需求意愿具有显著的直接影响	接受	0.37	0.37	0

资料来源：根据辽宁省农村居家养老服务供需调查问卷统计而得。

综上所述，农村居家养老服务供给水平受供给能力、制度特征的影响较为明显。其中，供给能力对供给水平的影响最为显著，其次是制度特征的影响较为显著。制度特征对供给水平具有直接和间接的双重影响，即制度特征对供给水平具有直接的影响，制度特征以供给能力和需求意愿为中间变量对供给水平具有双重间接影响效应。制度特征对供给能力和需求意愿都具有显著影响。农村老年人对社区医疗服务水平满意度在一定程度上影响着居家养老服务的需求意愿。

二　农村居家养老服务供给强度

现代社会生产方式的变革已弱化了传统家庭养老功能的经济和社会基础，子女在自身的工作与事业、孩子教育以及老年人照料慰藉的重重责任之间力不从心，老年人的照料从家庭功能中逐渐剥离，而趋于社会化。农村居家养老服务供给亟待满足农村老年人长期照料与医疗护理需求，提高农村居家养老服务供给强度，对促进城乡基本养老服务均等化具有重要战略意义。

本书运用 Spearman 相关分析法，实证分析农村居家养老服务的供给强度，主要包括生活照料服务供给强度、医疗保健服务供给强度、精神慰藉和社会参与服务供给的相关程度分析。生活照料服务供给强度的相关分析，日间照料服务供给与法律援助服务供给呈正相关，日间照料服务供给与社会娱乐服务呈正相关，与志愿服务供给呈正相关，与培训讲座供给呈正相关，与聊天解闷服务供给呈正相关，社区养老服务设施的有效供给能够促进精神慰藉服务和社会参与供给，二者相辅相成（见表4-7）。据沈阳市苏家屯区青松店居家养老服务中心负责人介绍，苏家屯位于城乡结合部，服务中心经常深入社区为老年人提供免费理发、法律咨询和家政服务，志愿者免费上门，但需要由市民政局批准，社区才能够接待。附近农村老年人来这里享受服务的也有，条件稍微好一些的农村老年人来这里，中高龄老人行走不便由子女陪同来这里一起享受服务，服务中心主要有老年活动室、康复理疗室。老年人来这里打牌、打麻将、康复理疗、足疗按摩，提供家政服务，但不提供配餐和送餐服务。

医疗保健服务供给强度的相关分析，上门护理服务供给与上门看病服务供给呈正相关，上门护理服务供给与日间照料服务呈正相关，紧急救援服务与上门护理服务供给呈正相关，紧急救援服务供给与法律援助服务呈正相关，且通过显著性检验。社区"一键通"的有效配置能够促进上门护理服务与紧急救援服务的供给，二者呈正相关。据沈阳市"一键通"公司负责人介绍，目前，农村养老服务配套资源较少，超市比较小，有的农村安装了"一键通"，农村老年人身体不舒服，120派车急救速度比较快，而且农村老年人紧急救援需求强度较高，紧急救援服务尤为重要。葫芦岛市居家养老信息化服务日益完善，葫芦岛市各级老龄组织对辖区内老年人进行分类统计，建立老年人口数据库，同时依据老年人养老需求，支持葫芦岛市老龄事业发展促进会成立葫芦岛市居家养老呼叫服务中心，为16万老年人入网登记，且已有6800多名老年人享受到紧急救援和生活帮助等服务。①

精神慰藉和社会参与服务供给强度相关分析，志愿服务与法律维权服务呈正相关，志愿服务与培训讲座呈正相关，培训讲座与法律援助呈正相关，聊天解闷服务供给与日间照料服务供给呈正相关。精神与心理健康已被视为重要的公共卫生与社会问题，农民在满足基本物质需求之后，对精神需求越来越重视，在一定程度上影响老年人生活水平与质量的提升。②老年期面对诸多丧失以及角色转换带来的心理问题，健康的丧失、经济收

---

① 辽宁民政：《葫芦岛市养老服务工作健康有序发展》，2017年3月17日，http://www.ln dca.gov.cn/dsxx/201703/t20170317_2813641.html。

② Chalise, H. N, "Depression among elderly living in Briddashram (old age home)", *Advances in Aging Research*, Vol. 3, No. 1, 2014, pp. 6-11.

人的减少、亲人朋友的离世、退休导致的社会和家庭地位的变化，生活节奏和社会关系的改变、死亡的临近等对老年人世界观、价值观和人生观易产生心理上的冲击与波动。精神慰藉是老年人健康的需要，也是赡养支持力不可或缺的重要部分。[①] 劳动参与可能是老年人缓解孤独感、增强自信心、获得心理上的满足感、保持身心健康的重要手段与途径。[②] 老年人心理健康与精神文化水平制约着老年人生活质量和精神文化丰裕程度，农村老年人需要通过子女的精神慰藉和参与社区志愿服务增进老年人心理健康。精神慰藉不仅表现为逢年过节子女的看望与问候，也表现为通过电话、捎口信、探亲等形式保持一定的联系，从而在一定程度上满足农村老年人的精神需求。鞍山市慈善总会联合社会爱心人士每周给予辽宁省 S 镇托老中心一定数额的经济捐赠，数名爱心人士捐赠香皂、洗澡巾、眼药水用以改善老年人个人卫生，从而提高老年人的生活质量。鞍山市慈善总会周二有约义工队为老年人一对一帮助，放电影、针灸、修剪指甲、理发、洗头，将行动不便的老人从楼上背到楼下晒太阳，组织跳舞、唱歌、聊天等。社会慈善要素的注入，为老年人的福利供给进行了有益补充。在农村社区，老年人通过干活、种地、种菜，从事家务劳动照顾孙辈，为子女做后勤减轻子女工作和经济负担，参加劳动等社会参与使老年人在一定程度上通过自助互助、参与服务，自产自销和自食其力，促进家庭和睦稳定，有效降低机构运营成本，实现经济效益和社会效益的双重融合。

表 4 - 7　农村居家养老服务供给的相关性分析

		上门护理	上门看病	聊天解闷	紧急救援	日间照料	法律援助	社会娱乐	志愿服务	培训讲座
上门护理	皮尔逊相关性	1	0.223 * *	0.079	0.096 *	0.208 * *	0.055	- 0.026	- 0.067	0.004
	显著性（双尾）		0.000	0.101	0.045	0.000	0.254	0.597	0.165	0.932

---

① 刘桂莉：《养老支持力中的"精神赡养"问题——试以"空巢家庭"为例》，《南昌大学学报》2003 年第 1 期页。

② Benjamin, D., Brandt, L., Fan, J. Z., "Ceaseless Toil? Health and Labor Supply of the Elderly in Rural China", *William Davidson Institute Working Paper Series*, 2003, pp. 1 - 4.

续　表

		上门护理	上门看病	聊天解闷	紧急救援	日间照料	法律援助	社会娱乐	志愿服务	培训讲座
上门看病	皮尔逊相关性	0.223**	1	-0.019	0.088	0.093	0.025	-0.014	-0.009	-0.072
	显著性（双尾）	0.000		0.697	0.067	0.055	0.601	0.771	0.860	0.134
紧急救援	皮尔逊相关性	0.091	0.023	-0.022	-0.071	-0.008	-0.069	-0.115*	-0.047	-0.050
	显著性（双尾）	0.060	0.631	0.643	0.144	0.875	0.155	0.017	0.327	0.305
聊天解闷	皮尔逊相关性	0.079	-0.019	1	0.119*	0.183**	0.053	-0.012	0.035	-0.036
	显著性（双尾）	0.101	0.697		0.013	0.000	0.273	0.808	0.467	0.462
紧急救援	皮尔逊相关性	0.096*	0.088	0.119*	1	0.087	0.313**	0.026	0.077	0.056
	显著性（双尾）	0.045	0.067	0.013		0.071	0.000	0.591	0.109	0.246
日间照料	皮尔逊相关性	0.208**	0.093	0.183**	0.087	1	0.161**	0.085	0.069	0.028
	显著性（双尾）	0.000	0.055	0.000	0.071		0.001	0.078	0.151	0.561
法律援助	皮尔逊相关性	0.055	0.025	0.053	0.313**	0.161**	1	0.110*	0.142**	0.128**
	显著性（双尾）	0.254	0.601	0.273	0.000	0.001		0.022	0.003	0.008
社会娱乐	皮尔逊相关性	-0.026	-0.014	-0.012	0.026	0.085	0.110*	1	0.060	0.011
	显著性（双尾）	0.597	0.771	0.808	0.591	0.078	0.022		0.210	0.825
志愿服务	皮尔逊相关性	-0.067	-0.009	0.035	0.077	0.069	0.142**	0.060	1	0.129**
	显著性（双尾）	0.165	0.860	0.467	0.109	0.151	0.003	0.210		0.007
培训讲座	皮尔逊相关性	0.004	-0.072	-0.036	0.056	0.028	0.128**	0.011	0.129**	1
	显著性（双尾）	0.932	0.134	0.462	0.246	0.561	0.008	0.825	0.007	

注：**表示在0.01级别（双尾），相关性显著；*表示在0.05级别（双尾），相关性显著。

资料来源：根据辽宁省农村居家养老服务供需调查问卷统计而得。

三 农村居家养老服务供给效益

辽宁省老年福利逐步建立与健全，居家养老服务日益受到重视。辽宁省以全面振兴东北老工业基地为契机，发展居家养老服务已具备较好的经济社会条件。辽宁省人口老龄化的严峻现实为其发展居家养老服务产业提供了重要机遇，居家养老服务已成为辽宁省优先发展的服务产业，政府优惠政策为居家养老服务的发展提供了资金、人力、技术和教育等生产要素的支撑。农村居家养老服务供给已取得一定的经济社会效益。在新型城镇化和经济社会发展过程中，农村居家养老服务政策需要侧重对农村老年人的特殊保障作用，注重对家庭照顾者的支持与保护作用，有利于发扬中华传统"孝"文化，营造良好的慈善环境，既考虑城乡社会统筹发展的经济和社会效益，又兼顾城乡老年人的社会福利，社会领域不同于经济领域，人们基本社会需求的满足关乎人的尊严和社会和谐，因而不能完全遵循市场机制来按贡献分配，而应考虑人们的基本需要，它涉及社会福利的供给，如基本医疗保障、基本生活照料、养老服务以及社会弱势群体的社会保护。努力保障老年人的基本生存权益，[1] 将经济社会发展与养老服务政策统筹规划，使农村老年人共享经济社会发展的成果。

（一）理论分析与研究假设

居家养老服务以需求为导向，旨在较更好地满足农村老年人日益增长的多元化、异质性居家养老服务需求，以实现非营利的社会效益为首要目标。为此，各级财政责任分担与资金筹集保障机制应考虑社会评价和正义的不同层面。在存在冲突的范围内，既要注重实现经济效益，又要争取获得社会效益，兼顾效率与公平。[2] 发挥农村养老服务机构的外溢功能，调动和整合社会资源，提高居家养老服务供给的社会效益。迈克·格罗斯曼（M. Grossman）认为，消费者对于健康的需求主要由于健康是一种消费商品，它可以使消费者感觉良好，同时，健康也是一种投资商品。[3] 居家养老服务的社会效益在于能够改善农民的身心健康，进而能够更好地从事农

---

① 常健：《论政府责任及其限度》，《文史哲》2007 年第 5 期。

② ［印］阿玛蒂亚·森：《以自由看待发展》，任赜等译，中国人民大学出版社 2012 年版，第 118 页。

③ Grossman, M., "On the Concept of Health Capital and the Demand for Health", *Journal of Political Economy*, Vol. 80, No. 2, March to April 1972, pp. 223 – 235.

业生产与生活。农村养老服务供给效益可通过老年人的幸福感得以反映。[1] 巴泽尔提出供给效果取决于人们基于效果或偏好上的成本与收益比较。[2] 通过农村老年人满意度来表征农村居家养老服务的供给效益。埃莉诺·奥斯特罗姆认为在公共物品或公共服务的生产过程中,如果政府与公民的投入互补,那么产出也会高效。[3] 多元供给主体间是一种互补的关系,多元供给主体之间通过相互竞争与合作实现经济效益和社会效益的有机融合。供给主体为获取协同效益而采取协同行动,合作者各自资源合力的最终结果将会超越各方独立行动时所得效益的集合。[4] 协同供给能够实现比非协同供给更好的经济和社会效益,促进社会福利最大化。

其一,农村老年人的人口特征因素与农村居家养老服务供给效益。首先选取老年人的日常生活能力(ADL)、健康自评等人口特征因素来反映老年人的基本特征。日常生活能力、健康自评与老年人居家养老服务供给效益具有显著影响。

其二,农村老年人的家庭特征因素与农村居家养老服务供给效益。家庭养老功能与养老支持力弱化、养老资源减少已成为普遍的社会现象。农村居家养老服务供给主要受子女数量以及家庭居住方式等因素影响,从而影响生活照料、精神慰藉等家庭养老功能的实现。[5] 农村老年人家庭年收入、居住安排、婚姻状况等因素与老年人健康状况密切相关。[6] 故选取子女数量、子女月探望次数和婚姻状况作为衡量家庭因素的重要变量。由于子女可能替代政府或企业为老年人提供居家养老服务,子女数量较多、子女月探望次数较多的老年人居家养老服务供给效益可能会降低,良好的婚

---

① Leisse, M., Kallert, T. W., "Social intergration and the quality of life of schizophrenic patients in different types of comlementary care", *European Psychiatry*, Vol. 15, No. 8, December 2000, pp. 450–460.

② [美] Y·巴泽尔,《产权的经济分析》,费方域等译,上海人民出版社1997年版,第54页。

③ Ostrom, E, "Crossing the great divide: Coproduction, synergy and development", *World Development*, Vol. 24, No. 6, 1996, pp. 1073–1087.

④ 席恒、雷晓康:《公共管理的方法论基础:从成本收益分析到合作收益分析》,《江苏行政学院学报》2006年第4期。

⑤ 熊汉富,《空巢家庭:一个应当关注的老年群体——北京大学身边无子女家庭探析》,《人口研究》1998年第5期。

⑥ Luo, Y., Hawkley, L. C., Waite, L. J., Cacioppo, J. T., "Loneliness, health, and mortality in old age: A national longitudinal study", *Social Science & Medicine*, Vol. 74, No. 6, March 2012, pp. 907–914.

姻状况不仅对健康长寿有益，有利于促进身心健康。[1] 在老年期，各种照料护理资源均源于社会网络使社会关系网络变得愈加重要，其中，配偶是除子女之外生活照料和精神慰藉的主要提供者，是社会关系网络中最重要的环节之一，有偶老年人一旦丧偶，社会关系网络缩小，非正式支持资源就会减少，从而更多依赖居家养老服务。可见，婚姻状况对居家养老服务具有重要作用，离婚、丧偶的农村老年人的居家养老服务供给效益更高。由此可见，婚姻状况以及居住安排也可能是影响居家养老服务供给效益的主要因素。

其三，现行的农村社会保障制度主要体现在农村养老保障、农村医疗保障、最低生活保障制度、社会救助制度以及农村五保供养制度等。本书主要选取社区医疗服务水平满意度、是否享有"新农保"等变量作为衡量农村居家养老服务供给效益的制度因素。目前，农村老年人医疗服务需求并未得到有效满足，经济条件较差被认为是农村老年人消费能力较低的重要原因。医疗保健支出作为老年人的第三大开支对医疗服务利用具有显著影响，在医疗服务利用中，高收入人群明显高于低收入人群，[2] 富裕阶层更易获得及时的医疗服务，医疗可及性是影响老年人养老需求的重要因素。[3] 农村老年人的经济状况较好，居家养老服务需求会相应提升，新型农村合作医疗制度的福利性已得到农村老年人的普遍认同，[4] 通过提供医疗保健服务有助于促进居家养老服务需求的有效满足，同时，享有"新农合"和"新农保"的农村老年人会带来较好的居家养老服务供给效益。

本书拟从农户视角，通过农村老年人对居家养老服务政策实施效果满意度的分析，衡量农村居家养老服务的供给效益。根据以上理论分析和实地调研的经验判断，本书提出如下三个假设：

其一，农村社区特征对农村居家养老服务供给效益具有正向作用。农

---

① Wu, Z., Hart, R., "The effects of marital and nonmarital union transition on health", *Journal of Marriage and Family*, Vol. 64, No. 2, 2002, pp. 420 – 432.

② Schoen, C., Davis, K., Desroches, C., Donelan, K., Blendon, R., "Health Insurance Markets and Income Inequality: Findings from An International Health Policy Survey", *Health Policy*, Vol. 51, No. 2, April 2000, pp. 67 – 85.

③ Makinen, M., Waters, H., Rauch, M., Almagambetova, N., Bitran, R., "Inequalities in health care use and expenditures: empirical data from eight developing countries and countries in transition", *Bulletin of the World Health Organization*, Vol. 78, No. 1, 2000, pp. 55 – 65.

④ 于长永：《新型农村合作医疗制度建设绩效评价》，《统计研究》2012 年第 4 期。

村老年人享有"新农保"，社区医疗服务水平满意度对居家养老服务供给效益具有显著影响。

其二，健康自评、日常生活能力等个人特征是影响农村居家养老服务供给效益的重要因素，其中，日常生活能力和健康自评越好的老年人对居家养老服务供给效益评价越高，日常生活能力和健康自评越差的老年人，居家养老服务的供给效果满意度越低，供给的社会效益越不理想。

其三，在家庭特征中，子女月探望次数和婚姻状况是影响供给效益的主要因素，子女探望次数越少，居家养老服务供给效益越高，婚姻状况中丧偶、离婚的老年人的居家养老服务供给效益好。

（二）变量选择与描述性统计

本节的研究使用的数据来自"辽宁省农村居家养老服务供需调查问卷"的调查结果，借鉴李燕凌等学者的研究认为，农村公共产品供给效果，既包括物质效果，也包括精神效果，即公共产品受众的感受效果，采用农户满意度表征农村公共产品的精神效果。① 本小节研究选择有序多元 Logit 模型，被解释变量农村老年人居家养老服务供给效益为排序特征的离散选择变量，其中，因变量为农村居家养老服务供给的社会效益，即农村老年人对居家养老服务政策实施效果满意度作为操作变量，根据问卷中的问题"您认为居家养老服务政策实施效果的满意度"及相关回答"不满意""不太满意""一般""满意""非常满意"，将供给效果变量赋值为"1、2、3、4、5"，以反映供给效果的满意度水平，这是一个有序多元变量，因此，这里选择 Order Logit 模型，即有序 Logit 模型，这一模型适用于两个以上多个有序变量，通过有层次的逐步回归考察居家养老服务供给效果满意度水平的影响因素，最终构建多元有序 Logit 模型。

根据国内外文献研究和实地考察，从人口特征、家庭特征和制度因素三个维度选取自变量，并将其操作化为日常生活能力、健康自评、社区医疗服务水平满意度等 7 个具体变量。其中，农村老年人是否享有"新农保"、所在村或社区是否提供过紧急救援服务和社区医疗服务水平满意度作为社区特征的代理变量（见表 4 - 8）。

---

① 李燕凌：《农村公共产品供给效率实证研究》，《公共管理学报》2008 年第 2 期。

表4-8　模型变量的解释、统计特征及其预期影响方向

变量	定义与赋值	均值	标准差	预期影响
供给效益（Y）	1. 不满意；2. 不太满意；3. 一般；4. 满意；5. 非常满意；	2.761	1.094	
日常生活能力（X1）	1. 完全依赖；2. 相对依赖；3. 相对自理；4. 完全自理；	1.517	0.724	-
健康自评（X2）	1. 很好；2. 较好；3. 较差；4. 很差	1.887	0.747	+
婚姻状况（X3）	1. 未婚；2. 已婚；3. 离婚；4. 丧偶	2.287	0.816	+
子女月探望次数（X4）	1. 三次及以上；0. 三次以下	1.181	0.385	+
是否享有新农保（X5）	1. 是；0. 否	1.364	0.482	+
社区医疗服务水平满意度（X6）	1. 不满意；2. 不太满意；3. 一般；4. 满意；5. 非常满意	2.585	1.003	+
是否提供紧急救援服务（X7）	1. 是；0. 否	2.221	0.827	不确定

数据来源：根据辽宁省农村居家养老服务供需调查问卷统计而得。

（三）实证结果分析

本书将居家养老服务供给效益作为因变量，运用有序Logit回归模型，逐步控制自变量作用范围，分析得出社区医疗服务水平等因素的影响具有稳健性（见表4-9）。

表4-9　农村居家养老服务供给效益的 Logit 模型

变量	模型Ⅰ			模型Ⅱ			模型Ⅲ		
	系数	Z 值	概率	系数	Z 值	概率	系数	Z 值	概率
X1	-0.298 * * (0.136)	-2.196	0.028	-0.326 * * (0.137)	-2.382	0.017	-0.446 * * * (0.140)	-3.178	0.002
X2	0.879 * * * (0.135)	6.532	0.000	0.772 * * * (0.139)	5.573	0.000	0.581 * * * (0.144)	4.030	0.000
X3	-	-	-	0.311 * * * (0.113)	2.759	0.006	0.221 * (0.114)	1.943	0.052
X4	-	-	-	0.630 * * * (0.234)	2.688	0.007	0.426 * (0.242)	1.759	0.079
X5	-	-	-	-	-	-	0.409 * * (0.189)	2.161	0.031
X6							0.785 * * * (0.112)	7.022	0.000
X7							-0.571 * * (0.238)	-2.401	0.016
N	460			460			460		
Pseudo R²	0.035			0.046			0.098		
LR statistic	43.859			57.705			121.993		
P	0.000			0.000			0.000		
最大似然比 LL	-601.034			-594.111			-561.967		

注：1. 括号内为标准误；2. ＊p<0.1，＊＊p<0.05，＊＊＊p<0.01。

资料来源：辽宁省农村居家养老服务供需调查问卷。

第一，现行的农村养老保障制度因素对农村居家养老服务供给效益具有显著影响。社区医疗服务水平满意度和所在村或社区是否提供紧急救援服务对农村居家养老服务供给效益具有显著影响，且与假设判断相一致。可见，农村老年人的养老保障水平越高，对供给效果的评价越理想。第二，农村老年人的日常生活能力、健康自评与农村居家养老服务供给效益呈显著相关。这表明农村老年人的日常生活能力和健康自评越差，子女探望次数越少，对农村居家养老服务供给效益评价越高。社区特征中养老保障水平越高，医疗服务水平越高。居家养老服务供给主体中家庭、政府、社会共担风险，促进供给效益的提升。

（四）研究结论与讨论

通过以上分析，可以得出如下研究结论。

第一，农村养老保障制度对农村居家养老服务的供给效益具有显著影响，且回归结果较为稳健，老年人享受的养老保障水平越高，供给效益越好。第二，农村老年人的日常生活能力、健康自评、是否患病、年患病率与农村居家养老服务供给效益呈正相关，且农村老年人的日常生活能力越强，健康自评越好，无患病、年患病率低的农村居家养老服务供给效益越高。

综上所述，农村老年人的生活照料、家政服务、康复护理、精神慰藉等多元化居家养老服务需求未能够有效满足，为农村老年人提供慢性病管理、疾病预防、急性病应急处置等服务需要更专业化医疗服务工作者、资源和设备等方面的支持。医养结合式居家养老服务亟待转变供给模式，充分开发外部资源，将其纳入机构整体战略规划转化为机构效益。农村老年人的日常生活能力、健康自评、是否患病、年患病率以及农村养老保障制度对农村居家养老服务供给效益具有显著影响。

第三节　辽宁省农村居家养老服务需求的实证分析

本节基于辽宁省农村居家养老服务供需调研数据，以需求水平、需求强度和需求意愿视角分析了农村老年人居家养老服务需求。农村居家养老服务注重普惠性，而农村老年人受人口结构、家庭因素、经济社会因素等影响产生多元化居家养老服务需求意愿。准确把握居家养老服务基本理念，明确农村老年人居家养老服务需求强度优先序，结合农村老年人居家养老服务需求的特殊性，提升供求适配度，促进居家养老服务有效供给，寻求完善农村居家养老服务供给的新机制。

一　农村居家养老服务需求水平

通过信度分析验证居家养老服务需求强度的设定是否具有稳定性和可靠性，结果表明 Cronbach's α 系数为 0.916，基于标准化的 Cronbach's α 系数为 0.918，该量表具有较高的内在一致性，可靠性较强。农村老年人居家养老服务需求水平均值为 0.70，介于"有点需要"与"不太需要"之间，需求水平相对较低（见表 4 – 10）。

（一）理论分析与研究假设

人口统计学认为对人口现象的某一水平或发展趋势的影响因素，大致可分为人口自身因素、经济因素和社会因素三类，其中人口自身因素亦称人口内在因素，如人口年龄结构、身体机能等；经济因素即国家或地区的经济发展水平与家庭或个人收入水平因素；社会因素即政策措施因素。社会经济环境可分为与物质活动和精神活动相关的社会经济环境。其中，前者是指生活方式和社会制度，包括生活环境，社区设施等；后者是指特定意识形态而言，包括政治制度、文化传统、舆论倾向、人际关系、习惯努力、安全感等。自 20 世纪七八十年代至今，我国老年人慢性病治理模式由以急性传染性和感染性疾病为主向慢性非传染性为主转化，由于膳食结构失衡、不良行为方式和环境等新的心理、社会、环境因素，使老年人慢性病造成的带病期长、致残率高、生活自理能力下降甚至丧失。农村社区居家养老服务需求水平不仅与人口特征因素有关，也受到家庭因素和社会因素等各方面影响。

基于以上理论分析与经验判断，本书提出以下四个研究假设：

假设 1：农村社区居家养老服务需求水平受人口特征因素的影响，其中，年龄、受教育程度与健康自评是影响需求水平的重要因素；

假设 2：家庭特征因素中的家庭年收入、婚姻状况、居住方式是农村社区居家养老服务需求水平的主要影响因素；

假设 3：社会化养老服务认知和社区医疗服务水平满意度是影响农村社区居家养老服务需求水平的重要因素；

假设 4：农村养老服务政策实施效果满意度、上门服务时间满意度、社区养老服务收费满意度是农村社区居家养老服务需求水平的影响因素。

表4-10 农村居家养老服务需求水平

农村居家养老服务3类20项		需求水平（%）					
类别	项目	A. 非常需要	B. 需要	C. 有点需要	D. 不太需要	E. 不需要	需求水平（%）
生活照料	（1）帮助做饭	6.6	23.6	26.4	28.3	15.1	55.7
	（2）帮助送饭	6.6	22.6	24.5	25.5	20.8	53.7
	（3）帮助洗衣服	6.6	28.3	26.4	22.6	16.0	57.3
	（4）打扫卫生	7.5	33.0	27.4	17.0	15.1	60.2
	（5）助行服务	7.5	35.8	32.1	9.4	15.1	62.2
	（6）帮助购买日用品	5.7	28.3	20.8	26.4	18.9	55.2
	（7）紧急救援	45.3	36.8	12.3	3.8	1.9	84.0
	生活照料服务均值	61.0					
医疗保健	（8）设立健康档案	41.5	37.7	11.3	3.8	5.7	81.1
	（9）上门看病	38.7	44.3	7.5	3.8	5.7	81.3
	（10）用药服务	37.7	43.4	7.5	3.8	7.5	79.9
	（11）保健知识	37.7	50.0	6.6	1.9	3.8	83.2
	（12）康复理疗	28.3	47.2	15.1	2.8	6.6	77.6
	（13）长期照护	35.8	43.4	8.5	4.7	7.5	79.0
	医疗保健服务均值	80.0					

农村居家养老服务 3 类 20 项		需求水平（%）					
类别	项目	A. 非常需要	B. 需要	C. 有点需要	D. 不太需要	E. 不需要	需求水平（%）
精神慰藉	（14）社会娱乐	33.0	48.1	12.3	1.9	4.7	80.6
	（15）心理咨询	25.5	39.6	17.0	11.3	6.6	73.2
	（16）特殊关怀	24.5	50.0	16.0	4.7	4.7	76.9
	（17）法律维权	22.6	43.4	9.4	16.0	8.5	71.1
	（18）家庭邻里纠纷	17.0	36.8	11.3	18.9	16.0	63.9
	（19）社区志愿服务	17.9	37.7	15.1	16.0	13.2	66.2
精神慰藉服务均值		71.0					

数据来源：辽宁省农村居家养老服务供需调查问卷，利用 SPSS20.0 软件，通过确切概率法统计而得。

（二）变量选取与模型构建

本小节将农村居家养老服务需求水平设为因变量，将人口特征、家庭结构、制度特征和养老服务因素四方面 15 个变量作为自变量，农村居家养老服务需求水平统计变量的描述性统计，如表 4－11 所示。

在分析中，本书借鉴田北海关于农村居家养老服务需求特征及其影响因素分析的方法，运用李克特量表法将农村社区老年人居家养老服务需求水平设置为"非常需要""需要""有点需要""不太需要""不需要"五个等级，由高到低分别赋值为 5—1 分。本书在计算时对所有 5 类 20 个居家养老服务项目通过层次分析法结合熵权法获取指标权重，[1] 以所有 20 项服务项目的需求水平为基数，计算其算术平均数，以测量农村老年人居家

---

① 倪九派、李萍、魏朝富、谢德体：《基于 AHP 和熵权法赋权的区域土地开发整理潜力评价》，《农业工程学报》2009 年第 5 期。

养老服务需求水平,[1] 采用多因素综合评价法获取 Y（因变量），如公式（4-1）所示：

$$Yw = \sum_{i=1}^{n} W_i \cdot X_i \qquad 式（4-1）$$

（$n=460$，代表样本个数；$i=20$，代表因子个数），其中 w 代表因子权重。

表4-11 变量的描述性统计

变量	取值与分布	均值	变量	取值与分布	均值
年龄	1 = 60—69 岁(0.594) 2 = 70—79 岁(0.281) 3 = 80—89 岁(0.099) 4 = 90 岁及以上(0.026)	1.557	日常生活能力（ADL）	1 = 完全依赖(0.030) 2 = 相对依赖(0.046) 3 = 相对自理(0.334) 4 = 完全自理(0.589)	1.517
受教育程度	1 = 未上学(0.204) 2 = 小学(0.352) 3 = 初中(0.211) 4 = 高中、中专及以上(0.232)	2.582	家庭年收入	1 = 4000 元以下(0.459) 2 = 4000—10000 元(0.246) 3 = 1 万—2 万元(0.149) 4 = 2 万元以上 (0.146)	1.981
健康状况	1 = 很好 (0.325) 2 = 较好 (0.497) 3 = 较差 (0.156) 4 = 很差 (0.002)	1.877	婚姻状况	1 = 未婚 (0.007) 2 = 已婚 (0.740) 3 = 离婚 (0.030) 4 = 丧偶 (0.162)	2.287
家庭居住状况	1 = 与配偶同住 (0.484) 2 = 与孙子女同住(0.041) 3 = 与子女同住 (0.243) 4 = 在养老院居住(0.070) 5 = 独居 (0.162)	2.218	居家养老服务的必要性	1 = 有 (0.885) 0 = 无 (0.115)	1.12

---

① 田北海、王彩云：《城乡老年人社会养老服务需求特征及其影响因素——基于对家庭替代机制的分析》，《中国农村观察》2014 年第 4 期。

续　表

变量	取值与分布	均值	变量	取值与分布	均值
家庭成员关系	1 = 好(0.624) 2 = 较好(0.262) 3 = 一般(0.097) 4 = 较差(0.001) 5 = 差(0.001)	2.513	农村养老服务政策实施效果满意度	1 = 不满意(0.009) 2 = 不太满意(0.007) 3 = 一般(0.487) 4 = 满意(0.209) 5 = 非常满意(0.143)	2.749
子女月探望次数	1 = 三次及以上(0.736) 2 = 三次以下(0.264)	1.570	上门服务等待时间的满意程度	1 = 不满意(0.008) 2 = 不太满意(0.085) 3 = 一般(0.396) 4 = 满意(0.298) 5 = 非常满意(0.142)	2.660
社区医疗服务水平满意度	1 = 不满意(0.006) 2 = 不太满意(0.006) 3 = 一般(0.433) 4 = 满意(0.294) 5 = 非常满意(0.154)	2.585	居家养老服务收费的满意程度	1 = 不满意(0.1109) 2 = 不太满意(0.1304) 3 = 一般(0.387) 4 = 满意(0.25) 5 = 非常满意(0.1217)	2.854

数据来源：根据辽宁省农村社区居家养老服务供需调查问卷统计而得。

在回归分析之前，文章用条件指数和方差膨胀因子两个指标进行多重共线性诊断，条件指数等于最大的主成分与当前主成分比值的算术平方根，故第一个主成分相对应的条件指数总为1。当某些唯独的该指数大于30时，则提示存在多重共线性。模型Ⅰ、模型Ⅱ、模型Ⅲ、模型Ⅳ中的条件数分别是13.694、27.125、12.630、18.262，均小于30，且四个模型的方差膨胀因子（VIF）的最大值均小于2，说明模型没有严重的多重共线性问题。[1]

由于本书采用的是截面数据作样本，通过对模型进行异方差检验发现

---

① Chandola，T.，"The fear of crime and area differences in health"，*Health and Place*，Vol. 7，No. 2，June 2001，pp. 105－116.

存在异方差性。当误差项之间存在异方差时，对于回归分析中的参数具有不同的影响。[1] 模型要求随机扰动项满足同方差的基本假设，即它们具有相同的方差，即满足同方差性，如果随机扰动项的方差并非是不变的常数，则称为存在异方差，[2] 于是可用 OLS 法估计其参数，得到关于参数 β_0，β_1，$\cdots$，β_k 的无偏、有效的估计量。[3]

(三) 实证分析结果

在回归分析中，本书将农村居家养老服务需求水平设置为被解释变量。本书设置四个模型，其中人口特征、家庭因素、制度特征和社区服务四类解释变量依次纳入方程，运用 Eviews7.0 软件得到回归分析结果（如表 4-12 所示）。

表 4-12　农村老年人居家养老服务需求水平的 WLS 回归模型

变量类型	变量名称	模型 I	模型 II	模型 III	模型 IV
人口因素	年龄（参照组：60—69 岁）	0.740*** (0.097)	0.974*** (0.146)	0.977*** (0.125)	0.784*** (0.150)
	性别（参照组：男性）	2.677*** (0.187)	0.833*** (0.195)	0.630*** (0.168)	0.691*** (0.182)
	教育程度（参照组：未上学）	0.637*** (0.063)	0.114 (0.078)	0.159** (0.085)	0.089 (0.090)
	生活自理能力（参照组：完全自理）	0.013 (0.102)	-0.166 (0.191)	-0.906*** (0.194)	-0.872*** (0.189)
	健康自评（参照组：很好）	0.919*** (0.050)	0.788*** (0.119)	0.693*** (0.108)	0.916*** (0.150)

---

① 林清泉：《计量经济学》，中国人民大学出版社 2009 年版，第 193—194 页。
② 高铁梅：《计量经济分析方法与建模：Eviews 应用及实例》，清华大学出版社 2009 年版，第 99 页。
③ ［美］斯托克、［美］沃森：《计量经济学》，沈根祥、孙燕译，格致出版社、上海人民出版社 2012 年版，第 99—101 页。

续　表

变量类型	变量名称	模型Ⅰ	模型Ⅱ	模型Ⅲ	模型Ⅳ
家庭因素	家庭年收入（参照组：4000元以下）		0.512＊＊＊ （0.064）	0.396＊＊＊ （0.069）	0.481＊＊＊ （0.072）
	婚姻状况（参照组：未婚）		1.099＊＊＊ （0.128）	1.208＊＊＊ （0.114）	1.123＊＊＊ （0.114）
	居住结构（参照组：独居）		1.041＊＊＊ （0.102）	1.016＊＊＊ （0.092）	1.016＊＊＊ （0.093）
	家庭成员关系（参照组：好）		-1.021＊＊＊ （0.198）	-1.572＊＊＊ （0.184）	-1.387＊＊＊ （0.189）
	子女月探望次数（参照组：三次及以上）		0.002 （0.156）	-0.512＊＊＊ （0.154）	-0.551＊＊＊ （0.193）
现行的农村社会保障制度因素	社会化养老服务认知（参照组：有）			1.029＊＊＊ （0.281）	0.922＊＊＊ （0.281）
	社区医疗服务水平满意度（参照组：非常满意）			0.6189＊＊＊ （0.103）	0.495＊＊＊ （0.112）
社区服务因素	农村养老服务政策实施效果满意度（参照组：非常满意）				-0.215＊ （0.109）
	上门服务时间满意度（参照组：非常满意）				0.278＊＊ （0.108）
	社区养老服务收费满意度（参照组：非常满意）				0.784＊＊＊ （0.150）
常数项		0.809＊＊＊ （0.283）	0.192 （0.202）	0.209 （0.176）	0.176 （0.173）
调整后的判定系数		0.999	0.999	0.999	0.999
F值		77161.99	91517.55	104986.5	95177.37

注：N=460；＊p＜0.1，＊＊p＜0.05，＊＊＊p＜0.01；变量中括号内为参照组，系数下括号内为标准误。

模型 I ，在人口特征变量中，除生活自理能力外，年龄、性别、受教育程度、健康自评均通过显著性检验。在年龄变量中，低龄老年人相对较为健康，大多尚有一定劳动能力，生活基本能够自理，对照料需求相对较少，而高龄老人则不然，高龄老人是老年人口中的特殊群体。[1] 随着年龄增长，高龄老年人身体机能下降，居家养老需求水平提高，且回归结果较为稳健；在性别变量中，女性老人更需要居家养老服务，在高龄老年人中女性多于男性，女性抗风险能力弱于男性，其居家养老需求水平不断提升；在教育程度变量中，农村老年人受教育程度与需求水平呈显著正相关，随着老年人受教育水平的提升，受教育程度高的人更为关注健康生活方式和预防保健的重要性，并能更好地获得医疗服务。良好的教育能使人具有更加健康的生活方式，也能提高解决健康问题的能力。[2] 老年人受教育程度越高，越可能选择内涵丰富且水平较高的居家养老服务。其对居家养老服务需求水平越高；[3] 在生活自理能力变量中，农村老年人日常生活能力（ADL）每降低一个等级，其需求水平越高，可惜，未通过显著性检验，可能是由于完全依赖等级的老年人对于需求水平分辨能力较弱所致，有待于进一步研究；在健康自评变量中，相对于健康自评很好的老年人，健康自评较差的老年人更需要居家养老服务，随着年龄的增长，老年人健康水平呈下降趋势，健康自评与需求水平呈显著正相关。

模型 II 中，在引入家庭因素变量后，回归方程中调整后的判定系数达到 0.999。模型 I 中的年龄、性别、健康自评的正相关关系依然保持，而教育程度变量不再显著。家庭年收入、婚姻状况、居住结构对农村老年人居家养老服务需求水平具有显著正相关，家庭成员关系与需求水平呈显著负相关。具体表现为：在其他变量不变的情况下，家庭年收入越高，其需求水平越高。由于农村老年人养老金收入较低，以家庭供养为主，收入来源单一且不稳定，家庭年收入较低老年人尚不具备居家养老服务购买能力，而家庭年收入较高老年人可能具有较高消费需求与购买能力，其需求

---

[1] 曾毅等：《健康长寿影响因素分析》，北京大学出版社 2004 年版，第 31 页。

[2] Winkleby, Marilyn A. , et al. , "Socioeconomic status and health: How education, Income and occupation contribute to risk factor for cardiovascular disease", *American Journal of Public Health*, Vol. 82, No. 6, June 1992, pp. 816 – 820.

[3] 李玉娇：《医疗保障水平、服务认知差异与养老方式选择制度效果会影响老年人居家养老需求吗？》，《华中农业大学学报（社会科学版）》2016 年第 3 期，第 118—124 页。

水平相对较高；在其他变量不变时，离婚、丧偶、已婚老年人的需求水平显著高于未婚老年人；独居老年人比与子女、孙子女居住和在养老院居住的老年人需求水平会逐渐提高；居住安排作为影响老年人心理健康与子女代际支持的重要因素，与子女同住构成扩展家庭一直是我国老年人最主要的居住方式。① 家庭成员关系每降低一个等级，农村老年人居家养老服务需求水平会逐渐提高。在子女探望次数中，探望次数与需求水平呈正相关，探望次数越多居家养老服务需求水平越高，但未通过显著性检验。

模型Ⅲ中，在加入制度特征变量后，回归方程中调整后的判定系数为0.999，所有解释变量均通过显著性检验。模型Ⅰ中的年龄、性别、教育程度、健康自评的正向作用依然显著，并通过显著性检验，生活自理能力与需求水平呈显著负相关，与模型Ⅰ的假设相符。模型Ⅱ中的家庭年收入、婚姻状况、居住结构与需求水平依然呈正相关，家庭成员关系、子女探望次数与需求水平呈显著负相关，且均通过显著性检验。在子女探望次数中，探望次数与需求水平呈显著负相关，探望次数越少，老年人居家养老服务需求水平越高。家庭成员关系的负向作用依然显著，即家庭成员关系较差的老年人居家养老服务需求水平越高，居家养老服务以家庭养老为基础，传统家庭代际支持对居家养老需求具有显著的影响；居家养老服务认知正向作用于需求水平，即认为社会化养老服务有必要的老年人，其需求水平更高。社区医疗服务水平满意度正向作用于需求水平，老年人对社区医疗服务水平满意程度越高，其需求水平越高。

模型Ⅳ中，在引入社区服务变量后，回归方程中调整后的判定系数仍为0.999。模型Ⅰ中，除教育程度外，年龄、性别、生活自理能力、健康自评均通过显著性检验。模型Ⅱ中，除子女探望次数外，家庭年收入、婚姻状况、居住结构与需求水平依然呈正相关，家庭成员关系与需求水平呈负相关，且均通过显著性检验。原模型Ⅲ中，社会化养老服务认知、社区医疗服务水平满意度与需求水平仍呈正相关。农村养老服务政策实施效果满意度与需求水平呈负相关。上门服务时间满意度、社区养老服务收费满意度与居家养老服务需求水平呈正相关，即上门服务时间满意度越高，需求水平越高，社区收费满意度越高，需求水平越高。

———————

① 曲嘉瑶、孙陆军：《中国老年人居住安排与变化：2000—2006》，《人口学刊》2011年第2期。

(四) 研究结论与讨论

本书通过农村社区老年人的问卷调查资料，实证分析了农村社区老年人居家养老服务需求水平影响因素主要包括人口因素、家庭因素、制度因素、社区服务因素。第一，在人口特征变量中，需求水平与年龄、性别、教育程度、健康自评呈正相关，与生活自理能力呈负相关。不同年龄层次老年人的养老选择存在差异。随着年龄的增长，农村老年人居家养老服务需求水平不断提高，其中，女性老年人养老需求水平较高。高龄老人由于身体机能和传统文化影响，其居家养老服务需求水平相对较高。受教育水平对老年人居家养老服务的需求水平呈正相关。日常生活能力（ADL）与居家养老服务需求水平呈负相关，生活自理能力每降低一个等级，居家养老服务需求水平明显提升。第二，在家庭经济特征中，家庭年收入、婚姻状况、居住结构与需求水平呈正相关，与家庭成员关系、子女月探望次数呈负相关。家庭年收入与居家养老服务需求水平呈正相关，与研究假设相符，稳健度高。婚姻状况、居住结构与需求水平呈显著正相关，离婚、丧偶的老年人比未婚、已婚有配偶的老年人居家养老服务需求水平高。在其他变量不变的情况下，在养老院居住、与子女、孙子女居住老年人比独居老年人居家养老服务需求水平更高；家庭成员关系对农村老年人居家养老服务需求水平具有显著负向影响，家庭成员关系不和睦农村老年人具有较高的需求水平。第三，在制度特征变量中，居家养老服务政策认知、社区医疗服务满意度与需求水平具有显著正向影响，农村老年人居家养老服务政策认知越深刻，选择居家养老服务可能性越大，其需求水平较高。社区医疗服务水平满意度高的老年人需求水平越高，反之亦然。第四，在社区服务特征变量中，农村老年人对上门服务时间满意度越高，居家养老服务需求水平相应提升。由于客观条件限制，农村社区养老服务资源配置较为匮乏，在一定程度上可能影响农村养老服务政策实施满意度；与需求水平呈负相关，满意度越低，需求水平越高。社区养老服务收费满意度与需求水平呈显著正相关，即说明社区养老服务收费满意度越高需求水平越高。

二 农村居家养老服务需求强度

居家养老服务具有准公共服务的基本属性，居家养老服务是我国社会化养老服务体系的重要组成部分，是家庭养老与社区养老服务相结合的复合型养老服务方式。农村老年人居家养老服务需求日益多元化。农村低偿居家养老服务潜在需求大。居家养老服务需求主要是源于基本的健康需求，或是源于健康需求的"衍生"需求，亦即没有对健康的需求，就不会产生对居家养老服务的需求。健康是影响居家养老服务需求的主要因素，关乎老年人的生活质量。

（一）农村居家养老服务需求强度类型

美国社会心理学家亚伯拉罕·马斯洛（A. H. Maslow）的需求层次理论认为，"人类的需求是分层次的，自身的各类需求是人行为的动机，也即内在动力"，即人的需要按重要性和层次性排成一定的次序，从诸如食物和住房等基本的需求到复杂的如自我实现、自我价值等的需求。[1] 在马斯洛需求层次理论基础之上，美国心理学家克雷顿·奥尔德弗（C. Alderfer）提出"ERG"需求层次理论即生存（Existence）需求、相互关系（Relatedness）需求以及成长发展（Growth）需求，已有研究依据需求层次理论将农村养老资源分为生存型养老资源、相互关系型养老资源和发展型养老资源三种类型，[2] 这三种需求可以同时起作用，而且在各种需求并存的情况下，总有一种需求起主导作用。在此基础上，本书将农村养老需求分为生活照料、医疗保健、精神赡养三个层次。农村居家养老服务需求呈多元化、多层次、高弹性、多强度特征。通过调查老年人居家养老需求意愿，判断居家养老服务需求强度等级，基于调查数据测算，农村居家养老服务需求强度均值为0.70，介于有点需求与不太需要之间，需求强度相对较低。相对而言，老年人对医疗保健（均值为0.80）和精神慰藉（均值为0.71）的需求强度略高于生活照料服务（均值为0.61），如表4-10所示。马歇尔在其《经济学原理》中界定需求弹性是"需求与价格之间相互依赖的程度大小而言，需求弹性的大小取决于价格下跌时需求量增加的多少、价格上升时需求量减少的多少"。[3] 依据需求弹性理论认为需求强度越大，需求弹性越小，弹性系数越接近于零，需求强度越大，表明随着收入变化，其需求支出水平几乎不受影响，即这部分需求为满足生存需要的必需

---

[1]　Maslow, A. H., "A Theory of Human Motivation", Psychological Review, Vol. 50, 1943, pp. 370 – 396.

[2]　杨守宝：《"刘易斯转折点"上农村养老资源需求层次理论分析》，《农村经济》2010年第1期。

[3]　[英] 马歇尔：《经济学原理（上册）》，商务印书馆1981年版，第5页。

品。弹性系数为 1 时，表明随着收入增加，其需求支出等比例增加；弹性系数落在（0，1）区间内时，收入变化会促进需求支出的改变，但实际支出变化程度小于收入变化，这部分消费品仍处于缺乏弹性区间内，可视为维持生存的生活必需品；当弹性系数大于 1 时，表明随着收入变化，需求支出波动更为明显，农民对是否购买此种商品的选择余地较大，在支付能力测算中不考虑满足这部分需求的购买能力，即能够用于测算保障标准的适宜弹性区间应当为 [0，1]。① 运用李克特量表法将农村社区老年人居家养老服务的需求水平设置为"非常需要""需要""有点需要""不太需要""不需要"五个等级，由高到低分别赋值为 5—1 分。本书在计算时对所有 3 类 20 个居家养老服务项目通过层次分析法获取指标权重。以所有 20 个服务项目的需求水平为基数，计算其算术平均数，以测量农村老年人居家养老服务需求强度。② 据此，可将农村居家养老服务的需求强度分成最强、较强、中等、较弱、最弱五层，其相应的需求弹性分层依次为强弹性、中等弹性、弱弹性、无弹性、可弃类五类（见表 4 - 13）。

表 4 - 13　农村居家养老服务的需求强度分层

需求强度分层	项目分层标准	入选项目	项目选择	释义
第一层无弹性类	标准一:40% 以上的农村老年人选择 A 的项目（A＞40%）	(7)(8)	(7)紧急救援 (8)健康档案	需求无弹性,需求弹性最强。条件具备,应尽快实施
第二层弱弹性类	标准二:40% 以上的农村老年人选择 B 的项目（B＞40%）	舍去 (7)(8) 选择 (9)(10)(11) (12)(13)(14) (15)(16)(17)	(9)上门看病 (10)用药服务 (11)保健知识 (12)康复理疗 (13)长期照护 (14)社会娱乐 (15)心理咨询 (16)特殊关怀 (17)法律援助	需求弹性弱,需求弹性较强。条件具备,应逐步实施

① 米红、叶岚:《中国农村最低生活保障标准的模型创新与实证研究》,《浙江社会科学》2010 年第 5 期。
② 郭竞成:《农村居家养老服务的需求强度与需求弹性——基于浙江农村老年人问卷调查的研究》,《社会保障研究》2012 年第 1 期。

需求强度分层	项目分层标准	入选项目	项目选择	释义
第三层中等弹性类	标准三:60%以上的农村老年人选择 B 和 C 的项目（B + C >60%）	选择（3）（4）（5）舍去（9）（10）（11）（12）（13）（14）（15）（16）（17）	（3）洗衣服（4）打扫卫生（5）助行服务	需求弹性中等，需求强度中等。条件不具备，可暂缓实施
第四层强弹性类	标准四:20%以下的农村老年人选择 A 的项目（A < 20%）	选择（18）（19）（20）舍去（3）（5）（4）	（18）处理家庭纠纷（19）参与社区志愿服务（20）技能培训	需求弹性强，需求强度较弱。条件不具备，不宜广泛实施
第五层可弃类	标准五:40%以上的农村老年人选择 D 和 E 的项目（D + E >40%）	选择（1）（2）（6）舍去（18）（19）（20）	（1）帮助烧饭（2）帮助送饭（6）购买生活用品	需求弹性最强，需求强度最弱条件不具备，不宜实施

数据来源：依据辽宁省农村居家养老服务供需问卷调查统计而得。

其一，无弹性类，需求无弹性，需求强度极强。在居家养老服务的需求强度上，紧急救援、设立健康档案和提供保健知识需求强度最大，老年人对医疗服务的需求比较迫切而需求最大的是紧急情况下的及时救援，对医疗保健的需求在需求强度分层中排在首位，但多数农村社区未提供此项服务。目前，被调查者中近半数老年人对社区医疗服务水平满意度一般，社区医疗服务水平有待提高。医疗保健服务由社区提供的项目有上门看病、健康咨询、康复护理等，多数由村医务室提供服务而不是日间照料站或互助幸福院。农村老年人多数有较好的健康自评，选择设立健康档案老年人占需求总量的41.5%。医疗保障制度供给因素对老年人的养老意愿具有重要影响。在政府既定财力约束下，老年人评价为 A、B 的项目应尽快实施。

其二，弱弹性类，需求弹性强，需求强度较弱。40%以上的农村老年人选择 B 的（9）-（17）项（B >40%）即40%以上农村老年人评价为 B（需要）及以上的项目有：上门看病、用药服务、提供保健知识、提供康复理疗服务、行动不便后的长期照护、提供社会娱乐活动场所（见表4 -

13）。有 38.7% 的老年人非常需要提供保健知识，有 37.7% 的老年人非常需要提供社会娱乐活动场所，以丰富晚年生活，提高生活质量。经济学原理认为价格弹性小于 -1 时为富有弹性，该商品为奢侈品，不具有福利性，可以通过市场调节达到社会均衡；价格弹性大于 -1 和小于 0 时为缺乏弹性，该商品为必需品，具有福利性，不可能完全通过市场调节达到均衡。居家养老服务关乎老年人的身心健康，因而居家养老服务需求缺乏价格弹性。国外研究显示，多数卫生服务的需求价格弹性系数绝对值一般在 0.2—0.7 之间。[①] 随着家庭纯收入的提高，医疗服务需求也相应增加，而农村家庭收入增长率始终高于需求增长率，当收入增加 10% 时，需求量增加还不足 3%。[②] 但是，农村老年人看病吃药非常谨慎，收入对医疗服务需求并不存在较强的支配作用，农户获得的资金回流主要用于建造房屋等耐用消费品。[③] 可见，农村老年人的收入支出主要用于满足生活消费品的需求。

其三，中等弹性类，需求弹性中等，需求强度中等。帮助打扫卫生、洗衣服和助行服务是农村老年人比较需要的，其主要原因：第一，传统儒家"孝"文化使子女为老年人提供起居照料成为一种家庭伦理基础。老年人即使独居，子女仍然在家庭养老中承担日常生活照料义务，农村社区子女会通过劳动形式对父母进行帮助。[④] 第二，农村社区长期缺乏养老服务资源，农村社会化养老服务发育不成熟，农村老年人主要依靠家庭养老。[⑤] 劳动力向外转移会导致农村老年人用于农业生产的劳动时间大幅增加。[⑥] 农村老年人倘若身体允许，多数从事生产劳作、料理家务，直至终老。第三，农村老年人基本物质保障水平低。农村老年人对于子女

[①] 程晓明：《卫生经济学》，人民卫生出版社 2003 年版，第 19—32 页。

[②] 刘丽娜：《我国城乡门诊医疗服务需求弹性研究》，《中国卫生经济》2006 年第 7 期。

[③] Brauw, A. D., Rozelle, S., "Migration and Household Investment in Rual China", *China Economic Reviews*, Vol. 19, No. 2, 2008, pp. 320 – 335.

[④] Lee, Y. J., Xiao, Z, "Children's Support for Elderly Parents in Urban and Rural China: Results from a National Survey", *Journal of Cross – Cultural Gerontology*, Vol. 13, No. 1, March 1998, pp. 39 – 62.

[⑤] 王小龙等：《劳动力转移、留守老人健康与农村养老公共服务供给》，《南开经济研究》2011 年第 4 期，第 27—31 页。

[⑥] Chang, H., Dong, X. Y., Macphail, F., "Labor Migration and Time Use Patterns of the Left – behind Children and Elderly in Rural China", *World Development*, Vol. 39, No. 12, December 2011, pp. 2199 – 2210.

的经济供养依赖性较强，劳动参与度高，男女劳动力转移后会显著增加老年人的劳动供给。[①] 由于子女经济供养不稳定性和老年人身体机能下降导致的物质保障水平有限。因此，农村老年人对中等弹性的服务需求项目多数农村老年人认为"需要或有点需要"，如果条件不具备，不宜普遍实施。

其四，强弹性类，需求弹性强，需求强度较弱。随着经济社会发展水平和生活质量的提高以及"新农保"的广覆盖，农村老年人已不仅满足于物质生活水平的提升，更渴望情感关爱与心灵关怀。在社区养老服务需求层次上，体闲娱乐服务需求强度较高，上门看病服务需求最为强烈，聊天解闷和上门护理服务次之。在社会娱乐需求中，农村老年人更为关注心理健康与法律维权服务，注重维护自身合法权益，避免陷入家庭纠纷与社会诈骗，减少子女后顾之忧；社会嵌入理论认为老年人仍然需要继续社会化，需要进行角色转换。同时，农村老年人对志愿参与服务社会与技能讲座培训有较高热情，具有丰富精神文化生活的良好意愿。

其五，可舍弃类，需求弹性强，需求强度最弱。在生活照料服务方面，农村老年人对帮助做饭、送饭的需求强度很弱，购买日用品服务涉及审美、消费习惯的差异，需求强度较低。农村老年人崇尚节俭和为子女着想等传统文化因素制约居家养老服务需求的增长。多数农村低龄老年人从事生产劳动，多数老年人认为干家务活能够锻炼身体，只要身体允许均愿意自己做饭，花钱请服务人员上门服务是不必要支出，相反，老年人还为打工子女料理家务、照顾孩子，老年人自身对下一代家庭财富的增加也做出了贡献，而子女多在外打工或从事自营职业无暇照料老年人，即为养老服务供需倒置。

（二）农村居家养老服务需求强度的权重系数

李克特量表是社会学调查中最常用的态度量表形式，鉴于量表评语等级本身的模糊性，本书采用 AHP 法嵌入农村居家养老服务需求强度进行实证分析。通过对专家学者访谈，得到各级判断矩阵，对各组判别系数进行比较权重系数（见表 4 - 14）。

---

① 李旻、赵连阁：《农村劳动力流动对农业劳动力老龄化形成的影响——基于辽宁省的实证分析》，《中国农村经济》2010 年第 9 期，第 68—74 页。

表4-14　农村居家养老服务需求强度的权重系数

需求弹性	各要素总权重 C	服务项目	一致性比例 CR	各类内要素权重 W_i
第一层：无弹性类	0.3738	(7) 紧急救援 (8) 健康档案	0.0000	0.55 0.45
第二层：弱弹性类	0.2831	(9) 上门看病 (10) 用药服务 (11) 保健知识 (12) 康复理疗 (13) 长期照护 (14) 社会娱乐 (15) 心理咨询 (16) 特殊关怀 (17) 法律援助	0.0873	0.1552 0.1258 0.1984 0.1152 0.0746 0.1355 0.0712 0.0714 0.0527
第三层：中等弹性类	0.1457	(3) 洗衣服 (4) 打扫卫生 (5) 助行服务	0.0000	0.3333 0.3333 0.3333
第四层：强弹性类	0.1140	(18) 家庭纠纷 (19) 志愿服务 (20) 技能培训	0.0516	0.2599 0.4126 0.3275
第五层：可弃类	0.0834	(1) 做饭 (2) 送饭 (6) 代购代买	0.0516	0.4126 0.3275 0.2599

数据来源：依据辽宁省农村居家养老服务供需调查问卷，运用层次分析法统计而得。

通过对总目标的相对重要性排序得出居家养老服务各类需求弹性的相对比重，各组权重的总排序在层次分析法中均通过一次性检验，即是CR <
0.10，即认为层次总排序具有满意的一致性。通过层次分析法进一步印证了李克特量表法测量居家养老服务的需求强度分层，证明需求强度分析的可行性和有效性。通过李克特量表与农村居家养老服务需求强度的权重分析为农村居家养老服务的精准供给提供参考。

（三）农村居家养老服务需求强度的影响因素

研究结果，人口特征中的年龄、性别、婚姻状况、生活自理能力、健康状况是居家养老服务需求强度的主要影响因素（如表4－15所示）。

表4－15 农村居家养老服务需求强度的相关分析（Spearman 相关系数）

服务项目	年龄	性别	生活自理能力	健康自评	婚姻状况
帮助烧饭（做饭）	－0.047	0.099	－0.061	0.001	0.040
帮助送饭	0.015	0.181 *	－0.001	－0.022	0.100
帮助洗衣服	－0.067	0.136	－0.132	0.034	0.067
帮助打扫卫生	－0.039	0.171 *	－0.174 *	0.004	0.011
提供助行服务	0.037	－0.080	－0.145	－0.161 *	－0.008
帮助购买生活用品	0.093	0.097	－0.154 *	－0.085	0.015
紧急救援	0.035	0.104	－0.076	－0.098	－0.040
设立健康档案	0.091	－0.110	－0.091	－0.024	－0.005
上门看病	0.040	－0.054	－0.170 *	－0.132	0.013
用药服务	0.069	－0.016	－0.151 *	－0.068	0.119
提供保健知识	0.080	－0.006	－0.061	－0.186 *	0.144
提供康复理疗服务	0.102	0.012	－0.005	－0.074	0.156 *
行动不便后的长期照护	0.058	－0.074	－0.101	－0.058	0.026
提供社会娱乐活动场所	0.115	－0.086	0.008	－0.051	0.072

服务项目	年龄	性别	生活自理能力	健康自评	婚姻状况
提供心理咨询服务	− 0.070*	− 0.013	− 0.047	− 0.055	0.101
提供特殊关怀服务	0.101	− 0.066	− 0.014	− 0.020	0.076
提供法律援助（维权）	− 0.242**	0.041	0.062	0.082	0.219**
处理家庭邻里纠纷	0.138	0.037	− 0.022	0.087	0.055
参与社区志愿服务	− 0.195**	0.019	− 0.004	0.105	0.115
参与技能培训或讲座	0.204**	− 0.018	0.026	0.047	0.170*

注：＊＊＊，在0.1级别（双尾），相关性显著；＊＊在0.01级别（双尾），相关性显著；＊在0.05级分别（双尾），相关性显著。依据辽宁省农村居家养老服务供需调查问卷，运用层次分析法统计而得。

其一，在生活照料需求上，农村老年人需求水平较高的是紧急救援服务。除婚姻状况外，年龄、性别、生活自理能力、身体健康状况均与日常生活照料服务的需求强度显著相关。日常生活能力（ADL）作为衡量受访者是否具有日常活动能力，是一个较好的健康状况指标，也是衡量生活质量的一个重要因素。ADL与老年人照料需求密切相关，ADL的受限程度是影响老年人需求强度的重要原因。ADL与居家养老服务需求强度呈负相关。ADL每降低一个等级，居家养老服务需求强度明显增强。其中，与年龄、生活自理能力、身体健康状况呈负相关，与性别呈正相关，即低龄老年人需要帮助购买生活用品，高龄老年人受生活习惯影响，崇尚节俭，可能不愿意由他人帮忙购买生活用品；男性老年人倾向由他人帮助送饭和打扫卫生，这与现实相符；生活自理能力较差的老年人更需要社区提供打扫卫生和购买生活用品服务。身体健康自评不理想对助行服务有更高的需求强度（见表4－15）。

其二，在医疗保健需求上，农村老年人的康复理疗需求强度最高。农村老年人对"设立健康档案""上门看病""提供保健知识""用药服务""长期照护""康复理疗"的需求强度均较高，超过总体需求强度均值。上门看病、送药需求水平均超过 0.75 （见表 4 - 10）。除性别外，年龄、生活自理能力、健康自评、婚姻状况均通过显著性检验。农村老年人生活自理能力与医疗保健中的上门看病、用药服务呈显著负相关，即生活自理能力越差越需要上门看病、用药服务和长期护理服务，而年龄对于老年人长期护理服务需求影响呈正相关，且对于女性尤为显著，主要是由于女性前瞻年龄比男性长，老年女性比老年男性更容易陷入贫困境遇，抗风险能力要弱于男性，且随着年龄增长老年人长期护理风险发生的可能性增大，造成长期护理成本、护理周期等存在性别差异，这与长期护理保险市场需求存在性别差异的结果基本一致。[①] 可惜，相关分析未通过显著性检验，可能是由于高龄失能老年人对需求强度分层不清晰所致。由此，身体健康自评越差越需要提供保健知识服务；婚姻状况正向作用于提供康复理疗服务，即具有配偶老年人的健康自评显著优于无配偶或离婚、丧偶的老年人，由于配偶双方可在一定程度上提供相互的康复护理需求，[②] 从而显著降低正式的长期护理需求和子女的长期护理服务。

其三，在精神慰藉需求上，农村老年人精神慰藉需求强度仅次于医疗保健需求，高于生活照料服务需求。

调研结果显示，农村老年人对"提供社会娱乐活动场所""特殊关怀""心理咨询""法律援助"需求较为迫切，对"处理家庭邻里纠纷""参与志愿服务""参与技能培训或讲座"需求偏低。分析结果表明，年龄与提供心理咨询、法律维权、社会志愿参与呈显著负相关（见表 4 - 15），为老年人提供心理咨询服务可有效维持心理健康，增强老年人对生命的乐观体验。年龄与参与技能培训或讲座呈正相关。低龄老年人更为注重心理健康、参与社会志愿服务、维护自身权益，而高龄老年人更愿意参与技能培训，注重老有所为，高龄老年人更注重自身生活与身体健康，而低龄老年人则更注重自身发展与精神修养；婚姻变量与提供法律援助和技能培训呈显著正相关，已婚有配偶比离婚丧偶老年人更注重维护自身权益与技能提升，希望社区能够提供法律援助与技能培训。可见，低龄老年人与高龄老年人相比精神慰藉服务需求强度更高。

---

① Brown, J. R., Finkelstein, A., "why is the market for long - term care insuance so small?", *Journal of Public Economics*, Vol. 91, No. 10, November 2007, pp. 1967 - 1991.

② 王新军、郑超：《老年人健康与长期护理的实证分析》，《山东大学学报（哲学社会科学版）》2014 年第 3 期。

（四）研究结论与讨论

可见，农村老年人对医疗保健和精神赡养的需求强度较高，其中，紧急救援和设立健康档案具有更高的需求强度。运用层次分析法为居家养老服务需求强度赋权，且其权重通过一致性检验。结果表明，层次分析法验证农村老年人居家养老服务需求强度具有科学性。依据需求弹性理论认为需求强度越大，反映需求弹性越小，利用李克特量表法衡量其需求强度可分为最强、较强、中等、较弱、最弱五层，其相应的需求弹性分层依次为强弹性、中等弹性、弱弹性、无弹性、可弃类五类。在居家养老服务基本属性、需求层次、需求结构、需求弹性等方面准确把握服务理念。同时，年龄、性别、生活自理能力、婚姻状况、健康自评等对农村老年人居家养老服务需求强度具有显著性影响。年龄、性别、生活自理能力、身体健康状况均与日常生活照料服务需求强度显著相关。而年龄与长期护理服务、参与技能培训或讲座呈正相关，而与心理咨询、法律维权、社会志愿参与呈负相关。生活自理能力与上门看病、用药服务呈负相关，生活自理能力较差的老年人对打扫卫生和购买生活用品服务需求强度更高。数据回归结果显示，健康自评不理想对助行服务有更高的需求，婚姻状况正向作用于提供康复理疗服务。

三　农村居家养老服务需求意愿

（一）农村老年人养老方式的选择

中国特别强调家文化，普遍具有恋家怀旧的情结，农村社会以家为本位的内核依然未改，其间以家庭及其家族系统仍占有非同寻常的战略地位。"家国同构"是我国的传统，"齐家""治国""平天下"被视为同一范畴。"孝道"是社会最基础的道德规范，也是家庭养老的伦理基石，孔子提出"孝悌也者，其为仁之本与"，传统家庭养老是建立在"家天下"的家庭伦理观念和自给自足农业生产方式之上的农村传统养老方式，是由家庭成员承担养老责任的文化模式和运作方式的总称。① 农业社会不同家族之间相对封闭，家庭既是维系生育、养老的情感体，又是独立的生产单

---

① 姚远：《中国家庭养老研究》，中国人口出版社 2001 年版，第 50—57 页。

位，子女对家庭的依赖和老年人在家庭中的权威维系着传统的家庭养老方式。① 辽宁省农村老年人对子女的经济依赖性依然较大，家庭养老发挥着不可替代的代际维系作用，是对宗族地缘与血缘亲情的融合与继承，反映了代际及代际派生的人类社会特有的反哺行为，家庭养老资源提供者源于家庭，家庭养老的心理基础在于固有的"养儿防老"观念，生养儿子在一定程度上是为了实现"反哺式"养老的功能，其蕴含着互惠的性质。家庭养老以传统儒家"孝"文化为根基的代际差序格局构成了中国传统家庭养老的文化基因。②

　　随着社会的变迁和社会养老服务的发展，传统生育观念和生活居住方式的改变，农村家庭结构发生较大变化，传统大家庭逐渐解体，在农业社会向工业社会转型的过程中，家庭结构小型化，家庭由"生产单位"变为"生活单位"，新型联合家庭日益出现，传统大家庭作为风险共担、联合劳动、共同养老等功能的重要性逐渐降低。③ 家庭供养能力逐渐下降，子辈经济上呈现出独立性。④ 子女成家之后，老年人与子女在生活和财产上分离，使老年人难以随意支配子女财产，老年人在家庭中的地位由原来的"支配"转变为"依附"，即使生活在一起，老年人也只是被供养的对象。子女所承担的家庭养老已从"完全责任"转变为"有限责任"。已有研究从养老服务提供者的角度，养老方式可分为家庭养老、居家养老、机构养老。⑤ 目前，据调查67.2%的农村老年人的养老方式仍是家庭养老（见图4－4），可见，家庭养老是目前农村老年人的主要养老方式。土地是农村老年人最根本、最基本的保障，老年人在具备劳动能力的时候主要依靠个人从事农业劳动，丧失劳动能力后则主要依靠家庭成员。随着农村老年人口的高龄化，老年阶段的依赖期将有所延长，对家庭成员的依赖增加。

① 穆光宗：《家庭养老制度的传统与变革》，华龄出版社2002年版，第382页。
② 费孝通：《家庭结构变动中的老年赡养问题——再论中国家庭结构的变动》，《北京大学学报》（哲学社会科学版）1983年第3期。
③ 李银河：《家庭结构与家庭关系的变迁——基于兰州的调查分析》，《甘肃社会科学》2011年第1期。
④ 熊凤水：《从婚姻支付实践变迁看农村家庭代际关系转型》，《中国青年研究》2009年第3期。
⑤ 多吉才让：《中国老年人社会福利》，中国社会出版社2003年版，第87页。

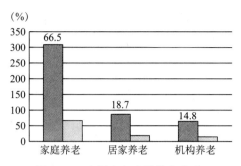

图 4 - 4 农村老年人的养老方式

数据来源：根据辽宁省农村居家养老服务供需调查问卷统计而得。

随着我国城镇化进程的加快，农村老年人的养老方式从以土地和家庭保障为主向社会化养老方式转型。在网络信息化时代，农村居家养老服务契合农村老年人的养老意愿。自 2000 年政府提出居家养老服务以来，老年人对居家养老认同感逐渐提升。据居家养老意愿调查，56% 的农村老年人具有居家养老服务的需求意愿，尤其是居家养老的选择高于机构养老 12 个百分点（见图 4 - 5）。农村老年人仍希望在健康状况允许时生活在熟悉的社区环境里，生活比较便利，而且费用相对低廉等，机构养老无法取代对"家"的依恋，居家养老有助于为老年人提供经济赡养、生活照料、医疗护理、精神慰藉等非正式支持，更有助于老年人与家庭成员之间的感情沟通，居家养老是老年人在社区或家中享受由社会提供的社会化养老服务，契合农村老年人注重乡土亲情与血缘地缘的新型社会化养老服务需求，并已逐渐为农村老年人所接受和认同，只要健康状况良好、仍能劳作，农村老年人参与和享受居家养老服务意愿较为强烈。随着家庭照顾能力的弱化，居家养老在解决老年人日常生活照顾上具有重要作用。与机构照料相比，居家养老对于居家老年人是最便利、最适宜的方式。有的老年人认为，依靠政府和村集体入住敬老院是农村五保老年人的归宿，有子女的老年人出于客观原因不愿选择养老院等社会化养老方式，大多数老年人希望在家养老护理，一般只会在生活完全不能自理而身边又无人照顾的情况下才会选择去养护机构。农村老年人的居家养老意愿受性别、年龄、健康状况等人口特征因素的影响。[1] 农村老年人居家养老服务意愿的提高是农村

① 李建新、于学军、王广州、刘鸿雁：《中国农村养老意愿和养老方式的研究》，《人口与经济》2004 年第 5 期。

经济社会发展水平不断提高的重要体现。

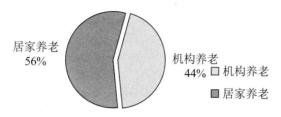

图4-5　农村老年人的居家养老意愿

数据来源：根据辽宁省农村居家养老服务需求的调查问卷统计而得。

　　由于农村居家养老服务发展不充分，农村老年人对发展不充分的居家养老服务认知度不高。农村老年人的认知度与居家养老服务客观发展趋势不匹配。据调查文卷样本显示，当被问及"您认为居家养老服务有必要吗"，有87.9%的农村老年人回答有必要。农村老年人听说过居家养老服务比例仅为48.5%。其中，通过电视、收音机、报纸杂志、手机、社区宣传栏听说过居家养老服务的比率依次为44.78%、11.3%、9.13%、8.04%和7.61%。农村老年人对居家养老服务政策缺乏有效认知。除经济因素外，依靠子女养老的传统观念以及对居家养老服务缺乏充分了解和认知，也在一定程度上影响了居家养老服务需求支付能力的提升。农村老年人受教育程度相对较低，导致居家养老服务政策认知能力不足，从而使老年人对农村居家养老服务潜在需求空间较大，且农村居家养老服务政策实施效果满意度偏低，服务专业化水平不高，无法满足农村老年人多元化的有效需求。

　　农村老年人购买服务的消费理念尚未普遍形成，农村老年人对居家养老服务期望价格普遍较低。62.46%的受访者认为能够接受免费居家养老服务，20.5%的受访者认为居家养老服务价格应在10元/小时及以下，12.62%的老年人认为居家养老服务价格应在11—20元/小时及以下，仅有4.42%的老年人能够接受21元/小时及以上的居家养老服务。在期望的供给主体上，仅有12.66%的受访者愿意接受由企业提供居家养老服务，52.22%的老年人愿意由政府提供，8.86%的老年人愿意由社区提供，14.56%的老年人愿意由非营利组织提供，农村老年人近1/2期望由政府提供养老服务。在居家养老服务提供中，老年人更热衷于免费服务的体验而购买有偿服务的意愿偏低，在一定程度上反映了消费者的购买力水平有待提高。同时，虽然政府对部分老年人予以一定的养老服务补贴，但具有购买服务意愿的老年人仍缺乏持续的服务购买能力。辽宁省农村养老服务保障主要针对五保户，而农村老年人的养老风险远高于城市老年人，他们对社会保障的需求尤为迫切。预算约束线与无差异曲线相切形成的 A 点是消费者在既定养老约束条件下的最优选择，即实现供给效用最大化（见图 4 –8）。① 从消费者效用来看，无差异曲线超出了消费者的收入水平，消费者对于无差异曲线所代表的居家养老服务没有支付能力。消费者在既定养老资源约束条件下，试图实现消费者效用的最大化。尤其是农村社区在迎来全面建成小康社会之际，居家养老服务的协同供给将是改善农村老年人生活水平的重要举措。

可见，由于居家养老服务需求的支付能力有限，政府直接提供居家养老服务的现象依然普遍，企业在居家养老服务中的作用尚未充分发挥出来，居家养老服务有效需求仍然不足。农村老年人养老意愿主要基于客观身体状况和精神慰藉需求的理性选择。虽然农民养老福利观念已从传统"养儿防老"逐渐向现代社会保障观念转变，但受子女意愿和客观经济条件约束，在经济理性权衡中，老年人主要出于自身及子女在内的家庭成本收益分析而选择家庭养老。为此，农村社区在真正意义上实现居家养老尚需时日。

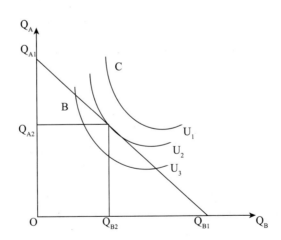

图 4 – 8 在既定养老资源约束条件下的消费者最优选择

资料来源：赵英军：《西方经济学（微观部分）》，机械工业出版社 2009 年版，第 84—85 页。

---

① 赵英军：《西方经济学（微观部分）》，机械工业出版社 2009 年版，第 84—85 页。

（二）模型构建与变量选取

居家养老服务需求意愿的影响因素主要有子女数量、可获得性以及代际间互动的频率。[①] 农村老年人年龄越大，靠子女赡养的比例越高。然而，子女供养在老年人收入中比重较大，代际支持力度主要受子女经济状况、家庭结构、居住方式和老年人接受子女经济供养意愿等因素影响。居家养老服务需求受农村社区老年人的人口特征、家庭因素和现行的农村社会养老保障制度等因素影响，产生异质性居家养老服务需求。

为了分析农村老年人居家养老服务需求意愿及其影响因素，本书选取居家养老服务需求意愿作为因变量。农村老年人居家养老服务的需求意愿是一个二分类变量，将需求意愿作为因变量进行二项 Logistic 回归分析。在 Logistic 模型分析中，因变量设为 Y，服从二项分布，取值为 0 和 1，自变量为 x_1、$x_2 \cdots x_k$，自变量所对应的 Logistic 回归模型为：

$$P = \left[\mathrm{Exp}\ (\beta_0 + \beta_1 x_1 + \cdots + \beta_k x_k)\ /\ (1 + \mathrm{Exp}\ (\beta_0 + \beta_1 x_1 + \cdots + \beta_k x_k) \right] \qquad \text{式 (4.2)}$$

或处理分类被解释变量常采用 logit 回归模型，该模型的函数表达式为：

$$\mathrm{Logit}\ (P)\ = \beta_0 + \beta_1 x_1 + \cdots + \beta_k x_k \qquad \text{式 (4.3)}$$

其中，β_0 是常数项（或称截距），β_i 是 X_i（$i = 1, 2, \cdots, m$）所对应的偏回归系数。针对二元离散变量的分析，构建回归模型如下：

$$Y = \beta_0 + \beta_1 x_1 + \beta_2 x_2 + \cdots + \beta_n x_n + \varepsilon \qquad \text{式 (4.4)}$$

式（4.8）中，β_0 为常数项，β_1，β_2，$\cdots$，β_n 为各解释变量的回归系数，反映其对因变量影响的方向和程度，ε 为误差项。根据 Logit 变换的定义，有：

$$\mathrm{Logit}\ (P)\ = \ln\ \left[P/\ (1 - P) \right] \qquad \text{式 (4.5)}$$

$P/ (1 - P)$ 称为发生比（odds），它是某事件发生概率与不发生概率之比。由于被解释变量是二分类变量，Logit 回归模型的误差项服从二项分布，为此，使用最大似然法进行参数估计。由于模型中使用 Logit 变换，各解释变量的回归系数（β_i）表示解释变量（x_i）每变化一个单位时，被解释变量发生比自然对数值的改变量。$\mathrm{Exp}\ (\beta_i)$ 为发生比率，表示解释变量

[①] 熊波、石人炳：《中国家庭代际关系对代际支持的影响机制——基于老年父母视角的考察》，《人口学刊》2016 年第 5 期。

（x_i）每变化一个单位，被解释变量出现概率比值是变化前相应比值的倍数。

采用 Logit 回归模型，通过有层次的逐步回归分析农村居家养老服务需求意愿及其影响因素。由于老年人的人口学特征和社会状况都可能会对需求意愿产生影响，故选取老年人的个人特征和家庭特征、社会状况为自变量，进一步操作化为健康自评、日常生活能力、家庭居住状况、子女数量、家庭年收入、子女月探望次数、养老服务政策实施效果满意度等 9 个变量作为自变量（见表 4 - 16）。本书将居家养老服务政策实施效果作为农村居家养老服务供给满意度的代理变量，分析以上因素对农村老年人居家养老需求意愿的影响。

表 4 - 16　变量类型与选择

变量	定义与赋值	均值	标准差	预期作用方向
居家养老服务需求（Y）	1. 是；0. 否	0.201	0.402	
健康自评（x1）	1. 很好；2. 较好；3. 较差；4. 很差	1.887	0.748	+
日常生活能力（x2）	1. 完全依赖；2. 相对依赖；3. 相对自理；4. 完全自理	1.517	0.724	−
是否患病（x3）	1. 是；2. 否	1.522	0.500	+
居住状况（x4）	1. 与配偶同住；2. 与子女同住；3. 与孙子女同住；4. 在养老院居住；5. 独居	2.218	0.829	+
子女数量（x5）	1. 无子女；2. 1—3 个；3. 3 个以上	1.636	0.562	−
家庭年收入（x6）	1. 4000 元以下；2. 4000—1 万元；3. 1 万—2 万元；4. 2 万元以上	1.981	1.093	不确定
子女月探望次数（x7）	1. 三次及以上；0. 三次以下	1.181	0.385	−
养老服务认知度（x8）	1. 是；0. 否	1.121	0.326	+
养老服务政策实施效果满意度（x9）	1. 不满意；2. 不太满意；3. 一般；4. 满意；5. 非常满意	2.749	1.058	+

数据来源：根据辽宁省农村居家养老服务供需调查问卷统计而得。

(三) 理论分析与研究假设

其一，农村居家养老服务需求意愿与人口特征因素。日常生活能力 (ADL)、健康自评是农村居家养老服务需求意愿的重要因素。年龄对居家养老服务需求意愿具有显著影响。随着年龄增加，老年人患病风险增加，居家养老需求强度增大，更倾向于选择居家养老。由于农村老年人所患疾病医疗记录诊断非常缺乏，农村老年人的健康自评是对主观健康状况的有效测量指标，也是健康长寿的一个显著预测变量，健康自评虽存在一定的测量误差，但其稳健性甚至优于某些客观测量指标。[1] 在居家养老服务需求中，日常生活照护需求受日常生活自理能力影响较为显著，日常生活能力越差接受家庭和社会照护的可能性越大。[2] 故本书将日常生活能力和健康自评作为衡量农村老年人健康状况的两个重要指标。健康自评较好的老年人倾向于选择机构养老，而健康自评欠佳的老年人倾向于选择居家养老，独居老年人的消极健康自评高于与子女同住和住在养老院的老年人。[3] 生理功能变量中，日常生活能力反映老年人基本生存能力，当其日常活动能力受损或受限时，便会产生照料需求，居家养老需求意愿较高。

其二，农村居家养老意愿与家庭特征因素。家庭年收入、家庭居住状况和子女数量是居家养老服务需求意愿的主要影响因素。一般而言，在不考虑其他因素时，农户的家庭经济状况越好，其对居家养老服务需求的支付能力越强，家庭年收入对居家养老服务需求意愿具有显著影响，家庭经济条件较好的农村老年人更倾向于选择居家养老。在家庭年收入支出中，在访谈中了解到，农村老年人不仅为自己积极缴纳"新农合"，且为户籍仍在本村的外出子女和孙辈缴纳医疗保险费用，农村老年人的家庭年收入普遍偏低，医疗费用缴费压力较大。家庭居住状况中，独居老年人同与子女、孙子女居住和在养老院居住的老年人相比更愿意选择居家养老服务。子女数量在三个以上的老年人倾向于家庭养老，而子女数量在三个以下的

①　Yip, W., Subramanian, S. V., Mitchell, A. D., Lee, D. T., Wang, J., Ichiro, K., "Does Social Capital Enhance Health and Well – being? Evidence from Rural China", *Social Science & Medicine*, Vol. 64, No. 1, January 2007, pp. 35 – 49.

②　Liu, K., Manton, K. G., Aragon, C., "Changes in home care use by disabled elderly persons: 1982 – 1994", *Journals of Gerontology*, Vol. 55, No. 4, 2000, pp. 245 – 253.

③　曾毅:《健康长寿影响因素分析》，北京大学出版社 2004 年版，第 81 页。

老年人倾向于居家养老服务。[1]

其三，农村老年人居家养老服务需求意愿与现行的农村社会保障制度的相关联因素。W. 理查德·斯科特（W. Richard Scott）认为，制度环境对于组织结构的影响无疑是深刻的，它既为组织提供资源，又对组织产生制约。[2] 在制度因素中，以农村居家养老服务认知度以及居家养老服务政策实施效果满意度作为自变量，分析其对农村老年人居家养老服务需求意愿的影响。同时，农村社区医疗服务水平满意度如服务认知、服务利用和服务供给等是影响居家养老服务需求的重要因素。[3] 农村老年人对居家养老服务认知度越强，养老服务政策实施效果满意度越好，越倾向于选择居家养老服务。目前，农村居家养老服务政策认知度有待提高。据沈阳市慈善总会负责人介绍，居家养老服务宣传尚不到位，社区服务专业化水平亟待提高。

基于以上理论分析与深度访谈，本书提出以下三个研究假设：

假设1：健康自评欠佳老年人倾向于选择居家养老，日常生活能力受损或受限时，居家养老服务需求意愿较高。

假设2：家庭状况中，家庭经济条件较好的农村老年人倾向于选择居家养老。家庭居住状况中，独居老年人更愿意选择居家养老服务；家庭子女数量在三个以下的老年人意愿选择居家养老服务。

假设3：农村老年人居家养老服务认知与居家养老服务政策实施效果对需求意愿具有重要影响。

（四）实证结果检验

本书以居家养老服务需求意愿作为因变量，利用二元 Logit 回归模型，逐步控制自变量作用范围，分析人口特征、家庭特征、养老服务因素影响的稳健性，实证结果与假设的预期作用方向相一致，并具有统计学意义（见表4 - 17）。

模型 I，人口特征的控制变量中，年龄层次越高，受身体素质硬件条件约束影响，身体机能逐渐下降，自我照料能力减弱，则更偏好居家养老

---

[1] 郭志刚、张恺悌：《对子女数在老年人家庭供养中作用的再检验——兼评老年经济供给"填补"理论》，《人口研究》1996 年第 2 期页。

[2] ［美］W. 理查德·斯科特：《制度与组织——思想观念与物质利益》，姚伟等译，中国人民大学出版社 2010 年版，第 166 - 167 页。

[3] Gaugler, J. E., Duval, S., Anderson, K. A., Kane, R. L., "Predicting nursing home admission in the U. S. : a meta - analysis", *BMC Geriatrics*, Vol. 7, No. 1, Jun. 2007, pp. 1 - 14.

服务，并通过显著性检验；健康自评较差的老年人具有居家养老服务意愿，也可能是由于老年人不愿意增加儿女负担，通过社会化养老为儿女的工作事业与家庭生活创造个人空间，减轻儿女精神与心理压力，选择居家养老服务的可能性较高；日常生活能力较差的老年人由于身体硬件条件限制，倾向于选择居家养老服务，享受社区养老中心或托管中心提供社区日间照料或上门服务的可能性较高，并通过显著性检验。

模型Ⅱ中，健康自评、生活自理能力均通过显著性检验，在此模型中，加入了家庭特征变量，其中，家庭居住结构与需求意愿呈正相关，即独居老年人倾向于居家养老服务。通常，独居老年人身体质量较好，自我照顾能力相对较强，对子女或其他亲属支持的依赖程度较小，老年人以独居或与配偶居住为主的家庭居住方式有利于代际之间保留各自的独立性和自由空间，也能保证老年人需要时能及时得到子女的帮助，更可能偏好居家养老服务。① 而与子女、孙子女居住的老年人受居住环境影响，在日常互动中逐渐形成一种惯性思维，已很难从固有的家庭赡养模式中走出来，更倾向于选择家庭养老，老年人赡养环境也会作用于其行为选择。在子女数量中，子女数量越少越倾向于选择居家养老服务，并通过显著性检验。家庭年收入对农村老年人居家养老需求意愿的选择具有正向影响，即家庭年收入水平越高，其支付能力相对较强，选择居家养老服务的需求意愿越强烈。可惜，结果未通过显著性检验，可能是由于农村老年人不愿"露富"，有意隐瞒真实收入水平所致。子女月探望次数与居家养老服务需求意愿呈显著负相关。子女探望次数在三次以上的老年人可能习惯于子女提供的居家照料，对社区养老服务接受能力较差，而子女探望次数在三次以下的倾向于选择居家养老，可能是由于农村老年人与子女同在社区探望老年人的频率较高，子女就近居住能够为老年人提供力所能及的养老照料，在一定程度上减少了老年人选择居家养老服务提供的可能。

在模型Ⅲ中，除加入人口社会学特征与家庭特征之外，又加入社区养老服务特征变量，即居家养老服务政策认知与社区养老服务质量满意度，模型拟合度不断提升，稳健性增强。社区养老服务质量满意度与需求意愿呈显著正相关，居家养老服务政策认知与需求意愿呈正相关，居家养老服

---

① 贺聪志、叶敬忠：《农村劳动力外出务工对留守老人生活照料的影响研究》，《农业经济问题》2010 年第 3 期。

务政策认知与居家养老方式选择呈正相关。农村老年人对居家养老服务及相关政策了解越丰富，越倾向于选择居家养老服务，可惜未通过显著性检验，可能与农村老年人受教育水平较低，在需求意愿与满意度测评中缺乏辨识力有关。

表 4-17　农村老年人居家养老需求意愿的影响因素模型

模型变量	模型 I			模型 II			模型 III		
	系数	Z 值	概率	系数	Z 值	概率	系数	Z 值	概率
X1	0.354 * * (0.128)	2.773	0.005	0.218 (0.155)	1.404	0.161	-0.063 (0.182)	-0.347	0.728
X2	-0.224 (0.151)	-1.478	0.139	-0.297 * (0.155)	-1.909	0.056	-0.329 * * (0.159)	-2.065	0.039
X3	0.308 * * (0.125)	2.472	0.013	0.044 (0.188)	0.235	0.814	-0.281 (0.244)	-1.148	0.251
X4	—	—	—	0.310 * * (0.127)	2.446	0.014	0.195 (0.135)	1.445	0.148
X5	—	—	—	-0.259 (0.183)	-1.417	0.156	-0.374 * * (0.192)	-1.944	0.052
X6	—	—	—	0.165 * (0.099)	1.665	0.096	0.092 (0.103)	0.894	0.371
X7	—	—	—	0.190 (0.269)	0.707	0.479	-0.291 (0.321)	-0.905	0.365
X8	—	—	—	—	—	—	0.195 * (0.109)	1.801	0.072
X9	—	—	—	—	—	—	-0.063 (0.182)	-0.347	0.728
C	1.799 * * (0.605)	2.976	0.002	1.789 * * (0.834)	2.146	0.032	1.705 * (0.879)	1.939	0.053
N	460			460			460		
似然比 LR	5.968			14.959			18.521		
Prob (LR statistic)	0.113			0.059			0.017		
最大似然比 LL	-260.889			-258.889			-254.612		
McFadden R²	0.011			0.028			0.035		

注：＊＊＊、＊＊、＊分别表示 P<0.001、P<0.05，P<0.1，括号内为标准误。

数据来源：根据辽宁省农村居家养老服务需求的调查问卷统计而得。

综上所述，农村居家养老服务需求意愿及其影响因素主要体现在：第一，健康自评正向作用于居家养老服务需求意愿，生活自理能力对居家养老服务具有显著影响。年龄越高，受身体素质硬件条件约束影响，对居家养老服务依赖程度越高，则更偏好家庭和社会养老资源相结合的居家养老服务，并通过显著性检验；健康自评显著正向影响老年人居家养老服务需求意愿，日常生活能力对老年人居家养老服务需求意愿具有显著负向影响。第二，家庭居住结构与需求意愿呈正相关，即独居老年人倾向于居家养老服务，家庭年收入对农村居家养老服务需求意愿具有显著影响。在子女数量中，子女数量越少越倾向于选择居家养老服务。子女月探望次数与居家养老服务需求意愿呈显著负相关，可惜，未通过显著性检验。第三，居家养老服务政策认知与需求意愿呈显著正相关，然而未通过显著性检验。居家养老服务质量满意度越高，越倾向于选择居家养老服务，农村老年人对居家养老服务及相关政策了解越丰富，越倾向于选择居家养老服务。

第五章　辽宁省农村居家养老服务
供给现状与问题

前一章结合官方公开的统计数据以及作者对辽宁省农村居家养老服务供需问卷调查数据，运用计量分析工具测算了辽宁省农村居家养老服务供需水平和强度等，揭示出农村居家养老服务供给与需求之间存在着不匹配的问题，为进一步分析农村居家养老服务供给存在的问题提供重要依据。同时，农村居家养老服务供给存在的问题，部分问题是从供需实证分析中得出的，还有部分问题是从已有的研究文献中整理提炼出来的，需要从学理上进行阐释，为进一步在理论上进行分析奠定重要基础。本章以福利多元主义理论为基础，对辽宁省居家养老服务供给状况进行省域维度的具体分析，同时，辽宁省农村居家养老服务已取得积极进展，但仍需要对农村居家养老服务供给存在的问题进行分析。因此，本章在前文实证分析的基础上继续深入剖析存在问题的原因，为逐步推动辽宁省农村居家养老服务实现可持续发展奠定重要基础。

第一节　辽宁省农村居家养老服务供给取得的进展

辽宁省是最先进入计划经济体制和最后一个退出计划经济体制的省份，加之改革开以来，受深层次经济社会体制和结构性矛盾的影响，辽宁省经济发展正处于"滚石上山、爬坡过坎"的关键阶段。在全面振兴东北老工业基地的背景下，推进辽宁省农村居家养老服务实现多元供给，有助于着力保障和改善民生，不断增强经济社会发展活力。"十三五"时期，辽宁省面临着老龄人口持续快速增加的严峻形势，为扩大社会服务供给，提升养老服务质量，增强兜底保障能力，推进基本公共服务均等化，辽宁省积极搭建居家养老信息化服务平台，在90%以上的乡镇和60%以上的农村社区建立包括养老服务在内的社区综合服务设施和站点，初步形成布局合理、设施完善、服务便捷、保障有力的养老服务体系。自 2013 年至 2016 年，辽宁省财政投入建设资金 2974 万元，支持市、县（区）养老服务项目 23 个，已初步形成"互联网＋"智慧养老的产业链，打造以家庭为核心、以社区为依托、以专业化服务为支撑的居家养老服务网络。辽宁省力促收入分配领域实现更高程度的社会公平，推进区域人口经济社会协调发展，全面提升区域竞争力，建立贫困老年人综合养老保障体系，大力发展主体多元、形式多样、竞争充分的社会化服务，通过政府购买服务等方式推行合作式、订单式和托管式等服务模式。①

一　农村居家养老服务供给主体逐渐向多元化发展

伴随着经济社会的发展、家庭结构的变化，辽宁省老年人口基数大、高龄化、失能化、空巢化问题突出。辽宁省农村社区已逐步形成立足于家庭，依托于社区，引入社会力量参与的居家养老服务供给模式。在服务对象上，由传统救济农村五保老人向为所有居家老年人服务拓展。在服务结构上，由物质供给向精神关怀延伸。在供给主体上，由以政府投入为主的单一主体向社会力量参与的多元主体拓展。多元供给主体依据老年人的异质性需求提供经济支持、生活照料、精神慰藉和社会参与等多元化居家养老服务，如政府主要提供五保供养金、养老保险金、医疗保险金、社会救助金等社会福利制度，在农村居家养老服务的供给中，主要发展以农村互助幸福院、农村社区服务中心等为依托的公共服务供给，积极鼓励多元市场主体，参与农村居家养老服务供给，尤其是生产领域，不同市场主体依据农村老年人的消费能力提供生活照顾和精神慰藉等服务。辽宁省经济在提质增效中呈现向好发展趋势。在全面振兴辽宁老工业基地进程中，随着营商环境的不断改善，2016 年，辽宁省新登记市场主体 48.1 万户，其中新登记企业 12.5 万户，同比分别增长 12.1% 和 19.9%；市场主体总量达到 296.8 万户，其中企业达到 70.5 万户，同比分别增长 9.9% 和 8.9%。辽宁省企业之外的市场主体增长迅速，为农村居家养老服务多元供给提供

---

①　曹晓峰、梁启东：《2016 年辽宁经济社会形势分析与预测》，社会科学文献出版社 2016 年版，第 171—172 页。

了极大的可能性。① 以辽宁省德沃居家养老服务有限责任公司（简称德沃公司）为例，作为一家专业从事养老服务的企业，为老年人打造"一体化养老服务综合体"，涵盖老年大学、自助之旅、网络商城、慢病管理、康复理疗，为老年人提供智能化居家养老服务，建立信息网络云端服务平台，利用互联网、移动通讯网、物联网等平台建立系统服务与互动平台，满足老年人的日间照料、医养服务、互联养老和精神关爱等养老服务需求，通过与辽宁省智能化养老监控平台合作，定期为老年人提供"一对一"式健康指导，建立慢病管理健康档案，从饮食、运动、养生等方面为老年人提供信息化、个性化、专业化养老服务，农村老年人的获得感和幸福感得到较大提升。德沃公司负责人被评为"辽宁省敬老爱老模范人物""沈阳市助老服务先进个人"。据公司负责人介绍，通过与中国科学院沈阳应用生态研究所达成战略合作，开展居家养老与慢病管理康复工程，大力发展医养结合产业，让老年人舒适、健康安享晚年。目前，德沃公司已覆盖辽宁省沈阳市、抚顺市、铁岭市等地级城市，自2013年公司试点运营以来，已得到各级政府部门的协同支持，积极制订适宜服务计划，精准评估服务效果，向特殊人群如失能、失智老年人精准提供个性化养老服务，打造城乡统筹的居家养老服务精准化模式。

目前，农村居家养老服务机构主要包括能够承接居家养老服务的乡镇敬老院、养老院、老年托管中心、家庭养老院和农村互助幸福院等。在服务内容上，由生活照料为主逐步向涵盖生活照料、医疗服务、健康理疗、精神慰藉等多元化服务转变。据辽宁省民政厅工作人员介绍，葫芦岛建昌县农村居家养老服务走在辽宁省前列。近年来，葫芦岛市高度重视养老事业，探索出了"居家养老"新型养老模式，使老有所养成为现实。2018年，葫芦岛市通过社区入户采集信息、免费发放老年手机等办法，网内用户已达到171320人，五年多来转接呼叫服务158731余次，提供生活帮助32954人次，电话门诊20521人次，紧急救助226人次，咨询服务95070人次。发放老年手机22442部。扩大呼叫服务范围，由覆盖主城区逐步向县（市）区辐射，相继在兴城、绥中、建昌、南票建立了呼叫服务工作站并

---

① 葫芦岛市民政局：《市政协六届一次会议第147号〈关于进一步加快推进我市居家养老服务建设的建议的提案〉的答复》，2018年10月12日，http：//mzj. hld. gov. cn/zwgk/yjtabljg/201810/t20181012_ 806458. html。

开始运行，开通手机定位服务完善呼叫服务，为高龄失智老年人提供帮助，已定位寻找到走失的老人100多人次。目前，在葫芦岛市已初步形成了覆盖全市城乡的老年人家庭自我照料、社区居家养老服务与机构养老服务为一体的基本养老服务体系。这一做法也在葫芦岛受到了群众的普遍认可和赞誉，居家养老服务效果显著。2015年，葫芦岛建昌县农村互助幸福院为"五保"分散老年人提供居家养老服务。葫芦岛建昌县28个乡镇已建有农村幸福院94所，在建昌县分散供养的"五保户"相对集中居住在本村本组的农村互助幸福院中，农村互助幸福院采取村级主办、政府支持、村民参与、互助服务的农村养老新模式，服务农村高龄老年人780多人。①"进院不离家，养老不离村"让农村养老对象白天"入伙儿"到幸福院中一起吃住、唠嗑、玩牌、看电视、锻炼身体，晚上再回到家中，由子女照料，晚年生活很是舒适。在服务提供方式上，农村居家养老服务由传统的"家庭——社区——政府"相结合，转变为以居家养老为基础、社区照顾为依托、机构养老为支撑的多元化养老服务，由养老机构的服务外溢功能承接居家养老服务，弥补机构养老"金丝笼"式院舍照顾的弊端，实现家庭养老与机构养老的优势互补，提升服务质量和效益。非营利组织依据老年人需求提供社会慈善捐赠和精神慰藉等服务，不但倚重本村所发展的草根第三部门，还囊括村庄外的各类非营利组织，如村级互助组织——妇女联合会、老年协会等。伴随着乡村振兴战略的积极推进，辽宁省农村居家养老服务供给主体逐渐向多元化发展，逐步建立以需求和获得感为导向，正式和非正式照料相结合，社会力量广泛参与，以信息和智能技术为平台的社区养老照料模式，精准识别养老服务人群，养老服务精准供给，养老服务精准管理。

二 农村居家养老服务供给水平稳步提升

居家养老服务以社区为支撑，实现了以人为本理念和成本效益原则相结合。② 2016年是我国养老产业发展的关键之年，未来10—15年是养老产业快速发展的黄金期。2017年4月9日，"创建智能养老服务基地发展智

---

① 朱勤：《我省已建2400个农村幸福院——相关人士建议加大投入做好后续管理服务》，《辽宁日报》2015年8月6日第A07版。
② 张奇林、赵青：《我国社区居家养老模式发展探析》，《东北大学学报（社会科学版）》2011年第9期。

慧健康养老产业大会"开启了辽宁省加快智慧健康养老产业发展技术服务平台的建设之路,有助于实现个人、家庭、社区、机构与健康养老资源的有效对接和优化配置。政府对农村养老服务供给侧改革高度重视,居家养老服务社会认同度较高。据全国老龄工作委员会预测,我国养老产业规模至2030年有望达到22万亿元,而伴随着农村居家养老服务政策环境的变化,居家养老服务企业主体发育成熟后,将逐渐成为供给主体的中坚力量。养老服务产业的迅速发展与壮大,在一定程度上推动了居家养老服务供给水平的提升,主要体现为农村居家养老服务网络初步形成,农村经济发展水平日益提高,初步形成由政府、企业、非营利组织、社区和家庭等多元主体参与供给的居家养老服务体系。

在辽宁省农村社区建设中,伴随着农村公共服务供给水平的提升,"老有所医""老有所养"和"老有所依"初见成效。辽宁省农村居家养老服务供给在遵循普惠性和公平性原则基础上,实现多元供给主体间的功能互补,努力促进居家养老服务由补缺型向适度普惠型转变。自2008年起,辽宁省11700多个村中已开展农村社区建设试点的有近2400个,并确定了8个县(市、区)为国家级农村社区建设试验区,8个县(市、区)为省级农村社区建设试验区。① 自2013年至2016年,辽宁省政府年均投入3000万元,共投入1.2亿元,用于400所农村敬老院的维修改造工程。政府通过政策扶持和资金引导,积极鼓励民间资本进入养老服务领域。辽宁省委和沈阳市委高度重视居家养老服务建设,沈阳市已成为全国42个养老服务业综合改革试点城市之一。沈阳市居家养老服务积极借鉴北京市、武汉市和厦门市等经济发达地区智慧养老服务的先进理念和经验。早在2005年,沈阳市大东区蓝茵河畔社区已对标武汉市百步亭社区学习先进经验,素有"南有百步亭,北有蓝茵河畔"之称的美誉。沈阳市政府高度重视农村养老服务的发展,据沈阳市慈善总会负责人介绍,自2007年至今,沈阳市立项投资2亿元,为沈阳市13个县改造乡镇敬老院近32所,新民市、东陵区、沈北新区中心敬老院被评为"全国模范敬老院"。据沈阳市民政局负责人介绍,自2014年至2016年,共建3批农村互助幸福院,且主要分布在三县一市(康平县、辽中县、法库县、新民市)。其中,新民

---

① 辽宁省发改委:《辽宁省养老服务发展基本情况及形势分析》,2017年3月6日,http://www.lndp.gov.cn/Article_ Show.asp? ArticleID=6020。

市三批农村互助幸福院共 46 家。农村互助幸福院以健身、娱乐、文化于一体，免费提供娱乐场所，主要设有棋牌室、社区老年活动室。沈阳市居家养老服务以"互联网＋社区服务"为平台，将智慧养老服务引入社区治理，将平面化的社区服务逐渐打造成立体化社区服务网络，优化整合农村社区公共养老服务资源，适时将闲置或低效运转的乡镇医院、村卫生室、农村互助幸福院、家庭养老院的医养信息与资源共享整合为专业养老服务机构，形成规模适宜、功能互补和安全便捷的居家养老服务网络，努力完善跨区域新型联动的智能化居家养老服务。

《辽宁省人民政府办公厅关于印发〈辽宁省提高养老院服务质量四年滚动计划（2017—2020 年）〉的通知》（辽政办发［2017］95 号）指出，辽宁省积极推进医养结合发展，建立医疗卫生机构设置审批绿色通道，支持养老院开办老年病院、康复院、医务室等医疗卫生机构，将符合条件的养老院内设医疗卫生机构按规定纳入城乡基本医疗保险定点范围。鼓励职业医师到养老院、社区老年照料机构内设的医疗卫生机构多点执业。开通预约就诊绿色通道，推进养老院、社区老年照料机构与医疗机构对接，实现多种形式联合，为老年人提供便捷医疗服务。提升医保经办服务能力，切实解决老年人异地就医直接结算问题。开展长期护理保险试点，推动建立长期护理保险制度，形成多元化的保险筹资模式，推动解决失能人员基本生活照料和相关医疗护理等所需费用问题。基本建立全省统一的养老服务质量标准和评价体系，实现医疗卫生和养老服务资源共享，服务便捷，建立医养融合模式，各类养老院（护理院）医疗服务功能更加完善，与医疗机构合作更加紧密，医疗护理水平逐步提高。《2016 年沈阳市国民经济和社会发展统计公报》显示，沈阳市启动"医养结合"新型养老服务模式试点，10 个区域性居家养老服务中心和 77 个农村幸福院投入使用，日均服务 1000 余人次。2017 年，沈阳市智慧社区网络将覆盖 893 个社区，实现政务查询和洗衣、保洁、旅游、交友等生活服务的有机融合。抚顺市提出用 3 年时间，投入 3 亿元，将全市 615 个村级组织阵地全部打造成为集村两委办公、党员活动、百姓议事、文化娱乐、卫生保健等多功能为一体的综合型服务阵地。截至 2015 年末，全市共投入 2.1 亿元，建设和改造村级组织阵地 530 个，占全市农村总数的 86.2%。大连市积极推进居家养老服务实践，辽宁省大连市人民政府《关于印发大连市推广社区居家养老服务"林海模式"实施方案的通知》（大政发［2017］7 号）提出，大连市准确把握中山区"林海模式"建立高效工作推进机制、精准定位服务对象、因地制宜建立服务队伍、按需设定服务项目的四个工作特点，按照规定步骤和要求在全市推广"林海模式"。大连市老虎滩社区已建立货币化养老服务制度，居家养老服务体系逐步完善。2016 年，大连市已有城乡社区养老服务中心 255 所，农村敬老院 75 所，农村幸福院 186 所，大连市各区市县又均建设了一所社区居家养老服务综合示范中心。大连市每个区市县、先导区各建设 1 处社区居家养老服务综合示范中心。2016 年，大连市已有 14 个区市县全部建成并陆续投入运营。通过社区居家养老服务中心为老年人提供多元化的居家养老服务，从而构建便捷高效的居家养老服务圈。① 在服务项目上，按照老年人生活需求程度和本地区居家养老服务发展情况，分为 3 个必备项目、4 个基本项目、7 个拓展项目三个服务层次进行复制推广（3 个必备项目包括社区食堂、签约医生和文化娱乐；4 个基本项目包括信息平台、日间照料、康体锻炼和家政服务；7 个拓展项目包括志愿者服务、金融缴费服务、集体旅游服务、邻里守望服务、财务托管服务、购物服务和夕阳创作室）。在此基础上，大连市以中山区葵英街道林海社区为示范，在全市各个社区逐步推广具备社区小食堂、家庭签约医生、信息化平台、日间照料站、文化娱乐、康体锻炼、家政服务等七项基本服务功能的社区居家养老服务，完善了居家养老社会化服务体系，取得了相当好的效果。

《辽宁省人民政府办公厅关于全面放开养老服务市场提升养老服务质量的实施意见》指出，辽宁省财政对各地开展养老服务工作所需资金给予适当补助，大力支持养老服务设施建设，切实落实养老机构相关税费优惠、彩票公益金支持养老服务体系建设等政策。保证省、市用于社会福利事业的彩票公益金 50% 以上用于支持养老服务事业，并随着老年人口的增加逐步提高投入比例，加大政府购买养老服务力度。据丹东市政府统计，2017 年，丹东市通过公开答辩、竞争择优等方式，选出 17 个村纳入辽宁省扶持村级集体经济发展试点村，每村将获得省以上财政奖补资金 200 万元。辽宁省农村养老保障水平稳步提升，2016 年 6 月，辽宁省农村五保供养对象 137591 人，其中集中供养对象 30394 人，分散供养对象 107197 人。

---

① 王春燕：《构建便捷高效居家养老服务圈——我市 14 所社区居家养老服务综合示范中心全部建成》，《大连晚报》2017 年 1 月 10 日第 A8 版。

2016 年 1—6 月，辽宁省已累计发放农村五保供养资金 29822.6 万元，其中，五保集中供养资金 9433.2 万元、五保分散供养资金 20389.4 万元。五保集中供养平均标准 6696 元/年，五保分散供养平均标准 4392 元/年。[①]据辽宁省发改委统计，2017 年，辽宁省农村五保对象年集中和分散供养标准分别达到 6274 元和 4151 元。在养老居住方式上，农村分散五保供养人员仍居住在家中，由政府提供补贴实现居家养老，辽宁省农村居家养老服务供给水平进一步提升。

辽宁省部分乡镇养老机构在政府支持下改善服务设施并向社会开放，显著提高了农村养老机构的经济和社会效益，通过吸收、管理与协调整合社会资源为社区中的高龄、空巢和失能老年人提供助餐、助浴、助洁、助急、助医等专业化养老服务。社区权威力量（如外来企业、村庄能人等）通过农村基层社区组织提供养老服务，如盘锦市大洼区前进街道何家村互助幸福院是由农民企业家出资创建的，由街道、村两委负责运行。2015 年，盘锦市总人口 135.9 万人，老年人口为 24.3 万人，农村老年人口 10.5 万人，盘锦市人口老龄化程度在辽宁省 14 市中居第 12 位。据辽宁省民政厅相关负责人介绍，盘锦市大洼县和盘山县农村居家养老服务走在辽宁省前列。盘锦市农村居家养老服务起步较早，发展较快。2012 年，盘锦市积极推进农村互助幸福院建设，为农村居家养老服务的发展奠定了坚实的基础。2018 年，盘锦市民政局将推进居家和社区养老服务改革试点作为重大的民生工作紧抓不放，坚持高起点谋划、高标准落实、高质量发展，顺利通过了民政部和财政部的绩效考核，下拨资金 2889 万元；引入国内先进的社区综合养老理念，建设 5 个社区养老综合体；发展区域性社区养老设施，建设 14 个街道级日间照料中心、10 个乡镇级互助幸福院；着力破解社区养老设施的运营难题，推进 16 个城市社区日间照料中心实现公建民营，推进 14 个农村互助幸福院由老年协会运营，推进 10 个公办养老机构延伸提供居家养老服务。夯实居家和社区养老服务的基础，推进居家养老服务招标和养老护理员培训招标，推进城乡社区养老服务标准化工作，落实新建小区养老设施配套政策。[②]据《辽宁省人民政府关于印发"十三五"

---

① 方亮：《辽宁与江苏对口合作重点推进 18 项任务》，《辽宁日报》2017 年 3 月 22 日第 A01 版。

② 辽宁省人民政府：《盘锦市民政局高质量推进居家和社区养老改革试点工作》，2019 年 2 月 1 日，http：//www.lndca.gov.cn/dsxx/201901/t20190130_ 3435011.htm。

辽宁省老龄事业发展和养老体系建设规划的通知》（辽政发［2017］41号）指出，老龄工作组织机构不断健全，全省76%的县（市、区）和70%的乡镇（街道）的老龄工作机构逐步得到理顺和加强，老年协会建设更加规范，95%的村（社区）建立了基层老年协会组织，约22万名志愿者积极参与为老服务。据《辽宁省人民政府办公厅关于全面放开养老服务市场提升养老服务质量的实施意见》指出，支持农村社区综合服务设施建设，拓展养老服务功能。鼓励各地建设农村幸福院等自助式、互助式养老服务设施。农村集体经济、农村土地流转等收益分配应充分考虑解决本村老年人的养老问题。加强农村敬老院建设和改造，推动服务设施达标，满足农村特困人员集中供养需求，提供便捷可及的养老服务。鼓励专业社会工作者、社区工作者、志愿服务者对农村留守、困难、鳏寡、独居老年人提供关爱保护和心理疏导、咨询等服务。充分依托农村基层党组织、自治组织和社会组织等，开展基层联络人登记，建立应急处置和评估帮扶机制，关注老年人的心理、安全等问题。

积极推进居家社区养老服务全覆盖，探索建立精准需求评估的长效机制，针对失能、失智、高龄、独居老年人等重点人群进行深入的需求分析，加快建设社区综合服务信息平台，推动供需对接，提供助餐、助洁、助行、助浴、助医等上门服务，提升居家养老服务覆盖率和服务水平。依托社区服务中心（站）、社区日间照料中心、卫生服务中心等资源，通过社区和专业机构上门指导，为老年人提供健康、文化、体育、法律援助等服务，由具备资质的专业社工提供长期的个案跟踪服务，通过个案管理逐步实现动态需求跟踪和分析，合理规划服务和对接资源，提高服务对象参与度和获得感。鼓励建设小型社区养老院，降低养老消费社会成本，满足老年人就近养老需求，方便照护。据盘锦市民政局公开数据显示，大洼区前进街道何家村互助幸福院是由盘锦市大洼区具有较高声誉的农村户籍民营企业家卞凤久个人投资兴建并运营。何家村共有居民共446户、1459人，其中60岁以上老年人206人。考虑到包括自身亲属在内的全村老年人日常活动缺乏服务设施，许多老年人需要照料，互助幸福院免费为全村老年人提供多种养老服务。农村幸福院日常运营中的水、电、气、取暖及物资消耗、房屋设施维修等费用均由卞凤久个人承担，村委会仅资助了部分办公用品。何家村互助幸福院充分尊重老年人的生活习惯，以老年人自我管理、互助照料为主，采取自我选择、协商互助、来去自由的管理模式。

与此同时，街道、村和民政部门加强对幸福院安全等方面的管理和引导，通过老年人法律维权和日常活动的宣传教育，提高老年人的自我管理水平，真正达到老有所养、老有所学、老有所乐，使幸福院成为名副其实的老年人幸福之家。同时，据笔者走访调研，辽宁省鞍山市 S 镇敬老院在满足现有五保老年人的集中供养需求之余，降低服务门槛将闲置床位逐渐向社会开放，针对农村家庭子女因外出打工无法照料老年人而提供短期托养和日间照料服务，涵盖助餐、助洁、助行、长期照护服务等，按天计费，能够在一定程度上满足农村老年人的居家养老服务需求，其机构养老的服务外溢功能已成为居家养老服务的有益补充，逐渐发展成为居家养老服务的雏形。农村少数家庭养老院可提供日托服务，具体托管时间因人而异，农村养老机构已逐步向区域性养老服务中心转型。非营利组织在居家养老服务领域的拓展，以农村老年人需求为导向，具有鲜明的草根性与地域性，是辽宁省农村非营利组织集体动员社会力量协同参与农村居家养老服务的典型样本。

三　农村居家养老服务供给由满足生存型消费向发展享受型消费升级

2017 年，《中华人民共和国老年人权益保障法》规定，老年人具有从国家和社会获得物质帮助的权利，具有享受社会服务和社会优待的权利，具有参与社会发展和共享发展成果的权利。老年人应享有由政府、企业、社区、非营利组织、家庭提供经济支持、生活照料以及精神慰藉的权利。其中，经济支持意味着老年人能够获得维持基本生活水平的经济来源，是老有所养的物质基础。让"公民有尊严的老去"是公民权利的基本内涵，即政府承担公民享有社会保障权利的责任，老年人应具有生命权、社会保障权，让老年人和丧失劳动力者得到休养和照顾。生活照料是由于老年人年龄增长及生活自理能力下降而产生的需求。精神慰藉主要是指老年人能够获得人格尊重、情感支持、心理慰藉与精神照顾。在经济新常态下，辽宁省民生发展与区域经济实力基本相适应，通过转变经济发展方式，壮大地区经济总量，不断保障和改善民生。农业税的取消，粮食直补和农田保护费用的发放，"新农合"和"新农保"制度的稳步推进，都使得辽宁省农民收入和生活状况得到一定的改善。农村基础设施和基本公共服务的投入稳步增加。与发达地区的差异逐渐缩小，辽宁省民生发展质量有较大提升。伴随着政府公共支出更多向城乡居民基本养老、医疗、最低生活保障等民生领域倾斜，有助于缓解农村老年人消费的后顾之忧。

伴随着辽宁省农村老年人养老观念的转变与生活质量的提升，通过不断提高农村居家养老服务的供给质量，使广大农村老年人更多、更好、更公平地共享经济社会发展成果。以鞍山市为例，2015 年，辽宁省鞍山市总人口 346 万人，其中，老年人口 77.1 万人，农村老年人口 37.4 万人，占鞍山市老年人总量的 48.5%，鞍山市人口老龄化在辽宁省排名第三位，略低于大连市和丹东市。为有效破解农村养老服务供给的困境，鼓励和支持社会力量参与养老服务产业，鞍山市在实施公办示范性养老机构建设的基础上，完善农村老年人的托管功能，已初步建立覆盖城乡社区的居家养老服务网络。在农村居家养老服务试点工作中，鞍山市积极支持以公建民营、民办公助、购买服务等多种方式发展社会化养老服务，引入市场机制，支持和鼓励不同所有制性质的单位和个人以独资、合资、联营等方式兴建养老机构，鼓励民间资本投资养老服务业，已维修改造 27 所农村敬老院。① 同年，辽宁省鞍山市已建成 7 个县级公共图书馆电子阅览室和 20 个乡镇公共电子阅览室。设立城乡居民健康档案率和规范化电子档案率达87.2% 和 79.8%，为城乡 31.6 万名 65 岁以上老年人提供免费健康体检服务。鞍山市农村居民大病保险理赔 1.309 万人，理赔金额为 2829.1 万元，完成"新农合"健康卡发放前期工作，制作健康卡 67.7 万张。鞍山市 S镇投资 400 多万元，建成了国家级模范敬老院，并建立养老金发放制度。同时，投资 140 万元用于扩建卫生院，更新医疗设备和建立医疗补贴制度，出资 80 万元为全镇农民参加农村合作医疗保险，实现"病有所医"，每年筹集资金 300 多万元用于扶贫救助，构建完善的社会救助体系，实现"困有所助"。鞍山市千山区 D 镇政府购买养老服务已将护理员工资纳入财政预算，以保障护理员的福利待遇。2015 年，鞍山市慈善总会注册的义工队伍有 200 余支，且均有自己的活动基地和项目，注册义工人数已达 6 万人。鞍山市平均每 60 人中就有 1 人是慈善义工。鞍山市义工团队善于利用自身优势和资源参与助老、助学、助医、助残等公益服务。② 每位义工每周为居家老年人提供家政服务、助餐、助洁、助医、代买物品、聊天解闷等上

---

① 赵国辉：《鞍山年鉴（2015）》，沈阳出版社 2015 年版，第 116—237 页。
② 杨峰、金荣生：《鞍山每 60 人中就有一人是慈善义工》，《辽宁日报》2015 年 12 月 8 日第A09 版。

门服务，义务帮扶老年人。D镇每个行政村建立托老服务中心，可为农村老年人提供日间照料服务，入托老年人每月交500元即可享受助餐、助浴、助洁、休闲娱乐等居家养老服务，如低龄老年人为高龄老年人或半失能老年人提供低偿助浴服务，满足老年人的多元化养老服务需求，通过互助式养老、机构养老服务外溢功能不断满足日托老年人的异质性需求。

居民消费统计学将居民消费结构分为生存型消费和发展享受型消费两类。① 农村信用合作社为农民信贷创造良好的政策环境，信贷支持有效促进"互联网＋"居家养老服务的发展，并带动享受型消费的增长。随着农村家庭生活水平的不断提高，农村老年人用于食品和衣着等生存型消费的边际消费倾向逐渐减少，文教娱乐等发展和享受型需求支出的边际消费倾向逐步提高，农村老年人消费结构正由生存型向发展享受型转型。因此，农村老年人居家养老服务供给需要由逐渐满足生存型消费向发展享受型消费升级。国际上通常用恩格尔系数作为衡量居民生活水平高低的一项重要指标，一般而言，当恩格尔系数处于50%—60%时，居民消费以生存型消费为主，在40%—50%时，居民消费中的发展享受型商品和服务开始逐渐增多，当恩格尔系数下降至30%—40%时，居民消费开始以发展享受型消费为主。② 2015年，辽宁省农村居民恩格尔系数为28.2%，比全国农村居民恩格尔系数低4.8个百分点（见图5－1）。可见，辽宁省农村居民的恩格尔系数呈现逐渐下降的趋势，体现了农民生活水平不断提高。农村家庭纯收入作为影响居家养老服务需求者支付能力的首要因素，是衡量农村老年人购买力的重要指标。辽宁省农村居民人均消费支出中，各项需求所占比重不同，其中医疗保健、交通通信、文教娱乐等作为发展享受型消费支出占比呈现出逐年增长趋势（见图5－2）。当前，辽宁省正处于消费结构转型升级的关键阶段，按照普惠性原则，积极发展健康养老等生活性服务业以满足农村居民的发展享受型消费需求。居家养老服务能有效满足生活困难、社会化养老服务购买力弱的农村老年人的养老服务需求。政府对发展和享受型需求支出的财政与金融信贷支持提高了农村老年人居家养老服务的消费能力。农民收入层次越高，消费能力受收入约束越小，农村老年

---

① 易丹辉、尹德光：《居民消费统计学》，中国人民大学出版社1994年版，第5页。
② 张奇林、赵青：《我国社区居家养老模式发展探析》，《东北大学学报（社会科学版）》2011年第9期。

人居家养老服务需求多元化特征越显著。

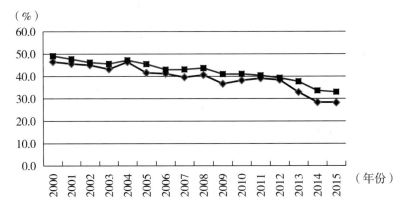

图 5-1　2000—2015 年辽宁省农村居民恩格尔系数与全国农村居民恩格尔系数对比

数据来源：依据 2016 年《中国统计年鉴》和 2016 年《辽宁统计年鉴》汇总整理而得。

综上，辽宁省农村老年人生存型消费比重下降，发展享受型消费比重上升。因此，辽宁省农村居家养老服务供给需要由满足老年人生存型消费向满足发展享受型消费升级。

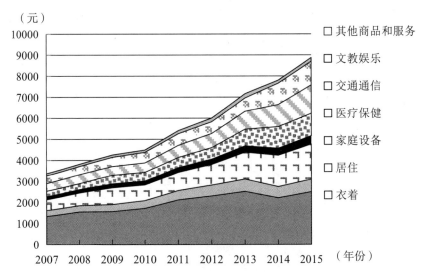

图 5-2　2007—2015 年辽宁省农村居民人均生活消费支出结构

数据来源：依据 2008—2016 年《辽宁统计年鉴》汇总而得。

第二节　辽宁省农村居家养老服务供给存在的问题

一　农村居家养老服务设施覆盖率低

目前，政府和企业主体在机构养老服务供给中发挥了重要作用，但在农村居家养老服务供给中的支撑作用并不显著，反映出企业主体参与农村养老服务供给存在结构失衡问题。[①] 由于养老机构建设和运营成本较大，收益率低，回报周期较长等因素，影响了企业及非营利组织等多主体参与的积极性，养老机构建设补贴等政策尚未出台，且现有养老服务设施建设用地、投融资政策等落实不到位。同时，大规模专业化养老机构短缺，民营资本参与养老服务体系建设的潜力较大。辽宁省公办养老机构在床位使用率、市场化运营水平、服务综合性价比等方面亟待进一步提升。农村社区以互助幸福院为主要载体的农村居家养老服务发展迅速，区域性居家养老服务中心辐射农村的作用有待增强，乡镇公办民营、民办公助型机构养老服务供给总量有限，制约了居家养老服务功能外溢效应，也阻碍了农村老年人的养老信息共享与养老服务供需有效对接。农村居家养老服务缺乏社区养老机构的依托和支撑，机构养老服务主要以提供生活照料服务为主，而较少涉及康复护理、托老服务、休闲娱乐等服务项目，仅有少数农村养老院愿意承接社区短期托养和日间照料服务，无法满足农村居家老年人，尤其是失能、半失能老年人的多元化养老需求。已建成的农村互助幸福院由于农村老年人思想观念、村屯之间的距离、季节性生产劳动等因素的影响，在农村老年人的养老生活中发挥的作用有限。同时，农村养老机构大多以收住自理老年人为主，而收住介助与介护老年人的农村养老机构较少。农村社区老年人居住分散，空间距离较远，上门服务成本高，使失能、半失能的居家老年人难以享受社区托管中心、日间照料中心或互助幸福院提供的居家养老服务，农村社区日间照料服务功能难以在农村老年人居家养老生活中有效发挥应有的作用。同时，农村互助幸福院仍未真正和农村老年人的养老服务需求有机结合起来，部分地区的互助幸福院建设还

---

① 赵国辉：《鞍山年鉴（2015）》，沈阳出版社2015年版，第116、237页。

仅停留在零散的简单服务，辽中某村建成的互助幸福院，服务设施大量闲置，利用率不高。可见，农村居家养老资源配置不均衡，农村居家养老服务供给仍然面临基础设施建设有待加强、优质养老资源缺乏且分布不均、部分基层养老机构活力不足、医疗服务功能萎缩等诸多挑战，导致农村居家养老服务设施覆盖率低，供给普惠性不足。

当前，农村居家养老服务设施配置不均衡，突出体现在农村居家养老服务机构供给总量不足。农村居家养老服务设施是农村居家养老服务的基本保障和物质载体，按照《国家人权行动计划（2016—2020 年）》要求，2020 年，90%以上的乡镇和 60%以上的农村社区需要建立包括养老服务在内的社区综合服务设施和站点。据《中国民政统计年鉴》统计，2012 年至2015 年间，我国农村社区服务中心数量呈现持续增长态势，农村社区服务中心相对于农村社区服务站发展速度较为缓慢（见图 5 - 3）。据 2008—2016 年《中国统计年鉴》测算，我国农村五保老年人中，分散供养老年人占农村老年人口比重不足 0.7%，五保集中供养人数不足农村老年人口总数的 0.3%。《辽宁省人民政府关于印发〈"十三五"辽宁省老龄事业发展和养老体系建设规划〉的通知》指出，43 万城乡低于当地最低生活保障标准的老年人被优先纳入了保障范围，做到了应保尽保。全省 604 万企业退休人员月人均基本养老金已提高至 2200 元。全省 10552 名城市"三无"老人，集中供养与分散供养保障水平年人均分别达到 9300 元和 7380 元。全省 13.76 万名农村五保供养对象，集中供养标准达到年平均 6159 元/人，分散供养标准达到年平均 4057 元/人。

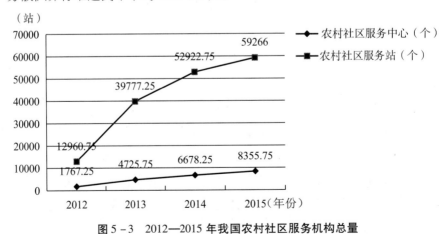

图 5 - 3   2012—2015 年我国农村社区服务机构总量

数据来源：据 2013—2016 年《中国民政统计年鉴》汇总而得。

辽宁省农村社区居家养老服务设施覆盖率相对较低，导致农村居家养老服务供给普惠性不足。据辽宁省发改委公布的数据显示，2016 年，辽宁省共有各类养老机构 2104 个，全省机构养老床位 21.5 万张，平均每千名老年人拥有养老床位数（含养老服务设施床位数）30.3 张，与全国同期水平持平。2016 年，辽宁省民办养老机构占全省养老机构总量的 56.8%，床位数量占全省养老机构床位总量的 53.4%，平均床位使用率为 1.26 人/床，公办养老机构平均床位使用率仅为 0.36 人/床。辽宁省民办养老机构已逐渐成为辽宁省养老服务的主力军。辽宁省养老机构护理型床位仅占全省养老机构床位总量的 11.5%，低于全国平均水平。① 2015 年，辽宁省农村互助幸福院 2625 个，农村老年人居家养老服务机构与设施主要有社区卫生室、养老院、老年食堂、老年活动站、日间照料中心、互助幸福院、老年托管中心等（见图 5 – 4）。

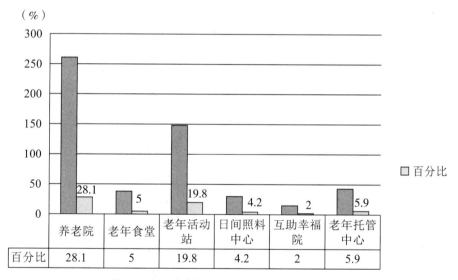

百分比	28.1	5	19.8	4.2	2	5.9
	养老院	老年食堂	老年活动站	日间照料中心	互助幸福院	老年托管中心

图 5 – 4　辽宁省农村居家养老服务设施的供给

数据来源：辽宁省农村居家养老服务供需调查问卷，此题为多选题，运用 SPSS 软件进行多重响应变量的频率分析而得。

2017 年，辽宁省养老服务体系不断完善，全省各类养老机构达到 1735 家（公办 802 家，民办 933 家），其中农村敬老院 631 所（区域中心院 279

---

① 辽宁省发改委：《辽宁省养老服务发展基本情况及形势分析》，2017 年 3 月 6 日，http：//www.lndp.gov.cn/Article_ Show.asp？ ArticleID = 6020.html。

所，乡镇院 352 所）。《辽宁省人民政府关于印发"十三五"辽宁省老龄事业发展和养老体系建设规划的通知》（辽政发［2017］41 号）指出，全省村（社区）居家养老服务设施 8000 多个，社区照料床位 3.1 万张，年服务老年人数达到 52 万人次，15 万困难老年人享受政府购买的服务。社会养老床位达到 25.13 万张，每千名老年人拥有养老床位 30 张。老年人优待范围大幅拓宽，优待政策不断完善。省、市、县（市、区）建立了老年人法律援助中心，覆盖城乡的老年人维权网络体系基本形成。

农村居家养老服务设施覆盖率相对较低，且农村居家养老服务供给资源分布不均衡，导致农村居家养老服务普惠性不足。以辽宁省农村幸福院发展为例，辽宁省沈阳市农村互助幸福院主要分布于新民、法库和辽中，丹东市农村互助幸福院主要集中在东港、凤城、宽甸和大孤山经济区，铁岭市农村互助幸福院主要分布于开原、铁岭、西丰、昌图等距离城市中心区较远的贫困和偏远地区农村。《辽宁省老年人口信息和老龄化事业发展状况报告》显示，2015 年，辽宁省农村社区居家养老机构中，农村社区服务中心 182 个，农村社区服务站 535 个，农村社区养老机构和设施 116 个，农村社区互助型养老服务设施 253 个，农村其他社区服务机构和设施 495 个。与之相对比，江苏省农村社区服务中心 1077 个，农村社区服务站 8227 个，农村社区养老机构和设施 3142 个，农村社区互助型养老设施 175 个，农村其他社区服务机构和设施 3846 个。通过辽宁省与江苏省各类农村社区养老机构数量的对比发现，辽宁省农村居家养老服务机构供给量相对不足，难以为农村居家养老服务供给提供有力支撑（见图 5 - 5）。在政府供给层面，辽宁省与江苏省、沈阳市与北京市、大连市与上海市开展对口合作，实现优势互补、互利共赢。江苏省在市场经济完善度、要素市场的成熟度、民营经济的活跃度上优势明显，通过不断探索跨区域要素资源共享、产业关联互动、协同创新发展的新路径，在区域合作发展上要达到"1 + 1 > 2"的效果。[1] 通过加强省际之间的对口合作，改善辽宁省基本公共服务供给环境，这是落实党中央关于全面振兴东北老工业基地战略的重大举措。

---

① 方亮：《辽宁与江苏对口合作重点推进 18 项任务》，《辽宁日报》2017 年 3 月 22 日第 A01 版。

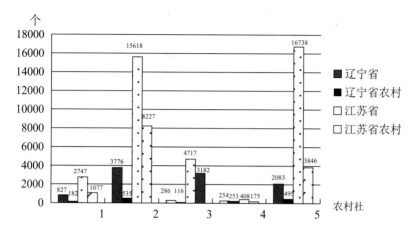

图 5 - 5 辽宁省与江苏省农村社区居家养老服务机构数量对比图

数据来源：民政部 2016 年 4 季度各省社会服务统计数据统计而得。图中纵坐标 1、2、3、4、5 分别代表农村社区服务中心、农村社区服务站、农村社区养老服务机构和设施、农村社区互助型养老服务设施、其他社区服务机构和设施。

二 服务供给的有限性与需求的多样性不匹配

农村居家养老服务存在的供需矛盾突出主要体现在供需结构失衡、供给强度弱于需求强度和供给率低于需求率等方面。供需结构失衡是在既定供给水平下，由于居家养老服务供给内容和供给方式等方面的原因所造成的。[①] 农村居家养老服务存在供给总量不足与无效供给膨胀双重困境，导致供需结构失衡，供给的有限性与需求的多样性不匹配。政府对居家养老服务的提供注重反映中位选民的偏好，实现农村居家养老服务有效供给能够弥合供给与需求之间的偏差。传统政府主导型供给与决策体制严重影响了农村居家养老服务的供需均衡，政府以行政指令等方式直接提供农村养老服务影响供给结构与效果，造成农村居家养老服务供给效果与农村老年人的利益诉求产生偏差，进而引起农村居家养老服务供需错位与结构失衡。[②] 在农村居家养老服务供给量的分析中，图中横轴表示农村居家养老服务供给的价格，纵轴表示农村居家养老服务供给量，曲线 D 代表农村居

---

① 杨峰、金荣生：《鞍山每 60 人中就有一人是慈善义工》，《辽宁日报》2015 年 12 月 8 日第 A09 版。

② 易丹辉、尹德光：《居民消费统计学》，中国人民大学出版社 1994 年版，第 5 页。

家养老服务的需求曲线，曲线 S 代表农村居家养老服务的供给曲线（见图 5-6）。农村居家养老服务供给曲线 S 在 E_0 点与需求曲线 D 相交，形成理论上的供求均衡点，该点所对应的 Q_0 是政府既定约束条件下应予以供给居家养老服务供给量。然而事实上，政府降低了农村居家养老服务的供给量，即曲线 S 下移至 S' 的位置，此时如果在没有外因干扰的作用下，农民的需求曲线 D 保持不动，政府供给的居家养老服务供给数量降低至 Q_1 点。由于农村居家养老服务的供给不足，农村老年人实际减少了居家养老服务的消费。农村老年人的需求不是固定不变的，政府或是为了实现社会福利效用最大化从而增加居家养老服务的供给量，促使农村老年人的居家养老服务需求曲线 D 提高至 D' 的位置，此时农村居家养老服务供给量从 Q_1 点上升至 Q_2 点，这种供给的增加并不一定与农村老年人的需求相匹配，可称之为"虚增"，在调研中发现，农村居家养老服务存在供给不足与供给过剩的双重困境，在辽中部分农村互助幸福院存在图书大量闲置，养老资源过度供给现象，图中 $Q_1E_1E_2Q_2$ 的面积反映了"虚增"的绝对量。由此可见，农村居家养老服务供需不匹配。

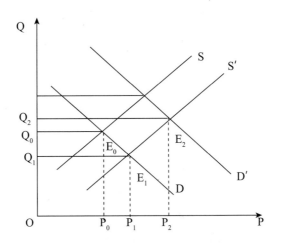

图 5-6　农村居家养老服务供给量分析

资料来源：张应良等：《农村社区公共产品有效供给与制度创新》，中国农业出版社 2013 年版，第 86 页。

　　运用辽宁省农村居家养老服务供需调查数据的对比测算发现，辽宁省农村居家养老服务供给率远低于需求率，造成供需结构失衡，农村高龄、失能、空巢老年人的特殊养老服务需求易被忽视（见表 5-1）。随着老年人年龄的不断增长，老年人身体机能逐渐弱化，抗风险能力下降，尤其是高龄、失能老年人在日常生活中需要较多照顾，从而使居家养老服务需求显著增加。①

　　首先，农村老年人生活照料服务供给率滞后于需求率。在居家养老服务供给中，生活照料服务涵盖老年人的衣、食、住、行等基本生活的照顾与护理，直接关乎老年人的生活质量，是保障老年人生理健康的有效途径。辽宁省盘锦市何家村互助幸福院内设照料室、康复室、图书室、文体活动室、影音室、理发室、厨房等设施，为老年人有效提供理发等生活照料服务。基于调研数据的计算，辽宁省农村日间照料服务供给率为10.7%，而需求率为76.1%（见表5-1）。

表5-1　辽宁省农村居家养老服务供需差异（单位:%）

服务项目 供需率	上门 做家务	上门 护理	上门 看病	聊天 解闷	紧急 救援	日间 照料	法律 援助	社会 娱乐	志愿 服务	培训 讲座
供给率	20.9	18.1	35	28.3	16.7	10.7	12.8	32	18.3	12.5
需求率	62.2	60.1	45.2	64.3	61.0	76.1	70.1	60.1	72.6	85.2

　　数据来源：辽宁省农村社区老年人居家养老服务供需调查问卷，利用SPSS20.0软件，通过确切概率法统计而得。

　　其次，农村老年人医疗保健服务供给率滞后于需求率。农村老年人的身体健康状况不仅影响老年生活质量，也影响农业生产与经济收入，是农村经济社会发展、农民生活水平提高、农村医疗卫生条件改善、农民社会福利提升的集中体现。上门看病和上门护理等医疗服务需求率较高。目前，健康医疗有效利用与供给不足制约了老年人健康状况的改善。② 农村居家养老服务供给率较低，上门护理服务供给率为18.1%，且多数上门看病服务是由农村卫生室的村医或赤脚医生提供的医疗护理服务，农村老年人的紧急救援服务需求尤为紧迫，紧急救援服务供给率仅为16.7%，而需

---

① 田雪原：《人口老龄化与"中等收入陷阱"》，社会科学文献出版社2013年版，第122页。
② 郭林：《民营资本参与养老服务体系建设的研究现状与思考》，《华中师范大学学报（人文社会科学版）》2014年第2期页。

求率为61%（见表5-1）。健康讲座基本上是推销保健品，公益性服务功能有待加强。依托社区的居家养老服务机构为60岁以上的老年人免费安装紧急呼叫系统，或为老年人发放紧急救援服务手机，提供24小时"一键通"服务。据沈阳援通公司工作人员介绍，该公司是经沈阳市民政局批准成立的民办非企业单位，运用互联网、物联网智能化助老呼叫系统，为老年人提供紧急救援服务和生活救助服务。目前，已覆盖沈阳市9个市区县3万多老年用户家庭，成功生命救助5268次，为民排忧解难320320次，"一键通"公司将逐渐向农村老年人提供相关养老服务项目，沈北新区、苏家屯区等农村社区已有部分覆盖。紧急救援服务为及时应对老年人面临的老龄风险发挥重要作用，尤其是对于紧急处理突发疾病等状况显得尤为迫切。

再次，农村老年人精神慰藉服务供给率低于需求率。随着年龄增长，体能逐渐下降，劳动参与率逐年降低，健康状况不佳使老年人较早退出劳动力市场，回归家庭生活。伴随着家庭决策地位发生转变易造成老年人的心理抑郁，老年人的情感慰藉与心理咨询服务需求十分迫切。国家高度重视老年人的精神健康与社区教育，2015年，全国共有老年学校7.63万个，在校学员600万人左右。建有180个国家级、500余个省级社区教育实验区和示范区，老年人占参与社区教育总人数的60%以上；有老年类报纸24种，老年类期刊24种。通过全国文化信息资源共享工程、国家数字文化网和"中国文化网络电视"等方式提供适合社区老年人的数字文化资源。①辽宁省较为关注老年教育与老龄福利的发展，《辽宁省2015年老年人口信息和老龄事业发展状况报告》显示，2015年，辽宁省市县共有老年大学、老年学校、培训中心等4226所，参加学习人数32.5万人。各类老年活动中心2502个，参加活动的老年人达138.7万人。在一定程度上完善了精神赡养服务的保障功能。由于城乡老年教育发展不平衡，城市老年大学普及性较高，而农村老年教育基本是空白。目前，在精神赡养服务供给中，辽宁省农村居家养老服务中的聊天解闷、社会娱乐和培训讲座等服务供给率低于需求率，但高于全国平均水平。其中，聊天解闷服务供给率为28.3%，而全国供给率仅为6.5%，社会娱乐服务供给率为32%，高于全国供给率17.2个百分点（见表5-1）。完善生活照料、医疗保健与精神慰

---

① 文继红：《辽宁：公共服务向农村延伸》，《辽宁日报》2008年5月6日第A08版。

藉服务，亟待政府、企业、非营利组织、社区和家庭等多元供给主体为老年人提供多元化居家养老服务，通过对农村居家养老服务供给机制的创新，化解农村居家养老服务供给不足，优化养老资源配置效率，实现"帕累托改进"（Pareto Improvement），最终达到农村居家养老服务资源配置的"帕累托最优"状态。

目前，农村居家养老服务供给强度弱于需求强度，导致出现了服务供给的有限性与需求的多样性不匹配。而最理想的养老服务供给水平应与需求水平相适应。受政府财政预算约束的影响，居家养老服务供给量小于需求量，农村居家养老服务供给资源不足，农村养老服务硬件设施供给有限，政府主要为农村"五保"老年人提供全方位保障，而面向全体农村老年人的普惠性供给相对不足。本部分内容以不同服务项目供给强度与需求强度的相关性为例开展如下分析（见表5－2）。

其一，生活照料供给强度与需求强度呈负相关。农村社区日间照料服务供给与烧饭、送饭、洗衣服、打扫卫生、购买日用品等生活照料类居家养老服务需求强度之间呈负相关，且通过显著性检验。从制度设计来看，社区提供日间照料服务，但由于农村老年人传统思想束缚或子女不愿意老年人向社区求助等因素影响，造成日间照料服务过度供给，与潜在需求不匹配。据辽宁省德沃居家养老服务公司负责人介绍，原来的社区网点均整合为区域性网点，社区日间照料站整合为区域性居家养老服务中心，日间照料服务递送的难度较大，尤其是送餐服务，盈利性差。目前，公司的服务重心是康复理疗和大病预防。

其二，医疗护理服务供给强度与生活照料需求强度呈负相关。上门护理服务供给与帮助烧饭、送饭、洗衣服、打扫卫生等生活照料服务需求强度呈负相关。随着"新农合"的广覆盖，农村医疗服务水平得到较快发展，上门护理服务供给强度较高，农村老年人由于身体状况等客观因素更愿就近享受社区医疗服务，对社区医疗服务满意度较高，但对于上门送饭等生活照料需求强度较低，且通过显著性检验。目前，农村居家养老服务供给主要侧重于生活照料和医疗护理服务，但尚未真正实现医养结合。农村养老机构"医养分离"现象突出，养老机构医疗服务供给不足，严重制约养老机构服务质量的提升，影响了养老机构对老年人急性病及意外事故的应急处置能力，多数农村养老服务机构尚未设置医务室，部分农村养老机构和农村互助幸福院虽已设置医务室但利用率不高。

表 5 - 2 农村居家养老服务供给与需求强度的相关性分析（Spearman 系数）

需求强度	供给强度	上门护理	聊天解闷	紧急救援	日间照料	法律援助	社会娱乐	志愿服务	培训讲座
烧饭	相关系数	- 0.220 * *	- 0.104 *	0.042	- 0.142 * *	- 0.021	0.101 *	0.059	0.065
	显著性（双尾）	0.000	0.030	0.381	0.003	0.663	0.036	0.219	0.179
送饭	相关系数	- 0.184 * *	- 0.068	0.013	- 0.138 * *	- 0.066	0.103 *	0.002	0.032
	显著性（双尾）	0.000	0.158	0.795	0.004	0.173	0.032	0.972	0.505
洗衣服	相关系数	- 0.158 * *	- 0.023	0.045	- 0.136 * *	- 0.020	0.088	0.056	0.038
	显著性（双尾）	0.001	0.639	0.349	0.005	0.679	0.069	0.247	0.437
打扫卫生	相关系数	- 0.152 * *	0.014	0.006	- 0.118 *	- 0.108 *	0.031	- 0.028	- 0.009
	显著性（双尾）	0.002	0.775	0.905	0.014	0.025	0.514	0.568	0.856
助行	相关系数	- 0.064	- 0.016	- 0.026	- 0.078	- 0.125 * *	0.022	- 0.052	- 0.046
	显著性（双尾）	0.187	0.735	0.589	0.105	0.010	0.646	0.281	0.342
购买生活用品	相关系数	- 0.092	- 0.010	- 0.026	- 0.114 *	- 0.101 *	0.106 *	- 0.021	- 0.011
	显著性（双尾）	0.056	0.833	0.593	0.018	0.036	0.028	0.661	0.826
健康档案	相关系数	0.039	0.047	- 0.008	- 0.017	- 0.049	- 0.085	- 0.108 *	- 0.156 * *
	显著性（双尾）	0.419	0.331	0.870	0.728	0.310	0.079	0.024	0.001
上门看病	相关系数	0.031	0.081	- 0.049	0.016	- 0.031	- 0.074	- 0.044	- 0.101 *
	显著性（双尾）	0.527	0.092	0.307	0.734	0.520	0.124	0.364	0.036

续　表

供给强度 需求强度		上门 护理	聊天 解闷	紧急 救援	日间 照料	法律 援助	社会 娱乐	志愿 服务	培训 讲座
用药 服务	相关系数	0.087	0.087	-0.056	-0.011	-0.056	-0.073	-0.050	-0.108 *
	显著性（双尾）	0.072	0.070	0.244	0.818	0.248	0.129	0.305	0.024
保健 知识	相关系数	0.029	-0.004	-0.021	0.035	-0.028	-0.103 *	-0.054	-0.092
	显著性（双尾）	0.545	0.938	0.659	0.470	0.563	0.033	0.266	0.056
长期 照护	相关系数	0.054	-0.010	-0.056	-0.032	-0.119 *	-0.109 *	-0.025	-0.077
	显著性（双尾）	0.264	0.840	0.245	0.505	0.014	0.023	0.606	0.111
社会 娱乐	相关系数	0.009	0.031	-0.034	-0.030	-0.064	-0.096 *	-0.045	-0.122 *
	显著性（双尾）	0.846	0.520	0.478	0.540	0.186	0.046	0.351	0.011
心理 咨询	相关系数	0.013	0.033	-0.040	-0.044	-0.047	-0.044	-0.080	-0.119 *
	显著性（双尾）	0.787	0.489	0.409	0.361	0.333	0.360	0.097	0.014
特殊 关怀	相关系数	0.051	0.064	-0.072	-0.079	-0.118 *	-0.075	-0.033	-0.078
	显著性（双尾）	0.294	0.187	0.135	0.100	0.014	0.122	0.495	0.105
康复 理疗	相关系数	0.072	0.086	-0.026	0.047	-0.089	0.007	-0.093	-0.090
	显著性（双尾）	0.136	0.074	0.597	0.329	0.066	0.884	0.055	0.061
法律 维权	相关系数	-0.013	-0.073	-0.044	-0.083	-0.130 **	-0.007	-0.083	-0.069
	显著性（双尾）	0.793	0.130	0.362	0.086	0.007	0.881	0.084	0.151
家庭邻 里纠纷	相关系数	-0.002	0.001	-0.104 *	-0.083	-0.171 **	-0.005	-0.036	-0.092
	显著性（双尾）	0.964	0.978	0.031	0.084	0.000	0.925	0.460	0.056

续　表

供给强度 需求强度		上门 护理	聊天 解闷	紧急 救援	日间 照料	法律 援助	社会 娱乐	志愿 服务	培训 讲座
志愿 服务	相关系数	-0.017	-0.028	-0.068	-0.106 *	-0.142 * *	-0.014	-0.084	-0.053
	显著性（双尾）	0.729	0.560	0.157	0.028	0.003	0.774	0.081	0.272
技能 培训	相关系数	-0.034	0.009	-0.056	-0.102 *	-0.094	-0.008	-0.091	-0.040
	显著性（双尾）	0.479	0.852	0.250	0.033	0.051	0.864	0.059	0.403

注：＊＊表示在 0.01 级别（双尾），相关性显著；＊表示在 0.05 级别（双尾），相关性显著。

数据来源：辽宁省农村居家养老服务供需调查问卷，运用 Spearman 相关系数测算而得。

其三，法律援助服务供给强度与需求强度呈负相关。农村居家养老服务有效供给在一定程度上为缓解农村养老压力，促进社会和谐起到积极作用。2017 年 3 月 1 日，《中华人民共和国公共文化服务保障法》正式实施，进一步强化对农村地区和特殊群体文化权益保障，法律规定国家重点增加农村地区图书、报刊、网络信息内容、体育健身等公共文化服务供给，促进城乡基本公共文化服务均等化。2017 年 10 月 1 日，《中华人民共和国民法总则》（简称"民法总则"）正式施行以来，民法总则在保护民事主体的合法权益、维护公民的生存权益、改善民生等方面将发挥重要作用。在农村治理环节，法治保障必不可少。农村社区法律援助服务供给与法律维权、处理家庭邻里纠纷需求之间呈负相关，这可能与农村传统的压讼、家丑不可外扬等传统心理有关，使得即使社区提供法律维权服务，但农村老年人不愿或不能享受此类服务。

其四，精神慰藉服务类供给强度与精神慰藉服务需求强度呈负相关，且通过显著性检验（见表 5 - 2）。农村社区社会娱乐服务供给强度与社会娱乐需求强度之间呈负相关，聊天解闷服务供给与帮助烧饭服务需求强度呈负相关。可能是由于农村老年人生活已基本达到温饱水平，通常来讲，身体健康且对做饭等家务劳动能自给自足，其送饭服务需求强度较低，同时，由于农村老年人情感倾诉对象仅局限于配偶或子女，而子女忙于事业无暇顾及老年人的精神需求，农村老年人的聊天解闷服务需求强度较高。农村社区提供精神慰藉类服务内容单一，流于形式，导致老年人精神文化需求无法有效满足。

目前，辽宁省农村居家养老服务需求具有分散性，服务设施和配套服务供给不足，服务可及性差，服务数量和服务质量的"可度量性"较低，而且农村居家养老服务供给与需求之间存在着信息不对称问题。农村居家养老服务中的精神赡养服务供给主要侧重于文化娱乐室、心理咨询室、农家书屋等硬件设施的供给。在实地调研走访中，发现辽宁省部分农村图书馆、农家书屋、文化信息资源共享工程的普及率普遍不高，相当多的图书知识无法解决生产生活中的实际问题，满足不了生活娱乐所需，难以吸引老年读者的阅读兴趣。农家书屋还存在管理人员大都由村里工作人员兼任，普遍存在开放时间短、服务人群少、图书外借率低等现象。心理咨询、法律维权、特殊关怀等服务较为缺乏，农村居家养老服务供给强度较弱。农村居家养老服务供给中的心理健康、临终关怀和精神慰藉等服务较少，缺乏发展享受型居家养老服务供给。农村老年人的健康记录较为匮乏，健康档案建设只局限于农村养老机构，健康档案信息库建设缓慢。由于农村老年人受教育水平偏低与思想观念较为保守，对接受继续教育缺乏主观能动性。除部分农村老年人不愿学习外，地方政府重视不足与资金短缺也是发展的瓶颈。

三 农村居家养老服务供给主体缺乏有效协同

长期以来，"自上而下"的行政化供给方式难以满足农村老年人多元化居家养老服务需求。在辽宁省从"政府管理"到"社会治理"转型的历史时期，传统行政管理色彩依然浓厚，"小政府、大社会"的格局尚未形成，且居家养老多元供给主体间缺乏良性互动，但无论是政府、村民自治组织还是其他主体都未能切实担当起供给主体应有的责任，多元主体间也未能形成协同合作的整体供给机制，在一定程度上阻碍了多元供给主体间的有效协同。[1] 城乡居家养老服务制度体系内服务供给主体多元，且资源分散、要素分散、技术分散，各种制度要素分散于政府各职能部门，如养

---

[1] 辽宁省民政厅：《2016 年上半年全省农村五保供养对象人数与资金发放情况》，2016 年 7 月 29 日，http://www.lndca.gov.cn/hhzl/shjzxxgkzl/201608/t20160804_2474525.html。

老保险制度、医疗保险制度、五保供养制度、城乡低保制度等，从而造成居家养老服务供给缺乏有效协同。农村居家养老服务需要由个人、家庭、村两委、社区志愿组织、乡镇企业、乡镇政府等协同要素共同承担养老服务费用。目前，在辽宁省实践中，无论是居家养老服务中心（站），农村互助幸福院，还是养老服务设施和服务场所建设，以及居家养老服务基础性管理工作，主要是以政府为主导推动居家养老服务供给，居家养老服务机构主要采取挂靠村（社区）的办法，农村互助幸福院主要依靠省政府拨款至各区财政、民政和乡镇政府，村委会提供场地，并负责管理与监督。由街道或者"村两委"的工作人员兼职管理，农村互助幸福院院长一般由村书记、村委会主任兼任。居家养老服务相关专业人才的经济待遇与社会地位普遍不高，导致难以提升服务质量和效益。据辽宁省 T 市民政局工作人员介绍，农村互助幸福院运营管理水平不一，因而提供服务的标准难以统一。各村由村委会或老年协会对农村互助幸福院的服务进行管理，由于管理人员文化水平、管理能力有别，使幸福院的管理运营存在差异，亟待政府对管理较弱的社区（村）予以指导，通过借鉴国内外农村居家养老服务发展先进地区的管理模式和经验，全面提高辽宁省农村幸福院的运营管理水平。在农村居家养老服务供给体系中，多元供给主体间的协同具有多种供给方式，主要体现为政府与企业之间、政府与非营利组织之间以及政府与社区之间的二元低度协同，而缺乏多元供给主体间的高度协同。

目前，农村居家养老服务供给中，政府供给主体内部以及多元主体间缺乏有效协同，导致居家养老服务有效供给不足。农村居家养老服务供给主体间缺乏有机联动，服务过程缺乏一致性优化目标和协同策略，难以发挥整体联动效应，亟待完善由政府、企业、非营利组织、社区、家庭等多元力量共同参与治理的格局，逐步完善以政府为主导、多元主体合作、全社会参与的协同供给机制。农村居家养老服务多元供给主体间的相互掣肘、离散或摩擦会造成整个供给体系难以发挥应有的功能，致使整个系统陷于混乱无序的状态。凯特尔研究认为，政府购买公共服务并不总是那么容易顺利完成，为社会服务寻找供应商，特别是合格的非营利组织，常常不是一件容易的事情。① 当前，政府购买社会组织服务的购买主体各自

---

① 汪杰贵、裴志军、张俊华：《以农民满意为导向的农村公共服务多元化协同供给模式研究》，《农村经济》2012 年第 1 期页。

"特立独行"，中央财政直接与承接服务的社会组织签约，省级财政购买服务缺乏与中央财政的衔接，省、市、县各级政府部门之间缺乏有效衔接和沟通，从而造成政府购买服务资源在非营利组织发育较好的地区重复配置，而在非营利组织发育滞后的地区则长期缺乏或几乎是空白，从而使欠发达地区的老年人难以享受或较少享受到政府购买服务的福利，而富裕地区的老年人则有可能"过度"和"重复"获得优质服务。[①] 在实际工作中，政府向企业和非营利组织等供给主体购买居家养老服务的意愿不足。因此，2016 年 12 月，财政部、民政部联合出台的《通过政府购买服务支持社会组织培育发展的指导意见》（财综［2016］54 号）指出，按照党的十八届三中全会关于重点培育、优先发展行业协会商会类、科技类、公益慈善类、城乡社区服务类社会组织的要求，各地方和有关部门应结合政府购买服务需求和社会组织专业化优势，采取切实措施加大政府向社会组织购买服务的力度，逐步提高政府向社会组织购买服务的份额或比例，从而逐步提高政府购买服务的供给水平和供给效益。因此，政府购买居家养老服务意愿不足影响居家养老服务可持续发展，亟待打破政府购买社会组织服务过程中多元主体间的分散化、封闭性，整合居家养老服务供给要素，构建具有开放性、互动性和联动性的协同供给机制，保障农村居家养老服务的持续性和稳定性。

第三节　辽宁省农村居家养老服务供给存在问题的原因

一　农村居家养老服务供给主体发育不成熟

政府是居家养老服务供给主体的培育者，在居家养老服务供给中居于主导地位，实现多元供给的前提条件是多元供给主体发育较为成熟。然而，受城乡二元结构的影响，农村社区居家养老服务多元供给主体发育孱弱，缺乏有效的市场竞争主体和发达的第三部门，农村养老服务企业主体规模小，企业主体发育不成熟，非营利组织数量有限。且农村居家养老服

[①] 宋洋：《农村社会福利的多元主体协同供给研究》，《中国特色社会主义研究》2014 年第 2 期。

务供给投入大、风险高和行业利润微薄，多数养老企业不愿涉足农村养老服务市场。自 1997 年，乡镇集体企业改制使原来具有集体属性的乡镇企业，逐渐与乡镇政府及村委会脱离了协同治理社区的经济基础，乡镇企业已不再承担提供农村社区社会福利等超经济的服务。乡镇企业向现代企业转型使乡镇政府及村委会压缩农村居家养老服务供给的空间，缩小了乡镇集体企业向农村社区提供居家养老服务的供给量。在家庭承包经营体制下，由于村社集体经济组织缺乏财力保障，集体经济薄弱，基础较差的村集体缺乏供给的财政能力和管理能力，使农村居家养老服务供给机制尚不完善，以盈利为导向的社会资本不愿介入，农村居家养老服务供给容易陷入集体行动的困境。随着农村集体经济的瓦解和城镇化进程的加快，除长三角、珠三角等部分发达地区的农村集体经济发展较好之外，东北地区的农村集体经济或走向衰退，或步履维艰，其经济社会功能不断萎缩。农村集体经济的衰退已不利于居家养老服务供给主体的孕育和成长，居家养老服务企业所能依托的服务实体较少，在一定程度上制约了农村居家养老服务的有效承接与传递，影响了农村居家养老服务供给主体的发育和成长，因此，辽宁省亟待培育居家养老服务供给主体。

《辽宁省人民政府办公厅关于印发辽宁省提高养老院服务质量四年滚动计划（2017—2020 年）的通知》（辽政办发［2017］95 号）指出，辽宁省将养老护理员培训作为职业培训和促进就业的重要内容。对参加养老服务技能培训或创业培训且培训合格的劳动者，按规定给予培训补贴。推动普通高校和职业院校开发养老服务和老年教育课程，为社区、老年教育机构及养老院等提供教育资源及服务。完善职业技能等级与养老服务人员薪酬待遇挂钩机制。推进涉老相关专业教育体系建设，加快培养老年医学、康复、护理、营养、心理和社会工作、经营管理、康复辅具配置等人才。加强农村特困人员供养机构建设和改造，推动服务设施达标，满足农村特困人员集中供养需求，为农村低收入老年人和失能、半失能老年人提供普遍可及的养老服务。同时，农村居家养老服务与城市居家养老服务相比较，供给水平不高，服务设施匮乏，服务人才不足，基础薄弱。当前，由于农村居家养老服务供给资源的缺乏，使得辽宁省农村居家养老服务主要针对的人群是照护需求更为明显的轻度失能失智老人，而自理老人的发展型需求尚未得到有效满足，仍停留在老年活动室、健身广场等基本设施的使用和文化娱乐队伍等自治组织上。农村养老机构具有专业服务技术经验和服务理念的专业人员匮乏。自2008年至2015年，我国农村养老服务机构社会工作师与助理社会工作师人数峰值为1213人，农村养老服务机构社会工作师与助理社会工作师人数占机构职工总数比重均不足1%（见图5-7和图5-8）。

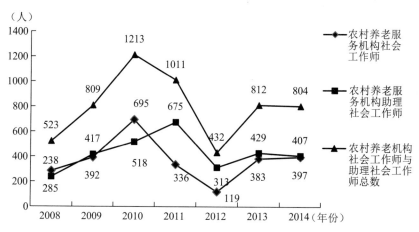

图5-7 2008—2014年农村养老服务机构社会工作师与助理社会工作师人数

数据来源：据2012—2015年《中国民政统计年鉴》汇总而得。

其中，辽宁省专业化医疗护理服务人员短缺是制约农村居家养老服务发展的重要因素。农村社区心理医生和咨询师缺乏，在一定程度上影响精神慰藉服务的有效供给，农村居家养老服务人员专业化水平有待提高。因此，培育居家养老服务供给主体应成为未来辽宁省农村居家养老服务实现有效供给的重要步骤。

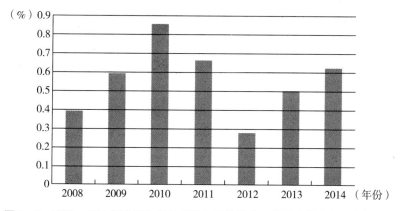

图5-8 2008—2014年我国农村养老服务机构社会工作师人数占职工人数比重

数据来源：据2012—2015《中国民政统计年鉴》测算而得。

辽宁省社会化养老服务起步较早，发展较快。农村居家养老服务多元供给主体发育不成熟，养老投入欠账多，老年健康状况堪忧，家庭养老功能弱化。企业和非营利组织的服务供给比重较小，导致多元供给主体供给能力不足，难以实现有效协同，供给优势未能充分发挥，农村居家养老服务供给资源较为有限。目前，辽宁省农村养老服务机构仍以公办为主、民办为辅，由政府民政部门统筹管理，即农村敬老院和农村互助幸福院等机构，以及文化娱乐、老年教育、法律维权等农村养老服务相关设施，均由政府及其各级财政的福利性投入共同扶持。

表5-3　2008—2015年辽宁省农村老年性福利机构供给规模（单位：个）

年份	单位数（个）	工作人员数（个）	床位数（张）	年末收养人数（个）
2008	827	5770	52727	37729
2009	809	5709	57783	37465
2010	819	5905	59973	42269
2011	770	5919	61085	41519
2012	765	6079	68930	43472
2013	841	7186	72893	46143
2014	693	5068	57507	35116
2015	502	4112	47165	28008

数据来源：据2008—2016年《辽宁统计年鉴》整理而得。

据《辽宁统计年鉴》数据显示，2008—2015年间，辽宁省农村老年福利机构供给规模呈先上升后下降的趋势，政府的福利性供给难以满足农村老年人的居家养老服务需求，农村养老服务机构的支撑作用不明显，供给能力有限（见表5-3）。据辽宁省发改委统计，2016年，辽宁省公办养老机构平均床位使用率仅为0.36人/床，公办养老机构在床位使用率、市场化运营水平、服务综合性价比等方面亟须进一步提升。农村养老服务机构主要为农村"五保"集中供养老年人提供服务，如辽宁省葫芦岛市建昌县互助幸福院为"五保"分散老年人提供居家养老服务,且主要以政府供给与社区供给为主,企业主体力量薄弱。因此,推进以公共服务多元化供给主体为主导,在市场有效竞争机制下,多元主体供给公共服务,能够突破政府垄断居家养老服务供给的窠臼和资源困境。①

二　农村居家养老服务供给多元保障机制不健全

随着新型城镇化的推进,农村家庭结构核心化、空心化、空巢化问题突出,家庭养老资源匮乏,农村家庭养老功能逐渐弱化,抗风险能力减弱,存在农村老年人过度劳动供给与家庭养老供给不足的"倒置"现象,农村传统家庭养老难以满足老年人快速增长的居家养老服务需求。农村老年人的经济供养、生活照料及精神慰藉需求日益增长,但农村老年人能从传统家庭养老中所获取的养老服务资源更为有限,而且农村居家养老服务供给的保障机制不健全。

目前,农村居家养老服务的政府供给存在"政府失灵",农村居家养老服务供给缺乏政府的有效供给,资金保障不充分,供给能力有限。老龄工作体制机制不健全,基层基础比较薄弱;应对人口老龄化的涉老法规政策系统性、协调性、针对性、可操作性有待增强,城乡、区域老龄事业发展和养老服务体系建设不均衡,在城乡老年服务体系中,处于最低收入层次的"三无""五保"老人和处于较高收入层次的老人得到了有限的照顾。城乡养老服务供给的均衡性和协调性缺乏,影响了城乡老年福利资源的优化配置和老年福利的供给效果。辽宁省农村经济发展放缓,现有的农村养老保障体系的抗老龄化风险能力较弱,城乡居民基本养老保险金主要来源于政府的基础养老金和完全积累式个人账户,农村老年人的养老保障水平较低。农村居家养老服务亟待通过构建城乡衔接的制度性保障提高农村养老服务供给质量。在农村居家养老服务主体发育尚不成熟的环境下,农村居家养老服务多元保障机制缺失,辽宁省农村互助幸福院主要依赖于政府补贴,服务外包和社会参与不足。辽宁省农村居家养老服务长期依赖政府补贴,政府在财政投入上主要以政府转移支付为主,由村委会先行垫付,且以低偿和有偿方式支付运营成本。在资金用途上,主要用于支持各级居

---

① Gerdtham, U. G., "The impact of aging on health care expenditure in Sweden", *Health Policy*, Vol. 24, No. 1, April 1993, pp. 1 – 8.

家养老服务中心的建设，支付居家养老服务人员的工资。目前，辽宁省居家养老服务所需资金主要以市、区两级政府民政部门确定的年度实施计划为依托，实施限定性福利制度，实行专项拨款，导致财政投入有限。据辽宁省 T 市民政局相关部门统计，2016 年，辽宁省 T 市民政局已将 2013—2015 年中央专项福利彩票公益金支持农村幸福院建设资金 528 万元全部拨付至县（市）区财政部门，目前，各县（市）区已拨付到社区（村）的资金 288 万元，剩余 240 万元仍在县（市）区财政尚未下拨。农村互助幸福院建设主要由村里垫付资金进行改造建设，由于各村的经济状况不同，经济发展比较富裕的村集体，互助幸福院建设快、标准高，而经济发展比较困难的村集体，互助幸福院推进速度缓慢。各县（市）区对补助资金未能及时拨付到位，从而影响村集体建设农村互助幸福院的积极性。部分幸福院因没有运营资金，设施设备得不到维护，无法承担取暖、水电等费用，导致运营困难。对于资金拨付不到位问题，亟待县（市）区民政部门积极与财政部门沟通，及时下拨补助资金，争取早日拨付到位。同时，需要各级政府部门能给予适当运营补贴，促进农村幸福院实现可持续发展。

2015 年，辽宁省农村低保人数 79.4627 万人，共投入保障资金 178619 万元。其中，铁岭市、葫芦岛市、朝阳市农村低保人数较多，而铁岭市、葫芦岛市农村低保人数均超过 10 万人（见图 5-9），为全面落实省政府加强民生保障的决策部署，确保城乡困难群众基本生活水平与经济社会发展水平同步提高，辽宁省人民政府办公厅颁布的《关于提高城乡居民最低生活保障和特困人员救助供养标准的通知》（辽政办发〔2018〕18 号）指出，2018 年，辽宁省城市最低生活保障标准平均提高 4%。其中，沈阳市提高 3%，大连市提高 2.5%，鞍山、抚顺、本溪、丹东、锦州、营口市提高 4.5%，辽阳、阜新、铁岭、朝阳、葫芦岛市提高 5.5%。全省农村低保标准平均提高 6%。其中，沈阳市提高 5% 以上，大连市提高 4%，鞍山、本溪、丹东、锦州、辽阳、铁岭市提高 6.5%，抚顺、营口、阜新、朝阳、葫芦岛市提高 7.5%。盘锦市城乡一体化提高 6%。农村养老保障资金已逐步向辽宁西部农村等欠发达地区倾斜，努力实现辽宁省农村居家养老服务的协调发展。为此，通过多元保障机制不断提升辽宁省西部农村地区老年人的养老保障水平。

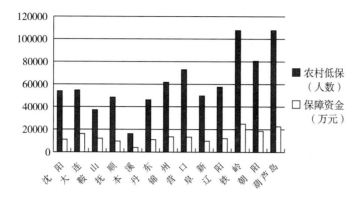

图5-9　2015年辽宁省各地区农村居民最低生活保障制度覆盖人数及保障资金

资料来源：据《辽宁统计年鉴2016》整理而得。盘锦地区的统计资料缺失，故未列入其中。

　　同时，社会组织发挥作用的志愿机制也存在志愿失灵，主要表现为慈善供给不足。在以政府为主导的供给机制下，由于存在政府失灵、市场失灵和志愿失灵"三重"失灵客观上要求三者相互配合、共同协作以构建三者互惠的公共服务提供方式。农村老年人异质性居家养老服务需求为政府之外的市场机制、志愿机制的介入提出了新的要求，促进了市场机制与志愿机制的功能需求。农村是改革开放后我国最早出现民间组织的地区，也是适合非营利组织发展的地方。[1] 非营利组织作为农村居家养老服务供给的重要依托，亟需通过政府购买服务、股权合作等方式支持各类市场主体、非营利性组织参与居家养老服务供给，有效避免政府出现生产或提供居家养老服务的"政府失灵"，弥补由市场机制运营私营养老机构收费较高的"市场失灵"。总之，政府购买居家养老服务是积极应对政府失灵、市场失灵和志愿失灵，完善农村居家养老服务多元供给保障机制的有益尝试。辽宁省农村非营利组织缺少像西方非营利组织发展中与市场经济相适应的普遍自治观念、志愿精神和公益精神。同时，文化背景的积淀和慈善环境的差异严重束缚了农村非营利组织的发展，非营利组织外部依赖性强

---

① Blazer, D. G., Landerman, L. R., Fillenbaum, G., "Horner, R. Health Services Access and Use among Older Adults in North Carolina: Urban vs Rural Residents", *American Journal of Public Health*, Vol. 85, No. 10, October 1995, 1384-1390.

与自身建设能力弱，已形成对政府扶持的路径依赖。① 农村非营利组织在政府规制和市场竞争下艰难生存，一定程度上抑制了居家养老服务功能的有效发挥。辽宁省非营利组织增量发展较快，但总量仍然偏小且发展较为粗放，社会认可度与信任度较低，整体服务水平和社会认同度不高，社会捐赠支持力度薄弱，服务运营可持续性弱，组织运营与管理有序性不足，内部管理不规范，使辽宁省农村社区志愿服务供给机制不健全，居家养老服务资金筹集与保障机制不完善，普遍缺乏志愿者长效激励机制。同时，居家养老服务虽然能够为老年人生活带来便利，也存在服务供给主体的专业资质不足，各主体间的协议规范、老龄数据保管等方面的法律风险尚未引起政府与社会的普遍重视。为了较大限度维护老年人的合法权益，促进养老服务产业的健康发展，亟待合理合法规避养老服务过程中存在的法律风险，不断完善居家养老服务法律法规体系。为此，发展农村经济，增加农村老年人可支配收入，完善农村养老保障制度与法律法规体系，通过政府购买服务改善农村老年人居家养老服务质量，提升农村老年人消费能力，从而促进农村居家养老服务由潜在需求向现实需求转化，努力构建农村居家养老服务供给的多元保障机制。

三 农村居家养老服务协同供给能力不足

作为政府主导的社区养老福利模式，居家养老服务将家庭养老和机构养老的合理要素有机整合起来，有利于充分发挥政府、市场、非营利组织、社区和家庭的养老功能。但在我国，政府购买居家养老服务的内部化问题严重制约着多元供给主体间的高效协同，体现在通过非竞争方式将本应从外部购买的公共服务项目交给与政府有内部关联的社会组织，购买目标由"提高公共服务资源配置的有效性"置换成"完成公共服务购买任务"，阻碍了公共服务供给效率和质量的提升。② 长期以来，"自上而下"的单向度供给方式已难以满足农村老年人多元化的养老需求。在筹资机制方面，绝大部分资金来源于财政拨款，通过社会筹资获得资金以及其他协同部门共同承担也占有相当的比例。在社会力量参与方面，绝大多数试点

---

① 中华人民共和国国务院新闻办公室：《〈国家人权行动计划（2012—2015年）〉实施评估报告》，《人民日报》2016年6月15日第12版。

② 娄成武、甘海威：《新制度主义视角下政府购买公共服务内部化问题治理研究》，《学术论坛》2017年第2期。

地区都有社会力量的参与，主要形式是志愿者参与、企事业单位个人捐助，而由社会组织筹集资金、个案参与、承担政府购买服务的较少。① 在我国由"政府管理"向"社会治理"转型的历史阶段，传统行政管理色彩依然浓厚，使单纯的市场供给、第三部门供给以及双主体或多主体有效协作的供给机制相对较少，且合作广度不足、深度不够。

辽宁省农村居家养老服务供给主体发育不成熟，供给主体间尚处于低度协同阶段，供给格局正经历着由低度协同供给向高度协同供给转化的时期。农村居家养老服务以生产性服务为主，从而有别于城市纯消费型服务，具有农村居家养老服务自身的特点。由于辽宁省农村居家养老服务有效需求不足，目前，农村居家养老服务供给仍以低水平、低收费型服务为主，公益性较强，较为依赖政府补贴，尤其需要生产辅助性服务，具有救助性质的服务。同时需要将送上门服务与走上门服务相结合，针对身体状况较好的老年人，以走上门为主，送上门为辅；针对身体状况较差的失能失智老年人，则以送上门和送上村相结合，加大送上村服务，送上门和送上村是协调推送的。辽宁省农村居家养老服务多元主体有效协同能力的缺失难以保证养老服务质量，需要由个人、家庭、村两委、社区志愿组织、乡镇企业、乡镇政府等协同要素共同承担养老服务费用。当前，农村居家养老服务长期依赖政府补贴，且以无偿、低偿和有偿方式支付运营成本，在家庭承包经营体制下，由于村社集体经济组织缺乏财力保障，使得农村居家养老服务供给主体间的协同机制缺失，同时以营利性为导向的社会资本不愿介入，农村社区居家养老服务供给容易陷入集体行动困境。政府未将居家养老服务多元协同供给作为常规范式，导致以政府为主导的农村社区居家养老服务协同供给主体缺乏有效协同。

2006 年，中央取消农业税费后，农村基层自治组织运转经费受到较大限制，农村居家养老服务供给缺乏。政府对基层政权采取撤乡并镇、合村并组、撤销村民小组长等乡村体制改革，与之相适应的乡镇政权的市场化改革和村级政权的行政化改革，致使基层组织财权与事权不对称，难以为农村老年人提供亟需的居家养老服务。自分税制改革以来，中央本级财政收入明显增加，地方财政收入相对减少。农村居民最低生活保障及"五保户"供养由省级、县级政府分别按照东部地区 6∶4 和西部地区 5∶5 的比例共

---

① 章晓懿：《"救急难"托底保障的机制构建与地方实践》，《中国民政》2017 年第 16 期。

担。地方政府承担的农村基本公共服务事权和财政责任重心仍在县级政府。① 乡镇政府财政管理体制与农村居家养老服务供给财力不匹配。省、市级主管部门只负责督促、检查、验收，造成资金供给严重不足与政府供给服务的低效。政府专项资助带有为完成居家养老服务的发展目标而供给的短期行为色彩。按照事权要求，县乡政府负责向农村老年人提供养老服务，县乡财政困难严重影响农村居家养老服务供给。政府对农村居家养老服务投入不足，相关职能部门重视不够，尤其是互助幸福院的财政投入极为有限。目前，政府、市场、家庭等供给主体在养老服务体系中的作用没有得到充分发挥，导致农村居家养老服务难以实现多元供给主体间的有效协同。② 中央和地方政府主要通过财政转移支付对农村互助幸福院予以支持，中央财政为每个农村幸福院一次性投入 3 万元，搭建了农村居家养老服务的平台，能够在一定程度上缓解农村居家养老服务供给面临的困境，但政府支持农村居家养老服务的财政投入比重不足 0.1%。③ 农村居家养老服务供给存在财政投入不足，从 2016 年起，中央福彩公益金不列入农村幸福院建设计划，难以保证农村居家养老服务的可持续发展。辽宁省农村社区养老服务设施建设迟缓，后续服务运营缺乏地方政府的财政配套资金，乡镇（县级）政府承担主要职责。仅靠乡镇、村的财力无法使农村互助幸福院实现可持续发展，需要不断完善农村居家养老服务协同供给机制，努力实现多元供给主体间的高效协同。

① "城乡统筹发展研究"课题组：《中国农村公共财政投入现状与需求》，《华中师范大学学报（人文社会科学版）》2015 年第 5 期页。
② 辜胜阻、吴华君、曹冬梅：《构建科学合理养老服务体系的战略思考与建议》，《人口研究》2017 年第 1 期。
③ 陈锡文：《中国农村公共财政制度》，中国发展出版社 2005 年版，第 24 页。

第六章 国外居家养老服务供给的典型经验

医疗保健与居家养老服务结合最早为各国政府所重视的领域，走在应对老龄化前列的日本，在 1982 年的《老人保健法》中就提出保健与医疗相结合的原则；① 美国的"全包式养老服务计划"（Program of All Inclusive Care for the Elderly，PACE）和瑞典的老年住宅就是有效整合老年人社会服务、医疗服务和住房服务的政策实践，让老年人在熟悉的社区环境中通过整合养老服务为老人提供连续的综合性服务，从而提高服务供给效率。目前，发达国家的照护保险主要有四种模式：社会型照护保险模式、商业型照护保险模式、国家型照护保险模式和储蓄型照护保险模式。

第一节　发达国家的健康照料服务

人口老龄化的快速发展已成为日益严峻的世界性问题，美国居家服务、英国整合照料、德国健康保障体系、日本居家养老服务、新加坡养老服务具有较长的发展历程和各自的特点。

一　美国居家养老服务

美国居家服务是作为医院医疗护理和护理院照料服务的替代方式。在早期，家庭成员为其老年亲属提供照料属于传统意义上的家庭服务而不是居家服务。至 19 世纪晚期，由于城市地区移民增多，许多卫生组织建立护理组织为移民提供涵盖健康教育、预防、营养以及社会福利干预等居家服务，其服务对象扩大至为社会弱势群体提供服务。据美国普查局数据显示，1990 年至 2030 年间，美国 65 岁以上老年人口迅速膨胀，80 岁以上需

---

① 丁英顺：《日本老年贫困现状及应对措施》，《日本问题研究》2017 年第 4 期。

要照顾的高龄老人规模逐步增长，长期照料服务费用不堪重负。为了实现健康老龄化，美国政府制定和颁布《社会保障法》《美国老年人法》等制度，建立了联邦、地区、县三级养老服务和管理行政体系，促进老年人获得公平的社会福利和待遇，实现健康老龄化。美国养老服务体制的系统化与规范化程度较高，可为我国居家养老服务的发展提供参考与借鉴。

（一）注重维护老年人居家养老服务的权益保障

"就地老化"理念最早在北欧国家兴起，之所以得到制度支持，主要在于可有效满足老年人在家庭或熟悉的环境中度过晚年生活的需求。居家养老服务主要依托社区为居家老年人提供基本照护服务。2007 年，欧盟国家 65 岁及以上老年人接受机构照料者平均仅为 3%①；为此，政府积极制定政策促进养老服务向社区和家庭延伸。在美国，居家服务的对象主要是 65 岁以上老年人，大约 1/4 的居家服务面向 65 岁以下老年人。居家服务供给包括长期照料服务和短期照料服务，可分为专业性服务和非专业性服务（家庭成员、朋友、邻里提供的服务）。其中，专业性服务在长期照料服务中占据重要地位。专业性居家服务是一种机构服务，其提供主体是居家服务机构。美国 32% 的专业性居家服务费由医疗保险解决。美国约有 7000 个居家服务机构，服务费用一般均具有报销医疗费用的资格。居家服务的成本效益一般优于传统的机构照料。在美国，居家服务机构依据相关法律领取证书，并实行年审制度。各州的居家服务证书管理部门有权调查有关申述案件，并定期进行资格审查。同时，全国护理联盟（The National League for Nuring）下属为消费者服务的独立机构——社区健康鉴定项目（Community Health Accreditation Program）、联合委员会（Joint Commission）、居家照料和临终关怀协会（the Association for Home Care and Hospice）等机构，也积极参与居家服务的质量监督过程。② 与商业健康保险不同，Medicare 和 Medicaid 带有显著的社会保险的特征。Medicaid 针对低收入群体的医疗健康保健项目，服务对象涵盖低收入家庭、孕妇、残障人士以及长期护理对象，由联邦政府和州政府共同出资，联邦政府会按照州政

---

① Huber, M., Rodrigues, R., Hoffmann, F., Gasior, K., & Marin, B., Facts and figures on long-term care. Europe and North America. Vienna: European Centre for Social Welfare Policy and Research, 2009.

② 民政部：《国外及港澳台地区养老服务情况汇编》，中国社会出版社 2012 年版，第 3—14 页。

府一定比例给予资助，以 Medicaid 为主支付各类照顾费用，如老年公寓或养老院、日间照料中心、护理院、临终关怀等，政府还提供生活辅助和住家照顾的社区。2013 年，美国公共医疗补助制度（Medicaid）用于长期照护的社区和居家服务的支出首次超过机构服务，标志着养老服务的"去机构化"改革初见成效。随着美国老年人口增多，由于认知障碍等疾病，长期照护的需求逐步增加。而长期照护的需求对国家经费尤其是联邦政府财政经费影响较大，近 3/4 的长期照护费用即 Medicaid 主要由公共部门提供。Medicaid 面向超低收入家庭及其子女，由联邦政府和各州政府共同进行赞助，由州政府管理。由于各州 Medicaid 得到联邦政府基金的支持，各州该计划必须满足联邦政府的法律要求。联邦政府会根据各州不同的贫困线，对其进行资助。最富的州能够获得联邦政府资助 50%；最贫穷的州能够获得的资助比例较高。政府对居家老人护理服务的政策性支持是居家养老服务较快发展的动力。Medicare 更注重社会资源的再分配和政策性支持。Medicare 和 Medicaid 可视为针对大量人群的医疗服务费用支出提供的安全网。1965 年，美国医疗保险制度（Medicare）的建立成为美国医疗护理与健康行业快速发展的里程碑。老年人的居家护理服务运营模式与护理服务运营模式已进入专业化和正规化发展阶段，并逐步实现大规模推广和连锁经营。美国最知名的居家护理公司 Interim Health Care 有 300 个不同连锁服务地区，遍及美国 43 个州，员工人数已达 4 万多人。另一家知名的居家老人护理服务连锁机构 Home Instead，拥有员工达 6 万多人。专业居家服务者（caregiver）一般均是接受过专业训练的健康照料工作者，主要包括注册护士、获得资格的实习护士、个人照料助手（personal aides）、护士助理（nurse assistants）、家务工作者、具备资格的职业理疗师、社会工作者等。专业居家服务工作者在顾客医生的指导下开展工作，并接受居家服务机构的监督。

（二）持续照顾社区与全生命周期健康管理

随着长期照料服务的发展，日间照料服务作为机构照料的有效替代方式逐步发展起来。居家养老能够有效避免入住养老机构所带来的生活方式的转变，为老年人提供多元化的养老服务，使老年人在家里颐养天年。1999 年，康复设施鉴定委员会（the Commission on Accreditation of Rehabilitation Facilities）和全美日间服务协会（the National Adult Day Services Association）联合颁布日间照料服务标准，日间照料作为长期照料服务体系的核心发挥了重要支撑作用。近半数老年人愿意居住在拥有各种服务设施的养老社区，由家庭医生和社区护理人员定期提供健康管理服务，以保障老年人的健康水平。持续照料退休社区（continuing care retirement and life care communities，简称 CCRC）已成为美国社会的主流模式，注重老年人全方位的生命关怀与健康管理。居住于持续照料退休社区（CCRC）老年人的余命年龄普遍高于非居住于 CCRC 的老年人，目前，美国日间照料机构以非营利机构为主，提供涵盖医疗、精神和护理评估、咨询、体育锻炼、社会服务、工艺制作、日常生活功能康复等专业服务。也提供临时替代照料服务（respite care），即临时替代家庭成员看护或者照料老年父母，服务费用由老年人自费。多数日间照料服务机构依据各州的相关法律运营，并接受提供资金的社区机构的管理和认证。美国政府鼓励各类长期照料服务机构为老年人提供多元化选择，持续照顾社区（CCRC），即除了提供住房之外，还提供综合性长期照料服务；高科技居家服务或没有围墙的医院（high-technology home care；hospitals without walls），即运用现代科技手段为居住在家的老年人提供各种长期照料服务，尤其是网络、电子商务以及"互联网＋"技术创新，为未来老年人护理行业的健康发展提供有益支撑。

1990 年，美国政府制订了"健康人民"健康管理计划，该计划项目由美国联邦卫生和社会服务部主持。该计划以提高健康生活质量，延长健康寿命，消除健康不平等为目标，旨在逐步提高全体国民的健康水平。从卫生经济学角度，健康管理可协助卫生资源达到高效合理的优化配置。在美国，企业和个人均可通过健康管理有效降低医疗费用，提高供给效益。美国健康管理服务网络的多元化发展为健康管理服务主体提供了多元化选择：居家养老服务供给主体多元化，如家庭健康护理者、疗养院、综合医院、专业护理机构、公共卫生诊所和临终关怀机构等，健康保险公司、雇主和职业联盟等健康维护组织，保险机构、雇主、医疗机构、医生联盟、健康管理机构等市场主体，可与第三方机构共同组建健康管理机构。政府颁布法案支持健康维护组织（HMO）的发展，完善多元化健康管理组织网络，如 PPO、EPO、HMO、POS、PHO 等，为政府、雇主、个人的健康管理提供多元化选择。

（三）完善以预防医疗为导向的健康养老服务体系

人口老龄化的加深，生态环境恶化、慢性病老年人不断增长，导致美国医疗卫生需求过度增长。美国经济社会发展面临前所未有的机遇与挑战，以疾病诊治为中心的传统卫生服务模式难以为继，以健康管理为中心的卫生服务模式应运而生。美国健康管理的理论与实践具有典型性，美国政府通过立法、行政法规以及公私合作伙伴关系逐步完善涵盖疾病控制和健康促进等老年权益保障的法律法规。通过社区居家养老、长期照护支持、疾病预防和健康促进等规范化、系统化养老服务，减少机构化照护的弊端，居家养老服务供给已取得较好效果。美国居家养老服务重视疾病预防和社会经济因素等对健康养老服务发展的影响，以健康养老理念关注老年人营养保障、定期疾病筛查和口腔健康等方面。注重疾病预防与健康促进、居家和社区就地养老，通过保证老年人社会参与能力，促进老年人社会融合，避免歧视和脱离社会，保障老年人精神健康与养老生活质量。重视循证医学和实证研究对健康养老的作用，重视健康养老实践与理论研究相结合。关注老年人及其照顾者，在提升照顾者照顾老年人能力的同时，也提升照顾者照顾自我的能力。健康管理能够提高老年人的健康水平，增强老年人对健康保险的信任度，减少医疗费用支出，提升长期照料服务质量与效益，从而有效避免因昂贵的长期照料费用而致贫的问题。长期照护体系在建立初期以专门的护理机构为依托，并逐渐向社区和家庭延伸，形成多种形式相互交叉的服务网络。

（四）商业性长期护理保险融入健康管理降低医疗风险

美国政府鼓励健康保险市场供给，医疗卫生服务主要由健康保险来提供，健康保险管理所运营的医疗服务费用支出高达"万亿"。美国政府注重对健康管理的引导，通过立法鼓励雇主为员工购买健康保险，建立弹性支出账户、弹性福利制度，并给予雇主税收优惠，完善以团体健康保险为基础的私人健康保险市场；从宏观上制定全国性健康管理计划（"健康人民"计划），促进政府、企业、非政府组织等多元主体协同参与健康养老服务供给，注重健康资源的优化配置。

健康保险计划的产生与发展是美国健康保险发展历程中的里程碑。1965 年，美国政府通过制订老年和残障医疗保险计划（Medicare）和贫困者医疗救助计划（Medicaid）等来满足老年人多元化养老服务需求。美国养老服务支出主要来自公共医疗救助计划（Medicaid）、个人和家庭自费、商业长护保险和其他公共项目，分别占长期护理总支出额的51%、19%、8%和21%（Reaves&Musumec，2015）。① 慈善捐助在社区医养结合型居家养老服务中发挥重要作用，通过社会众筹资金（Crowd Funding）的公益性经济性捐助可冲抵企业所得税、个人所得税和社区企业税后利润，运用"团购＋预购"的形式向网友募集项目资金，众筹在社区医养结合上的应用可从服务项目的创意性入手，社区医养结合机构可将一个拥有较好创意的医养服务项目通过众筹平台募集资金，具有低门槛、多样性、依靠大众力量、注重创意等特点。健全长期照料服务体系，早期对蓝十字与蓝盾公益健康保险组织给予免税支持，鼓励商业健康保险机构的健康发展。20世纪60年代，美国保险业即提出健康管理的概念。美国长期护理保险作为美国健康保险业中发展较快的险种，以商业保险公司为承保主体，被保人在家或养老机构因接受各种个人护理服务，而发生的相关护理费用由保险公司承担。美国的照护服务主要包括护理院、辅助护理设施和家庭健康护理三种，其基本政策目标在于通过商业保险机制建立长期护理服务资金筹集机制，运用健康管理技术有效鉴别高风险人群，通过健康管理减少投保人的患病风险，从而减少保险的赔付费用。

二　英国整合照料

1945年，英国政府颁布的《贝弗里奇报告》是现代福利国家的蓝图，是英国乃至人类社会保障史上一个重要里程碑。目前，英国的社会福利制度主要沿用了贝弗里奇倡导的社会保险制度。1991年，英国发布《社区照护白皮书》，强调以"促进选择与独立"为目标，现已建成分工明确、条理清晰的老年照护体系。

伴随着人口老龄化进程的加快，英国老年人医疗养护服务需求增加，英国面临医疗与长期照护相互融合的问题。② 据英国国家统计局数据显示，截至2016年，英国65周岁以上和85周岁以上老年人口分别为1180万人

---

① 王杰秀等：《发达国家养老服务发展状况及借鉴》，《社会政策研究》2018年第2期。
② 柴化敏：《英国养老服务体系：经验和发展》，《社会政策研究》2018年第3期。

和160万人，分别占总人口的18.3%和2.4%。^①据预测，到2040年，英国65周岁以上老年人将增长到总人口的24.2%，85周岁以上高龄老年人数将增加至340万人。同时，16—64周岁劳动年龄人口将从2016年的64%下降到58%，不到三个劳动年龄人口抚养一个老年人。^②90%的老年人在社区居家养老，机构养老占比仅为10%。养老机构以民办为主，养老服务定位以市场化为主，地方政府作为服务购买者和服务监督评估方。20世纪80年代，社区长期照护已被提出并受到高度关注，较大程度上减轻了政府财政压力。地方政府对老年人长期照护需求进行综合评估，同时为鼓励居家养老为家庭照护者进行需求评估，并根据老年人收入和财产状况确定是否可部分或全部享受政府提供的长期照护服务。

西方资本主义国家在二次大战后已逐步建立健全以国家为核心运营机构的全民医疗卫生服务系统，形成了分级诊疗式健康管理体系。其中以英国的NHS（National Health Service）系统为最典型，欧洲其他国家的医疗保障机制均为该机制的转型与延伸。目前，英国医疗卫生制度以税收支持的非营利医院为主，以私人医疗保险和税收共同支持的私人医院为辅。英国医疗主要遵循免费就医原则，所有公民和永久居民能够享受免费医疗服务。英国家庭医生按照与政府的合约提供服务。20世纪80年代后期，英国政府建议在国民健康服务计划中引入一个内部市场或准市场。政府购买医疗服务促使医院之间为获得更多的经费而展开竞争。1990年，建立在1989年《以病人为中心白皮书》（*Working for Patients*）和1991年《社区服务白皮书》（*Caring for People：Community Care*）基础之上的《NHS与社区服务法》（*National Health Service and Community Care Act*）颁布，是自1948年NHS实施以来对NHS医疗体制进行的第一次重大改革，第一次在中央政府提供的医院医疗服务和地方政府提供的养老服务之间形成有效衔接，对养老服务推行社区照护服务。英国国民健康服务体系（NHS）是世界上较为成功的全民医疗保障模式之一。2000年，英国政府提出以国家医疗服务体系基金作为资金来源，在疗养院向国民免费提供长期护理服务，其给付方式主要为服务给付和现金给付，

---

① UK Office for National Statistics，https：//beta. ons. gov. uk/peoplepopulationandcommunity/healthandsocialcare/healthcaresystem/datasets/healthcareexpenditureintheukalltables.

② UNITED NATIONS，UN Population Division's World Population Prospects 2017，https：//www. un. org/en/.

服务给付主要有家庭护理服务及疗养院护理服务，现金给付方式为政府按月向护理服务需求者提供财政津贴支持。NHS 主要分为社区基础医疗系统、地区医院、教学医院三层管理等级。一级医疗机构在转诊时如果认定病情复杂可直接转至三级，而二级医疗机构也可转诊至三级。每个社区公民都有专门的家庭医师，负责基本医疗服务。在英国，每位居民或外国人都要在社区医疗所登记注册，然后工作人员会指定一名家庭医师。所登记的健康档案将传给家庭医师，同时会发给放保健卡及保健医师的电话，有事可随时与家庭医师联系。社区家庭医师能够有效掌握老年人的健康状况，日常生活中感到身体不适者可预约家庭医师。对行动不便者，家庭医师也可上门出诊。家庭医师的角色如同国内社区医院及乡镇卫生院和单位医务室保健医生。2015 年，英国卫生部颁布了《英国农村卫生服务：提供优质护理体系的政策框架》，在社区类型上，有效区分了大城市、城市、小城市、农村、小农村和远程的社区类型与人口规模的差异性，严格规定了不同类型社区的护理水平，如表 6 - 1 所示。社区照顾尤其是"在社区照顾"的理念出现并被付诸实践，并随着地方社会服务局的成立，其照顾责任逐渐由中央监控单位转移到各地方社会服务局直接管辖。同时，英国注重发展以风险为导向的评估方式（risks - led assessment），被专业人员评定为高风险人群可优先于低风险人群得到政策性支持。[①] 可见，政府在福利提供方面具有选择性。

表 6 - 1　英国农村卫生服务：提供优质护理体系的政策框架

类别	人口（近似社区和集水区）	护理水平
大城市	175000 +	高度专业化的护理照料，满足周边社区和卫生部门的第三期护理需求
城市	75000—175000	专业医疗，外科和重症监护，以满足从大型医疗区域广泛转诊的区域性护理需求
小城市	20000—75000	一般住院治疗和一些专门服务（如普通外科、重症监护和住院精神病学），诊断，心理健康团队

① Waterson, J: "Redefining community care social work: Needs or risks led?", *Health and Social Care in the Community*, Vol. 7, No. 4, 1999, pp. 276 - 279.

类别	人口（近似社区和集水区）	护理水平
农村	3500—20000	一些专门的急性服务（如围产期和日间手术服务），在所有社区普遍可提供住宿护理和辅助生活服务
		有限的一般住院护理，以满足当地人口基本的急症护理需求，公共卫生，心理健康和基本服务利用，住宿护理和一些社区提供的辅助生活服务
小农村	1000—3500	满足大多数人口的初级卫生和社区照顾需求，在某些地方提供可能发生紧急和基本紧急照顾，紧急运输机制至关重要。儿童探访、青少年家庭心理健康和成瘾外展服务
远程	0—1000	以急救和护士为主导的护理，以满足偏远人口的紧迫需求。可能包括初级流动的设施和满足基本健康需求的社区照顾
		社区太小而且分散，以维持当地的健康服务。邻近社区的卫生服务需求得到就近解决

资料来源：Ministry of health, *Rural health services in BC：A policy framework to provide a system of quality care：cross sector policy discussion paper 2015*, British columbia, pp, 1 – 45.

在经济全球化背景下，世界各国尤其是福利国家均受到财政负担加剧、劳动积极性下降和人口老龄化危机等社会问题困扰，面对福利国家的困境，西方学者从不同角度出发对世界各国社会福利改革的目标与模式进行了理论探讨，其中，社区照顾制度经历了"剩余模式""制度模式""制度转型"和"制度优化"四个发展阶段。从法国年鉴学派费尔南·布罗代尔（Femand Braudel）"整体史观"的视角，制度发展初级阶段变迁主要动力源于人口规模、地理环境等结构性要素。第三条道路理论（Giddens，1998）为英国工党的社会政策奠定了规范性基础，它强调多元化福利体系的必要性，国家可有效促进提升社会福利的个人责任感，社区参与、市场合作以及自愿供给，主张国家、集体与个人共同参与，共担风险的积极福利国家政策，通过经济、教育、培训等领域的政府投资与个人投资，建立一种使福利可以维护，但受益者需要承担相应的责任与风险的积极福利政策，从而使传统福利国家向社会投资国家转变。

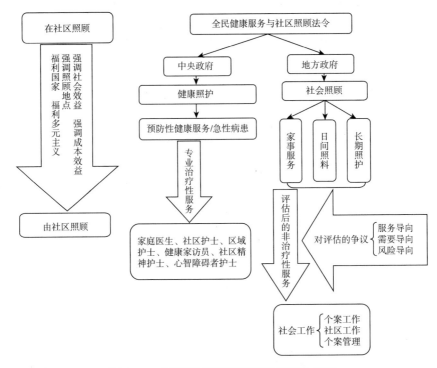

图6-1 英国社区照顾演变历程及结构梳理

资料来源：陈伟：《英国、我国香港与台湾地区养老服务之理念与经验——对我国内地"社区居家养老服务"的借鉴与反思》，《南京工业大学学报》（社会科学版）2015年第2期。

英国福利经济学家边沁认为"最大多数人的最大幸福"是人类一切行为的规则和标准。目前，英国政府主要为贫困和低收入老人提供养老津贴支付贫困和低收入老年人的养老问题，为高龄老人提供高龄津贴，为困难老人提供养老服务等支持政策。英国老年人长期照护服务被整合在社会服务体系之中，服务对象以年龄区分为儿童（16岁以下）服务和成人服务两大类型；服务类别则分为一般失能、精神障碍及智能障碍照护。直至1999年，以老人为主体的长期照护体制初具雏形。老人长期照护皇家委员会（The Royal Commission on Long - Term Care for the Elderly）提出"关怀老人：长期照护——权利与责任"报告书（With Respect to Old Age：Long - Term Care Right and Responsibilities），并主张以税收为筹资基础提供全民免费的长期照护服务。2013年4月1日，《健康和社会保健法案》（Health and Social Care Act）颁布实施。2014年，《照护法案》（Care Act）颁布，对已施行六十年的社会服务法律制度进行全面修订。在威尔士，2014 年《社会服务和福利法》（*Social Services and Wellbeing Act*）实施，提出当医疗照护融合不充分时，政府有责任促进二者融合。英国商业健康保险的发展，也得益于英国保柏集团（BUPA）等私营医疗机构对英国医疗卫生体制改革的推动。随着正式制度逐步形成，其变迁影响因素逐渐演变为阶级斗争、经济周期和政党政治等局势要素。NHS 制度变迁过程阐释了在较高的社会生产力发展水平条件下，政府可通过科学的顶层制度设计保障全体国民享有高质量的健康养护服务。该制度对我国新医改在促进公平、协同治理和分级诊疗等方面具有重要借鉴意义。①

当代发达国家社会福利政策的主流在于按照兼顾社会公平和经济效率，强调国家干预与企业、社会和个人责任相结合，社会政策和经济发展相互协调与相互促进，社会政策运行中引入市场机制，从而提高运行效率。

三　德国健康保障体系

德国一直以社会市场经济和社会福利及保险闻名于世，在经济领域和社会领域分别被冠以"莱茵资本主义"和"俾斯麦模式"的称号。德国是现代社会保险的发源地。福利社会和福利市场的有机结合和相互整合能够有效推动多元角色的平衡发展，从而使国家角色由直接干预者转变成为立法监督者、协调者和组织者。德国、日本是社会型护理保险模式的典型国家。

1889 年，德国政府颁布的《养老保险法》规定，若因疾病或意外事故导致丧失劳动能力，则由养老保险为其支付失能年金（Invalidity Pension），并由此引入"康复先于医疗退休"（Rehabilitation Before Medical Retirement）原则。20 世纪 70 年代以来，德国面临人口老龄化的严峻挑战。1990 年 10 月 3 日，东西德统一协议签订，除过渡性规定外，联邦德国（西德）法律在过去东德地区正式生效的同时，东德法律废止。目前，德国 60 岁以上人口占总人口的四分之一，是欧洲老龄化程度最严重的国家之一。1992 年，德国政府开始制定《联邦老年计划》，该计划成为联邦政府

---

① 尹栾玉、王依娜：《从英国 NHS 制度变迁看我国新医改路径选择》，《社会治理》2018 年第 10 期—34 页。

老年工作的核心计划，老年福利制度自此进入迅速发展期。为了有效化解老年护理救助支出的财政风险，德国护理保险需要与医疗保险同步参保。1995 年 1 月 1 日，德国实施《护理保险法》（Pflege – Versicherungsgesetz），确立了一个全民覆盖的、不经家计调查的、由雇员和雇主共同缴费的长期护理保险制度，德国在世界上率先建立长期护理保险制度解决老年护理筹资问题。

（一）普及健康知识，培养健康管理理念

1967 年，德国联邦卫生部成立了联邦健康宣传中心。该中心设有 16 个分中心，各中心除了拥有各种先进的保健仪器和设施并配有心理咨询师、药剂师和内外科医生等医学专家外，还在各城市社区、城镇居民点建立健康宣传站，在偏僻农村设立流动宣传点，保证健康知识普及到每个角落。健康宣传员为人们提供各种健康宣传教育和活动，为德国全民健康教育普及发挥组织指导作用。[1] 2002 年，德国政府通过立法将疾病管理纳入法定医疗保险体系范畴。2008 年，德国私人保险公司启动以病人为中心的慢性病护理管理方案，该方案采用美国健康管理策略，对全民进行健康管理，其目的是为了使更多的人获得高质量的健康服务。德国的健康管理与医疗保险体系紧密结合。德国医疗保险主要有法定健康保险和私人健康保险，注重社会保险与商业保险融合。德国作为实行社会保险制度的典型国家，其基本诊疗服务机构以私立为主，德国初级保健机构基本上具有营利性。

（二）保险机构介入全民健康管理服务

德国是世界上最早实施社会保障制度的国家，德国长期护理保险的对象覆盖除了国家官员、职业军人以外的所有公民。德国将慢性病预防和管理纳入社会保障体系，疾病预防具有完善的资金保障。由于投保人的健康状况直接影响医疗保险公司的经济效益，医疗保险公司在承担医保费用的同时，积极开展健康教育；针对不同人群有针对性发放健康资料，告知开设健康课程的信息，通知健康体检等，有的放矢地对投保人进行健康教育和行为干预。为提高教育效果，保险公司还以"积分"的形式对按时完成健康教育课程者、按时接受健康体检者、按时接受免疫接种者给予奖励，

---

① 刘冬梅：《德国老年福利制度研究》，《社会政策研究》2018 年第 2 期。

有效提高了德国健康管理服务的覆盖率。

3. 护理救助制度逐步完善

德国护理需求愈加迫切。据德国统计局推测，预计到 2050 年，德国人口将从现在的 8200 万人降至 7000 多万人，一半以上的人口将超过 50 岁，三分之一的人超过 60 岁。据德国巴尔莫医疗保险公司发布的最新数据，德国 72% 的女性年老后需要他人照顾，50% 的男性有同样需求。照护保险待遇从 1995 年 4 月 1 日引入家庭照护待遇，1996 年 7 月 1 日引入住院照护待遇。2000 年，65% 的女性和 41% 的男性年老后需要由他人提供照顾服务，社会对护理需求不断增大。这并不意味着德国人健康状况下降，而正是由于生活质量提高，寿命延长，使得过去活到 70 岁的人现在能活到 90 岁，而 90 岁的高龄老人势必比 70 岁的人更需要他人的护理和帮助。

德国《社会法典》第十一册"照护保险法"（最新修订于 2014 年 12 月 23 日）规定，为了有效防范照护需求的社会风险，旨在为由于照护需求的严重程度而请求获得互助支持的照护需求人的帮助。德国长期护理保险制度遵从"护理保险跟随医疗保险"的原则，医疗保险的投保者均需要参加护理保险，资金由国家、雇主和雇员三方共同筹集。社会照护保险的承担者是照护保险基金会，照护保险的支出由照护保险成员以及雇主的缴费共同承担，应缴金额根据照护保险成员的应缴费收入额来确定，对于家庭保险成员以及登记的生活伴侣，不增加其缴费金额。德国长期护理责任范围包括家庭护理和护理院护理两大类，按照需要程度可分为三类（每周至少 90 分钟服务），一天至少不同时间提供三次服务，昼夜 24 小时需要提供服务，德国长期护理保险金的给付也分为两类，家庭护理按标准予以实物待遇给付，住院护理金以现金形式给付，以满足老年人多元化护理照料需求，德国护理保险的给付形式，如表 6-2 所示。

表 6-2　德国护理保险的给付

护理等级	居家护理			全住院护理
	护理服务机构的实物给付	或	自己解决护理时的护理金	
I	每月 420 欧元		每月 215 欧元	每月 1023 欧元

续　表

	居家护理		全住院护理
II	每月 980 欧元	每月 420 欧元	每月 1279 欧元
III	每月 1470 欧元	每月 675 欧元	每月 1470 欧元
	可以组合		
III +	每月 1918 欧元		每月 1759 欧元

用于护理辅助工具的支出（先由医疗保险机构承担）
消费用品的支出每月 31 欧元
住房调整一次性给付，最多 2557 欧元
护理人员的社会保障

资料来源：蓝淑慧、特劳普－梅茨、鲁道夫、丁纯：《老年人护理与护理保险：中国、德国和日本的模式及案例》，上海社会科学院出版社 2010 年版，第 48 页。

德国尤为注重护理救助制度的建立与完善，并给予经费支持。护理保险制度建立后，护理救助仍在老年护理领域发挥重要作用，为护理需求尚未满足的人群提供帮助。护理救助内容主要包括居家护理、辅助器具、半机构护理、短期护理和机构护理等，能够满足护理照料需求的服务救济，以及满足精神需求的积极促进举措。社会政策、经济政策、劳动市场政策和社会稳定达到一种"四位一体式"平衡状态，从而促进社会稳定、经济增长和劳动就业。能够让老年人积极参与社会，提升养老生活质量，安享持续有尊严的晚年。[1]

---

① 刘涛、汪超：《德国长期护理保险 22 年：何以建成，何以可存，何以可行？》，《公共治理评论》2017 年第 11 期页。

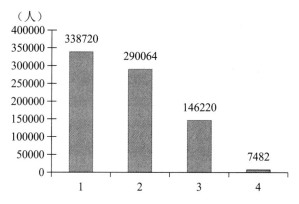

（人）

图 6-2　2016 年德国住院护理中不同护理等级的人数分布

资料来源：德国联邦健康部 2017 年 4 月公布的"长期护理保险的数据与实例"和杨成洲等《德国长期护理保险制度：缘起、规划、成效与反思》，《中国卫生政策研究》，2015 年第 8（7）期：第 36—42 页。其中，1 为护理一级，2 为护理二级，3 为护理三级，4 为特殊艰难情势下提供的护理。

四　日本居家福利服务

日本作为著名的"长寿之国"，随着经济社会的发展，人口占 65 岁以上的人口比例约为 28%，其中 75 岁以上的人口占 14%。日本人均寿命已达 83 岁，达到了世界最高水平。

（一）日本老年福利的发展由养老福利机构供给向居家福利服务供给转型

1963 年，日本颁布了《社会福利法》，规定对长期照护服务需要者提供必要的护理机构。20 世纪 70 年代的石油危机使日本经济进入低增长时代，日本政府改变了"福利国家"的理想，转而强调个人的自主努力，注重家庭和社区的联系，发挥民间力量在社会福利事业中的作用。1979 年，日本社会福利协会刊发的《居家福利服务战略》（以下简称为《战略》），对居家福利服务的概念及其在社会福利政策中的定位以及具体服务内容、供给体系等进行了理论性与系统性的阐释。通过现金支付方式对居家老年人提供制度保障。居家福利服务的体系化是日本社会福利供给体系的有益尝试。《战略》中的居家福利服务内容主要分为"请进来"和"走出去"两类，"请进来"即指上门服务，其中包括上门医疗护理、家务援助、配餐送餐、沐浴、洗衣服、晒被子、改善住宅设备的装修服务、出租介护器

具、福利电话、外出交通服务、步行援助服务、杂用服务、定期或不定期
走访、介护补贴等;"走出去"即指服务使用者走出家门到服务供给专业
机构或设施中接受服务,涵盖短期居住、日间照顾、会餐服务、劳动援助
等。服务供给范围的标准主要在于满足需求的有效性和资源的优化配置,
其中,满足需求的有效性主要与现有的机构、设施以及服务的便捷性相
关。《战略》中指出,居家福利服务的供给范围应顺应需求水平以及供给
率和资源配置状况等条件进行多重立体式的建构,其区域可根据资源整合
的效率性,动员包括市町村的资源实现有效供给。在居家福利服务供给体
系中,居家福利服务供给中的公私功能分担具体包括:居家福利服务范围
中的公私分担,为了满足服务使用者的需求,家庭提供的服务和市场提供
的服务以及社会服务、公共服务需要适当区分;即使在明确了居家福利服
务作为社会服务、公共服务的范围,也需要将其供给主体区分为政府与非
政府两部分;服务供给责任由谁来承担以及居家福利服务供给的直接提
供、资源调整和费用调整等。

(二) 以"社区照顾"为中心的居家福利服务

20 世纪 80 年代,居家福利服务注重以社区或家庭为基础的福利,促进
立足于社会连带的社区照顾。1982 年,日本政府颁布了《老年人保健法》,
决定将医疗与保健相分离,为需要护理的老年人提供设施护理和"家庭病
床"式的访问看护服务,该法对国家、家庭和社区的职能做了明确规定,国
家的职责是制定政策和实施监督,不再直接参与管理和经营;家庭和社区是
老年人保健实施的社会基础。1986 年,日本福利协会提出《社会福利改革的
基本构想》,促进居家福利的开展,重构福利供给体系,以废除老年人医疗
费公费负担制度为突破口,以年金和医疗保险为中心,发展以家庭和社区为
基础的日本福利社会建设,加强居家福利与机构福利的合作。[①] 日本居家福
利服务由行政机关和民间健康管理组织共同为全体国民进行健康管理。1989
年,日本政府颁布了《促进老年人健康和福利服务的十年战略计划》(即
"黄金计划",1995 年开始实行"新黄金计划")和《区域老年人保健福祉计
划》。日本的老年福利就由重设施福利轻居家福利开始向设施福利和居家福
利并举转变,政府以市、町、村地方政府为主体,建立起老年居家服务网

---

① [日] 忠岡一也:《社会福祉協議会の展開と地域福祉》,《桃山学院大学社会学論集》,
第 46 卷第 1 号,第 56—78 页。

络。1997 年 12 月，日本制定了《护理保险法》。2000 年，日本开始实行长期护理保险制度，日本将老年福祉制度和老年保健医疗制度合并，逐步形成全民皆保险的预防医疗与医疗保障为一体的健康保障模式，为世界范围内建立长期照护保险制度提供有益借鉴。日本政府本着在地安养的原则，促进"自助、他助、公助、共助"相结合的多主体参与、多元服务的社区嵌入式养老服务模式，有诸如生活协会、农协、NPO 法人运营的非营利团体、全国劳动灾害协会、自主福祉团体、社区福祉团体等组织作为服务供给方参与社区福祉建设，民间营利企业参与竞争。老年护理保险的实施将老年福祉从行政管理框架中剥离出来，提高了社区居民的自主性，能保障老年人生活不便时有人照料，有病能及时得到医疗和护理，通过专业人员的定期上门提供医疗护理和康复指导，提升老年人的生活质量。

　　日本后期高龄者面临综合性慢性疾病的患病风险，达到要介护状态之前还面临身体脆弱性、精神心理脆弱性和社会脆弱性等多元化的长寿风险。对于后期高龄者来说，诸多脆弱性不断显现，健康状态、生活功能、生活状态等个人差别具有逐步扩大的倾向，根据个人的医疗信息和身心机能等需要提供援助服务。2015 年，日本医疗保险制度改革中，后期高龄者医疗广域联合会根据高龄者的身心特征发展后期高龄者的保健事业，除健康教育和健康检查之外，涵盖保健指导·健康管理、疾病对预防疾病的自助努力支援等内容。2016 年，由自治团体、职能团体等构成的"高龄者保健事业"参与者不断推进预防高龄者低营养、重症预防等有关事业的实施。2018 年，为促进高龄者多元化社会参与，促进社会全体成员的活力，维持健康长寿，日本厚生劳动省颁布了"高龄者保健事业与介护预防一体化实施的有识之士会议报告书"，旨在以老年人来往的场所为中心的护理预防，注重生活习惯病等疾病预防与重症化预防，以及就业和社会参与支援。都道府县等在探讨共同携手实施市町村一体化的机制的同时，根据高龄者的特性，以消除健康寿命的地域间差距为目标，探讨医疗保险的保健事业和介护保险的介护预防效果的有效供给的体制和机制等，需要有关自治团体和有关团体的协调合作。① 目前，日本的社区养老组织形式主要有

① ［日］高齢者の保健事業と介護予防の一体的な実施に関する有識者会議：《高齢者の保健事業と介護予防の一体的な実施に関する有識者会議報告書》，2018 年（平成三十年）12 月 3 日（https：//www.mhlw.go.jp/stf/seisakunitsuite/bunya/iryouhoken/database/seido/kokumin_ nenpo.html）。

四种，即政府主导型（以政府人员为主，服务人员和民政人员组成）、政府资助民间组织型（如社会福利协会等）、民间志愿者协会型（主要由大学生、家庭主妇和健康老人组成）和企业组织型（企业式养老服务）。家庭福利服务是个人和家庭信息的重要来源，家庭福利服务仍然是一个新领域，挖掘和开发潜在需求非常重要。日本家庭普遍享有健康管理机构及保健医生的长期跟踪服务，包括为家庭建立健康档案，负责家庭健康管理和家庭服务人员派遣业务等。注重满足老年人的现实需求与潜在需求。① 日本的交通运输、服装设计、房屋建设、饮食服务、医疗保健、科教文卫、休闲娱乐、家庭洗浴服务等均融入了老年人的需求因素，直接或间接带动了养老健康产业的发展。养老服务、老年用品、养老设施、老年住宅、养老金融保险、老年教育等多种行业需求增加。日本受儒家思想影响深远，以居家养老和社区养老相结合的养老方式为主，多数老年人愿意选择依托居家养老服务，通过长期工、短工、钟点工等形式为老年人提供居家照护。"多功能化"养老服务与社区互动已成为一种趋势。在家庭医疗和健康方面，日本已有 3.7 万所老年人日托机构，仅东京都就有 2.8 万所。社区养老机构床位一般在 20—30 张，提供 24 小时入住照护，抑或是日间日托服务或居家上门等服务。② 在日本，护理已成为一门独立学科，护理员被称为介护福祉士。日本护理体系健全，职责分明。在临床护理服务者中，24—35 岁青壮年占绝大多数，护理员文化素养较高，服务理念较先进。养老院可从介护保险的理赔机构获得资金。日本政府通过民间企业托管等方式购买市场服务，以提高效率和降低费用。同时，鼓励民间资本投向养老服务产业，调动社区、医院、企业、行业协会、志愿者、居民共同参与养老服务事业，逐步壮大养老产业规模，日本地方政府为达到一定条件的老年人免费提供"养老服务券"，有机会选择自己喜欢的服务机构，促使社区的养老服务中心不断提高服务质量，促进养老服务机构之间开展良性竞争，以满足老年人日益多元化的养老服务需求。

① ［日］全国社会福祉協議会・地域福祉特別委員会「在宅福祉事業研究委員会」:《在宅福祉サービスと社会福祉協議会－「在宅福祉サービスの戦略」から10年，現状と今後の展開》，1989 年（平成元年）4 月版，第 84—114 頁。
② 程承坪、吴琛:《健康战略下发达国家发展养老健康产业借鉴研究——以美国、德国、日本为例》，《当代经济管理》2018 年第 3 期页。

五　新加坡养老服务

新加坡是西方市场经济制度与东方家庭价值观有机结合的典范，其老年人照料的服务水平在世界堪称一流。新加坡将老年人照料作为一个系统工程，社区需要协助和支持家庭担负照顾老人的责任，着眼于构建政府、社区、家庭和个人"四位一体"的老年人照料体系。

新加坡养老服务供给起源于早期社会慈善组织为贫困老年人提供的救助服务。1955 年中央公积金制度的建立，标志着新加坡制度性老年社会保障的建立，为老年人提供养老、医疗、住房等全方位保障。为了强化家庭的养老责任，新加坡政府还制定了《赡养父母法令》，设立了赡养父母仲裁法庭，通过法律形式确保家庭履行养老义务，积极引导和扶持社会力量参与养老事业。新加坡老年服务体系逐步建立，呈现多元化的特点。目前，新加坡已形成由私人提供，由机构、社区和居家构成的养老服务体系。为了缓解老年人家庭照料者的压力，社区中还提供持续性照顾。在社区中提供交友服务、社区个案管理服务、咨询服务、家务助理服务等项目，通过设立邻舍联系和老年人活动中心、日间护理中心供老年人使用。社会组织和私人机构是新加坡养老服务的主要提供者。新加坡养老院可分为两大类：私人运营的养老院和志愿型福利机构运营的养老院。第二类又可再细分为四小类：一是接受卫生部补贴的志愿型福利机构，一般收住由政府综合护理署送来的符合救济标准的老人；二是不接受卫生部补贴的志愿型福利机构，主要通过募捐资助的方式自筹资金，志愿型福利机构也能够为无力支付护理费用的患者提供必要的资金和社会援助；三是享受卫生部补贴计划的私人养老院，自 2003 年 4 月以来，卫生部已提高对符合救济条件老人的补贴标准，并允许政府认可的私人养老院通过保留一定比例的床位来为老年人提供服务，卫生部对私人部门参与政府公共服务的认可度较高；[1] 四是不享受卫生部补贴计划的私人养老院，多收住自费的老年人。

新加坡的医疗系统中包含向有需要的公民提供中长期护理服务 (intermediate and long–term care services)。服务对象是出院后需要进一步治疗和护理的病人及日常生活需要监护的体弱老年人。服务方式分为以社区为基

---

[1]　朱凤梅：《新加坡养老保障体系：制度安排、政府角色及启示》，《中国社会工作》2018年第 35 期。

础的中长期护理及提供住宿的中长期护理。

（一）医疗保险模式为全民健康管理体系建立奠定基础

1. 医疗保险模式

新加坡是储蓄基金型医疗保险模式的典型国家，主要通过强制性医疗储蓄满足居民多元化医疗服务需求，该制度以个人责任为基础，政府负担部分费用并控制医疗费用增长规模。①

2. 医疗机构集团式发展

新加坡医疗机构被称为健保集团和保健服务集团，集团所承担的医疗职责不仅在于治疗和抢救，也包括健康保护。在新加坡医疗机构的集团化发展涵盖不同规模、不同类型的医院和诊所、疾病治疗和康复指导等一体化服务，在集团中各级医院有不同分工，但相互以健康保健为核心密切合作，实现了系统化的疾病管理过程。

（二）逐渐完善全民健康管理体系，提高国民自我保健能力

新加坡政府为确保医疗保险制度的正常运转，在完善疾病管理、医疗费用得以有效控制的基础上，增强疾病风险管理，建立健康管理体系。通过健康促进的生活方式，强化个人的健康责任，增强全社会防范化解健康风险的意识，提升全民健康水平。

1. 建立专门组织机构及明确相应职责

新加坡国民保健工作原直属卫生部主管，下设全国健康教育处、学校保健服务处、学校牙科服务处、基本保健署服务处以及营养服务处等管理部门。迫于新加坡国人的健康保健及医疗保险的实际需要，2001 年 4 月 1 日，新加坡政府建立健康促进局，以营造人人健康快乐的新加坡为愿景，以帮助国人掌管自己的健康为己任，致力于促进人民健康、保健促进、预防疾病以及病人教育建立和支援国内与国际机构的合作关系，致力于成为以人为本的机构，鼓励和支持每个员工发挥自身潜能。健康促进局包括乐龄（老年）保健署、成人保健署、青少年保健署、企业服务署、企业推广与通讯署、研究与策略计划署、首席咨讯办公室 7 个部门。各有计划综合部、综合健康检验部、病人教育部等，根据不同年龄特点、不同健康风险分别制定详细的管理方案，如乐龄保健署以肥胖、骨折为重点，制定生活

---

① 张恺悌、罗晓晖：《新加坡养老》，中国社会出版社 2014 年版，第 60—63 页。

方式指导、防跌倒、活跃乐龄、要求医院制定保健促进计划、慢病管理计划等，成人署则注重体力活动、传染病、心理健康、健康的全民饮食教育等，青少年署重点为健康饮食及运动，毒品防范、心理健康、传染病和非传染病的防范等。从服务监督方面，社区养老服务和机构养老服务均主要由志愿性福利机构或是私营机构运营，在服务质量等方面接受政府监督。同时，政府增加在养老服务事业中的财政投入，建立健全养老服务体系，通过制定养老服务制度，为老年事业发展创造良好的政策环境，为老年福利发展提供法律保障。政府、社会组织、社区、家庭、个人等供给主体的责任共担机制能够有效破解居家养老服务供给的困境。

2. 构建以国民健康为目标的健康照料服务

为有效规避老龄化的社会风险，新加坡政府对入住社区医院（社区医院在新加坡是养老服务体系的重要组成部分）的老年人按照家庭人均月收入情况均给予一定比例的床位补贴。以国民健康为目标的健康照料服务体系需要依靠医疗卫生部门、机关学校和企事业单位、社区共同参与。科学甄别健康人群、患病高风险、亚健康群体，有针对性进行健康教育与促进活动。倡导健康的生活方式，预防生活习惯病，有效防控养老风险的发生。目前，新加坡提供的护理服务主要有三种：上门访问的家居式护理、为护理中心老年人提供日间护理、为老年人提供机构式看护服务。新加坡以区域性的医疗系统为主，开展医疗诊治和护理，设有病痛舒缓小组和临终护理病床。大医院之下设有社区医院，社区医院之下设有疗养院和护理中心，疗养院和护理中心之下是社区养老服务。

3. 根据家庭收入水平对居家老年人给予费用补贴

根据家庭收入水平对居家和在社区中心服务机构养老的老年人给予80%—15%不等的费用补贴。其中新加坡公民获得补贴的比例分别为80%（家庭人均月收入700新元及以下）、75%（家庭人均月收入701—1100新元）、60%（家庭人均月收入1101—1600新元）、50%（家庭人均月收入1601—1800新元）、30%（家庭人均月收入1801—2600新元）；而永久居住居民在相同低收入区间上获得的比例仅为55%、50%、40%、30%和15%。这类补贴主要适用于乐龄中心（如日间康复中心、老年痴呆症的日间护理中心、社会日托中心、长者护理中心）、精神病日间康复以及居家服务，如居家安宁疗护、安宁居家护理、家庭医疗、家庭护理、居家帮护以及居家个人护理。

第二节　国外居家养老服务供给的有益启示

人类社会关于老龄化的理念经历了从老年歧视主义向积极老龄化的演变过程，世界卫生组织从健康照顾的视角提出积极老龄化的理念，尽可能维持老年人的可行能力（functional capacity），致力于提供持续性服务（continuum of care）。老龄化政策理念的转变引发各国养老服务供给的多层次演进。当代发达国家社会福利政策的主流在于按照兼顾社会公平和经济效率，强调国家干预与企业、社会和个人责任相结合，社会政策和经济发展相互协调和促进，社会政策运行中引入市场机制，从而提高运行效率。他山之石，可以攻玉。我国传统农村社会具有"孝"文化、家国同构和互助精神等传统理念有利于社区照顾的发展。传承弘扬孝道精神，完善农村社区居家养老服务供给体系，必须要依靠政府、社会和市场的协作，构建政府、市场、非营利组织多元协同供给机制是社区居家养老服务供给体系的重要基础。在实践中并不存在一个理想的普适的社区养老模式，必须立足国情与地方情况，探索激发各类资源以及资源整合效应的模式。

一　政府增强引导与规划有效促进养老服务法制建设

居家养老服务有效供给需要政府的积极引导与科学合理的规划，各国政府通过形成多层级政府共担养老服务机制，呈现赋权增能的多元化趋势，即地方或区域层面被赋予较多自由裁量权（discretion），中央政府主要负责养老服务政策与标准的修订，而各级地方政府主要负责养老服务管理和递送。政府将资金投入社区医养结合机构基础设施的建立与维护以及养老服务人员的待遇给付等方面，并根据社区实际情况，如社区人口密度、社区老年人口数量及占比、社区所处地理位置、周边设施情况等，为居家养老服务提供优惠政策，协同推进医疗卫生体制和药品生产流通体制改革，统筹协调医疗卫生、药品生产流通和医疗保障体系改革和制度衔接，充分发挥医疗保障体系在筹集医疗资金、提高医疗服务质量和控制医疗服务费用等方面的作用，如家庭护工费用、家庭医疗器械购置的税费减免等，因地制宜优化居家养老服务供给的政策环境，提高养老服务财政资金利用效率。

随着中国社会保障体制的健全和完善，我国居家养老服务政策法规将逐步完善，居家养老服务的健康发展可有效弥补国内养老机构服务能力弱的短板。政府制定全国养老服务质量标准，鼓励和支持养老服务企业内部和行业之间在标准化框架中，探索建立相应企业和行业的标准和规范，涵盖需求评估、照护监管、资源配置、互联网＋智能养老、服务链整合等方面。政府需制定相应的政策法规，加强政府对农村社区居家养老服务的财政支持，应注重对农村居家养老服务工作的质量评估与监督；鼓励社会服务组织参与农村社区居家养老服务供给。同时，注重居家养老服务发展的普惠性和公益性，政府在制定相关法律法规的基础上。政府重点扶持弱势群体，对经济困难的老年人基于基本生活的医疗、居住或者其他救助，逐步拓展受惠群体政策框架的构建，树立获得社会支持的养老价值观。当前，以企业捐赠、服务性收费和政府补贴为主的经费来源使农村社区居家养老服务的资金短缺，服务设施落后、服务水平较低。为此，完善养老服务供给体系，应优先配置农村养老服务设施，通过税收减免和农村信用社贷款等优惠政策鼓励社会资本参与养老服务供给。

二　注重社区居家养老服务供给的福利性与公益性

发达国家居家养老以盈利为目的，即使有的国家对一些非营利性养老事业引入市场化运作模式，以提高资源配置的效率与效益。借鉴美国老年照料的经验，通过推进建设适合不同消费群体的老年公寓等形式，满足老年人基本生活所必需的基础设施和医疗护理服务等需求，拓展文化娱乐空间以满足老年人的精神需求。转变政府职能，加强卫生规划，健全医疗和养老服务体系，居家养老模式需要注重观念引导、政策制定与监督方面发挥作用，充分发挥政府主导作用。政府财政补助在养老照护中发挥重要作用，政府应增加对低收入群体的养老照护财政投入，制定和完善相应的制度和服务体系；随着享受居家和社区为依托的照护（Home‐and Community‐ty‐Based Services，HCBS）人群所占比重增加，而不断增加财政支持。为此，政府救助保障等政策及财政支持应更多地向居家和社区为依托的照护服务倾斜。无论社区居家照护还是机构照护，需要针对不同照护类型侧重对弱势群体的医疗救助服务，亟待关注身体残障者和精神智障者的照护。我国应支持和鼓励地方政府政策创新，地方政府因地制宜完善长期照护保障及服务体系；以需求为导向，加大老年低收入群体、弱势群体的救助保障，老年人无劳动能力、无生活来源、无赡养人和抚养人的，由地方各级政府依照有关规定给予供养或救助，对流浪乞讨、遭受遗弃等生活无着落的老年人，由地方政府依照有关规定给予救助。加强基本医疗保险信息系统建设，鼓励有条件的地区实行城市间或区域间的信息、资源共享和联网结算。地方政府可积极探索利用各种社会服务资源参与异地就医结算服务。加大金保工程建设，推行社会保障"一卡通"，逐步扩大联网范围。医疗保险参保人员公平享受社区卫生服务机构面向辖区居民提供的健康教育、健康检查、预防保健、建立健康档案以及慢性病和精神病社区管理等公共卫生服务，其中按规定应免费提供的服务，医疗保险基金和参保人员不再额外支付费用。通过有针对性地创新长期照护服务的供给，在救助保障上向社区居家养老照护服务倾斜，重点关注失能老年人的居家照护。健全和完善老年人福利制度，根据经济社会发展水平和老年人实际需要，增加老年人的社会福利，鼓励完善高龄津贴制度，建立和完善计划生育家庭老年人扶助制度。

在我国居家养老服务发展初期，政府应积极承担对经济和生活困难老年群体的养老保障职责，采取购买服务和适度补贴等方式降低农村中低收入老年人的养老风险，农村可将未承包的集体所有的部分土地、山林、水面、滩涂等作为养老基地，收益供老年人养老。充分发挥政府主导作用，政府积极制定发展规划，出台扶持政策，落实财政资助，进行协调监管等。在政府引导下，增强对社区医养结合型养老服务的支持，从城市到农村，从发达地区到欠发达地区逐步推进城乡社会化养老服务均等化发展。鼓励有条件的农村社区养老机构与医疗机构开展合作，通过资金支持给予帮扶，优先发展农村社区医养结合社区，借鉴国外发展养老社区的典型经验。在医疗资源相对匮乏的农村社区，政府可选取经济条件较为发达、医疗资源相对丰富的地区开展试点，再逐步进行推广，促进农村社区医疗养老服务资源优化配置。在税收和准入制度等方面给予私营社区养老服务机构政策优惠。鼓励兴建营利性社区医养结合机构，引导社会资本进入社区医养结合领域；鼓励市场主体提供多层次养老服务，以满足农村老年人的生活照料和医疗护理需求，给予困难老年人全方位的政策保障，使社区医养结合能够兼顾社会经济效益。政府在养老服务供给中承担有限责任，在注重社区居家养老服务福利性的同时，政府鼓励慈善组织以及组织和个人为老年人提供物质帮助。同时，需要大力培育多元供给主体，鼓励社会力量助力社区医养结合型养老服务的发展。加大社会公益慈善组织的投入，福利彩票公益金作为社区医养结合服务业发展的重要资金来源之一，在社区养老服务供给中发挥较为重要的支撑作用。

三　构建家庭—社区—医院联动网络运行机制

随着福利多元主义的兴起，世界各国养老服务体系在社会保障理论和实践的发展方面具有趋同性。进入 21 世纪后，随着家庭结构和社会形态的变迁，为应对人口老龄化的风险和挑战，各国养老服务实践呈现崭新的发展趋势，将家庭转移支付和直接提供服务相结合，引入资助措施培育家庭服务支持网络，并逐渐在竞争基础上拓宽社会养老市场，形成多元专业化协作能力。注重跨越专业领域间的界限，强调增强跨领域的专业知识和技能集聚而共同合作的效益，被视为生成新的跨越职业和专业知识的组织边界。

福利多元主义理论认为，社会福利是多元的组合，福利是全社会的产物，应由国家、市场、社会组织、社区和家庭协同供给，探索多主体协同供给居家养老服务的有效方式，充分调动多元主体参与农村社区居家养老服务协同供给，发挥市场、社会组织等主体自身的优势。家庭—社区—医院联动（home – community – hospital joint，HCHJ）是通过家庭、社区和医院发挥各自功能使慢性病患者得到家庭照顾、社区指导和医院诊治的一种新型康复治疗模式。其通过社区首诊、家庭医生、双向转诊、急救中心等连接点将家庭、社区和医院连接起来，根据社区老年人的实际需求发挥各自功能使其得到家庭照顾、社区指导和医院诊治，其充分利用家庭、社区卫生服务中心和医院的优势资源，使慢性病预防、治疗、康复和健康教育形成一个互联网络。在这个互动网络中，医院、社区卫生服务中心和家庭都以慢性病患者为中心，发挥各自优势，实现资源互补与协同合作，为不同患者提供精准化的医疗卫生服务。[1] 家庭医生作为家庭和社区卫生服务中心之间的联结点和社区居家健康的"守门人"，为社区居民提供基本的医疗卫生服务，建立健康档案，制订健康计划，进行健康宣教，并根据居民需要提供上门服务。社区家庭自主选择定点社区医疗服务机构，签约家

---

① 李明星：《社区慢性病健康管理多部门合作：理论、实证与模式》，中国协和医科大学出版社 2017 年版，第 203 页。

庭联系人制度，确定家庭医生为社区居民提供主动服务和上门服务。同时，根据老年人病情变化执行向上级医院转诊的职责。双向转诊是医院与社区卫生服务中心之间的联结点。医院与社区签订双向转诊协议，规定双向转诊标准和具体实施方案。以家庭医生为纽带，居民凭借家庭医生开具的转诊单向上级医院转诊，上级医院根据转诊单通过绿色转诊通道优先安排预约检查和住院治疗。家庭医生定期到上级医院随访，完善患者健康档案。急救中心作为家庭和医院之间的联结点。患者在家中出现紧急病情，由家属拨打 120 急救电话向医院就诊。家庭医生、双向转诊和急救中心作为家庭、社区卫生服务中心和医院间的关键点，促进家庭—社区—医院联动管理。通过家庭医生、社区首诊、双向转诊、急救中心把家庭、社区卫生服务机构和医院有效衔接，形成家庭康复、健康教育、社会支持、紧急救治的互动网络，充分发挥家庭、社区卫生服务机构、医院各自在防治慢性病中的作用。通过改变医疗服务提供方的行为，增强医院、社区和家庭在防治慢性病中的协调作用，改变患者的不合理流向，注重发挥社区卫生服务机构的作用，促进医疗卫生资源的优化配置，实现社区首诊制和双向转诊的契合，形成医院、社区和家庭优势互补、分级诊疗的就诊网络，实现"小病在社区、大病到医院、康复到社区"的就医格局。加快城乡社区卫生服务体系建设，充分发挥社区卫生服务和中医药服务在医疗服务中的作用，有条件的地区探索实行参保居民分级医疗的制度。以政府为主导的社区居家养老服务，可将家庭养老与机构养老的合理要素有效整合，增强政府财政支持力度。构建社区多网协同、医防联合、点面结合的社区医养结合模式。充分拓展慈善募捐、私营投资等资金渠道，探索多元化供给模式。逐步化解老年福利支出与经济增长间的矛盾，减轻政府财政压力，实现多部门联动，有效整合社区街道办事处、居民委员会、物业管理等资源，注重政府、市场、社会组织、社区和家庭邻里的福利供给功能，鼓励社区志愿者参与社区健康管理服务，增强多元主体间的协同作用，为完善我国多部门协同的医养结合型居家养老服务模式提供有益参考。

四　逐步完善农村社区养老服务协同供给体系

医疗与康复服务作为居家养老服务的重要组成部分，健康服务模式应从以"疾病为中心"向以"健康促进"为中心转变。健康教育能够促进老年人改变不良生活习惯，通过对重点人群的健康筛查和健康教育，促进合

理饮食、控制体重、适度运动、戒烟限酒、心理平衡、改善睡眠、低盐饮
食、合理用药等，根据社区诊断的健康问题，重点开展高血压防治、糖尿
病、冠心病、老年慢性支气管炎等健康教育，积极推广以"治未病"为先
导的慢性病自我管理模式，积极推进中西医结合医疗服务进社区，服务重
心由疾病治疗向保健服务（health protection）转型，通过对公共卫生和初
级保健的投入有效减少住院服务的利用，转变以住院补偿为主的制度模
式。各级政府逐步明确承担公共卫生筹资责任，将健康教育、疾病预防、
慢性病管理与服务纳入公共卫生事业范畴。做好医疗保险政策、信息系统
建设、经办管理、医疗服务管理和技术标准等方面的衔接，不断推进异地
就医结算服务工作。进一步完善城乡医疗救助制度，完善多层次医疗保障
体系，搞好各项医疗保障制度的衔接，充分发挥城乡社区服务组织的积极
作用。整合、提升、拓宽社区服务组织功能，加强社区服务平台建设，做
好基本医疗保险管理服务工作。大力发展社区卫生服务，将符合条件的社
区卫生服务机构纳入医疗保险定点范围，加强农村卫生服务网络建设，强
化对农村医疗卫生机构的行业管理，积极推进农村医疗卫生体制改革，不
断提高医疗卫生服务能力和水平，使农民得到较好的医疗服务。各地区因
地制宜在农村卫生机构中择优选择农村合作医疗的服务机构，并加强有效
监管，实行动态管理。完善并落实各种诊疗规范和管理制度，保证服务质
量，提高服务水平，控制医疗费用，对参保居民到社区卫生服务机构就医
发生的费用，要适当提高医疗保险基金支付比例。

　　妥善做好"新农保"制度与被征地农民社会保障、农村计划生育家庭
奖励扶助政策、农村五保供养、社会优抚、农村最低生活保障制度等政策
制度的配套衔接工作，以增强公平性、适应流动性、保证可持续性为重
点，全面推进和不断完善覆盖全体城乡居民的基本养老保险制度。充分发
挥社会保险对保障人民的基本生活、调节收入再分配、促进城乡经济社会
协调发展的重要作用。全面建成公平、统一、规范的城乡居民养老保险制
度，与社会救助、社会福利等其他社会保障政策相配套，充分发挥家庭养
老等传统保障方式的积极作用，更好保障参保城乡居民的基本养老生活。

　　探索建立城乡统筹的长期护理保险制度，采取政府、企业、个人三方
分担的资金筹集制度，确立长期护理的费用分摊机制，通过社会筹资、统
筹支配护理保险基金以减轻失能、失智老人及其家庭的经济负担，实现受
益者和缴费者关系透明化，保障资金可持续利用。鼓励长期护理保险实行

缴费制，通过事前缴费、履行义务，在失能失智发生后享受相应福利待遇。通过缴费主体多元化来实现权责明确与费用分担，通过雇主与雇员双方缴费，政府、用人单位和个人三方责任分担可有效降低多主体的筹资责任，从而有利于实现制度的公平性与可持续性。实行多元主体筹资模式，商业型长期护理保险模式作为长期护理保险的主要模式之一可作为补充型保险，具有广阔的发展空间。长期护理保险需明确权利义务关系，长期护理保险制度运行应注重受益人所获权利和所缴保费的对应关系，使之更加透明。国家鼓励开展长期护理保障工作，以保障老年人的护理需求，对失能、失智、经济困难老年人，地方政府应当根据其失能程度等情况给予相应的护理补贴。

第七章　完善辽宁省农村居家养老服务供给的对策

第一节　培育居家养老服务多元供给主体

一　完善以家庭为基础的多元供给网络

农村居家养老服务有助于缓解农村家庭养老功能弱化的现实压力，是一种具有成长活力与发展潜质的社会化养老服务模式。① 居家养老服务多元供给是以家庭为基础，推进政府、企业、非营利组织、社区、家庭等多主体的协同供给，培育和完善以家庭为基础的服务供给网络，政府为非营利组织参与居家养老服务供给营造公平竞争的市场环境，积极培育和鼓励慈善组织和志愿者参与居家养老服务，在良性竞争基础上建立新的社会照料市场，将家庭转移支付与直接服务供给相结合。政府完善农村社会化养老服务政策支持体系，鼓励家庭养老与居家养老相结合，积极争取社会福利政策的有效支持。《国家人口发展规划（2016—2030年）》提出，完善以居家为基础、社区为依托、机构为补充、医养结合的养老服务体系，增加养老服务和产品供给。发展家庭服务业，需要积极完善老年人赡养服务的家庭发展政策，增强社区托老日间照料和居家养老等服务功能，增强对老年空巢家庭等的帮扶支持力度，优先为农村五保、高龄、失能等困难老年人提供养老服务，建立老年人精神关爱与心理咨询服务的信息共享网络，进一步完善公共文化服务体系，保障老年人的基本文化权益。

---

① 高鉴国：《中国农村公共物品的社区供给机制》，山东人民出版社 2009 年版，第 156 页。

目前，辽宁省积极推进以互联网为依托，发展智能化养老服务体系、智能化养老产业发展体系和智能化养老资源整合体系，在"三位一体"战略实施的基础上，提供智能化的养老服务。在试点城市，通过技术平台，将与养老服务资源、上下游产业资源有机结合，通过互联网技术联通社区养老服务中心、居家养老服务机构以及老年人家庭，实现长期照护、医疗服务供给、日常生活照料、应急救助、精神慰藉等网络化养老服务。① 技术的社会整合是技术社会化的一种实现机制，其过程应包括对技术的社会建构、选择、调试、控制等诸多内容。② 目前，辽宁省居家养老服务网络主要体现为"一键通"呼叫系统，"一键通"呼叫器的安装需要以手机作为连接呼叫器。"一键通"呼叫系统是将手机移动通信和"一键通"接收器相结合，为老年人提供 24 小时紧急救援和生活照料（社区服务、电器维修、信息查询、家政上门、远程医疗等）等综合服务，具有随时随地、一键求助、方便快捷等特点，为发展农村"互联网＋"居家养老服务提供了便利条件。通过运用移动通信技术提高老年家庭护理服务的利用率，逐步提升中小型家庭养老院服务质量。构建以家庭为基础的农村居家养老服务多元供给网络，重构微观服务机制与宏观福利网络相结合的居家养老服务体系。健全医疗保健服务、精神慰藉服务等资源供给网络，增强服务可及性，提升农村老年人居家养老服务政策认同感，实现农村老年人的积极老龄化和健康老龄化。在新理念、新思想、新科技融合发展的时代，形成以政府为主导，全覆盖、保基本、多层次、可持续的居家养老服务供给网络（见图 7－1）。

① 姜晓秋：《中国东北地区发展报告》，社会科学文献出版社 2017 年版，第 244 页。
② 陈佳、陈凡：《论技术的社会整合及其机制》，《自然辩证法研究》2014 年第 8 期。

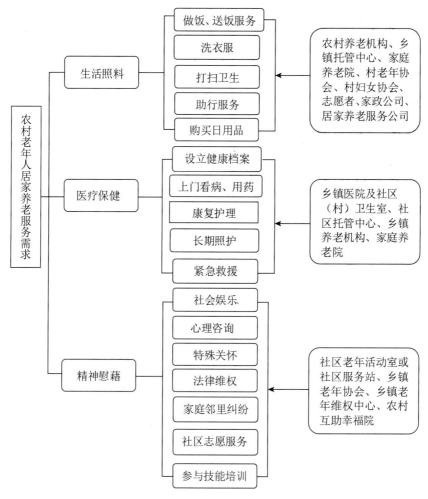

图7－1　农村居家养老服务多元供给网络

资料来源：笔者绘制。

　　当前，农村居家养老服务亟待在服务内容和模式创新上加大改革力度，构建家庭支持、政府支持、社会支持三位一体的农村居家养老服务体系。在服务方式上也需要将基本公共服务和选择性服务实现统筹，并充分吸纳社会力量参与居家养老服务供给。因此，辽宁省农村居家养老服务体系建设应面向农村老年人的多元化需求加强服务细分，在服务模式上探索家庭养老、居家养老、机构养老各自功能的互补与整合，形成"政府主导、市场运作、社会参与"的居家养老服务体系。辽宁省农村居家养老服务体系应兼顾不同老年群体的特殊需求，做好无偿、低偿和有偿服务之间的平衡，在不同的养老模式中合理规划各自目标群体的定位，完善各项福利政策服务对象的评估标准。同时，农村老年人的需求差异也决定了居家养老服务体系应进一步加强服务对象的分类管理，并在服务内容、服务方式和服务供给主体等方面做出差异化制度设计。此外，老年人群和残疾人群在生理特点和服务需求等方面存在交叉，也奠定了居家养老服务与其他社会服务进行统筹的可能性。由于家庭养老在农村依然普遍存在，对老年人家庭的养老支持也应纳入居家养老服务供给体系。对此，居家养老服务供给体系有必要将家庭视角纳入其设计理念，从以家庭为基础的整体需求出发，逐步拓展农村居家养老服务供给体系中的家庭支持功能。对此，完善以家庭为基础的多元供给网络，以多元化差异性需求为导向，通过居家养老服务和机构养老服务等多种方式将服务递送到老年人手中及其家庭中。同时，应加强家庭照料者的技能培训和职业教育、困难家庭津贴、老年住宅改造及其他社会福利，为农村老年人家庭提供多元化支持。在家庭照料者社会支持的具体服务项目上，可增设对家庭照料者的心理干预、信息服务和技术指导等服务，同时鼓励社会组织参与对家庭照料者的社会支持。在当前居家养老服务体系建设中融入"家庭视角"，既有助于服务质量的全面提升，也是实现服务理念创新和现有资源服务集约化、人性化的一个有益尝试。

二 增强多元供给主体的供给能力

伴随着农村老年人居家养老服务需求的多元化，居家养老服务单一主体供给难以满足农村老年人需求。2017 年 6 月 12 日，《中共中央国务院关于加强和完善城乡社区治理的意见》指出，推进社区、社会组织、社会工作"三社联动"，完善社区组织发现居民需求、统筹设计服务项目、支持社会组织承接、引导专业社会工作团队参与的工作体系。统筹发挥社会力量协同作用，不断提升城乡社区治理水平。鼓励和支持建立社区老年协会，搭建老年人参与社区治理的平台，创新城乡社区公共服务供给方式，积极开展以生产互助、养老互助、救济互助等为主要形式的农村社区互助活动。鼓励和引导各类市场主体参与社区服务业，提高社区服务供给能力。辽宁省农村居家养老服务供给由政府单一主体供给福利性居家养老服务，逐步向政府、企业、非营利组织、社区、家庭等多元协同供给转型，促进农村居家养老服务供需有效对接。农村居家养老服务供给需要政府、企业、非营利组织、社区、家庭等多元供给主体间实现有效协同，政府应通过增强内力——家庭经济实力，协同外力——社会支持（政府、企业、非营利组织、社区），并通过一定的激励措施鼓励非正式养老资源积极介入。农村老年人可通过配偶照料以及所增加的社会支持从而促进健康生活方式的产生，家庭政策支持，共同作用，最终形成内源式生长和外源给予强力支持的辽宁省农村居家养老服务供给方式。政府、企业、非营利组织、社区和家庭等多元主体相互制衡、共同促进，形成协同供给的合力，协力促进农村老年人福利多元性供给，实现多方共担风险，共享效益。

在居家养老服务供给中，政府的角色定位对于居家养老服务供给具有直接的影响。政府通过公共财政补贴，将农村老年活动室或闲置校舍改造为农村居家养老服务站，由村委会或农村老年协会组织负责监督、管理、规范与引导，完善村级组织运转经费财政保障机制，增强农村社区居家养老服务供给能力。政府的职能定位在于培育和发展市场要素，完善社会服务市场，增进企业主体的竞争力，增强企业主体的供给能力。通过政策优惠，鼓励城市居家养老服务企业拓宽服务半径，创建品牌连锁店，实行连锁经营，增强服务可及性。破解公共养老服务"城市中心主义"的路径依赖，促进社区老年人之间的跨文化沟通，尊重农民的文化主体性，激发乡村文化内生性，注重农民主体参与性，重塑乡村社会的自主性空间。充分利用市场机制调动社会多种力量的参与，委托企业主和社会组织参与投资的多元化运营管理机制，逐步提高养老服务质量。为此，构建养老服务企业主体的良性竞争和互补合作机制，增进企业主体的竞争力。非营利组织作为国家与社会、政府与企业之间的媒介，具有公共性功能，承担一部分公共事务管理。居家养老服务多元供给需要得到社会工作者的专业介入、非营利组织的积极参与、社会资本的有效存续等的支持。消除制约居家养老服务发展的体制壁垒，营造公平规范的发展环境，不断形成鼓励创新、吸引投资的体制机制，调动社会力量参与居家养老服务发展的积极性。在当前制度内资源紧张、制度外资源匮乏的情况下，争取社会力量参与居家养老服务供给尤为迫切。作为居家养老服务供给主体，非营利组织源于农村的自发力量，有助于优化养老服务资源配置，拓展了多元化供给格局。作为政府以外带有集体性质的公共产品供给者，农村非营利组织具有较强的连带性，能够根据社区老年人的不同需求提供生活照料、医疗保健、精神慰藉等多元化居家养老服务，在农村居家养老服务中发挥着重要作用。

在角色定位上，非营利组织更本能地体现出组织的自治性，实现各类信息互通、资源互补。从运转机制看，村委会作为居家养老服务的承接主体之一，由村委会或农村老年协会基于老年人需求，发挥扁平化的现代治理功能，打破自上而下的科层制垂直分工体系，以更具志愿性和组织性的自愿精神整合乡村的民间组织团体，发挥组织间资源整合与竞争的协作效应，形成以村两委为中心的非营利组织合作，提高农村非营利组织的集体行动能力。民间慈善资源的潜在辐射效应使居家养老服务产生较强的社会吸引力，富有爱心的社会团体等社会慈善要素为农村居家养老服务供给注入了新的活力，为失能农村老年人能够获得无偿居家养老服务提供了机会。要大力发展老年生活照料、康复保健、休闲旅游、医疗护理、文化体育为重点的养老产业。培育一批品牌化、连锁化、规模化的居家养老服务企业和社会组织，形成养老服务产业集群，打造养老服务知名品牌。农村居家养老服务供给强调多元主体在特定功能优势领域内的互补与合作，供给主体依据相互间的互补性或相似性，形成信息、资金、资源等多种协同关系，形成多元供给主体参与的协同供给网络。

三　激励农村社区资本参与服务协同供给

社区资本作为一种社会治理的隐性资本，政府通过健全激励机制和问责机制，鼓励社区资本进入居家养老服务领域，为居家养老服务协同供给奠定了坚实基础。激励社区资本参与农村居家养老服务协同供给，进一步形成了居家养老服务多元供给格局，有利于促进农村养老服务的持续发展，这是社会发展进步的重要体现。同时，农村居家养老服务供给责任需要由多种社会力量共同承担，多部门提供福利。农村居家养老服务需要充分发挥农村自然资本、文化资本、人力资本、社会资本、政治资本、金融资本和建设资本①形成的社区资本综合优势（见图7-2）。②通过挖掘社区资本优势积极完善居家养老服务网络，改善农村老年人养老生活质量，推动农村社区资本之间相互促进，拓展居家养老服务协同供给的空间。

---

① 伴随着生态创新技术的发展和消费模式的转变，农村金融资本和建设资本的优势逐渐显现。

② ［美］福罗拉：《农村社区资本与农村发展》，肖迎译，民族出版社2011年版，第16—19页。

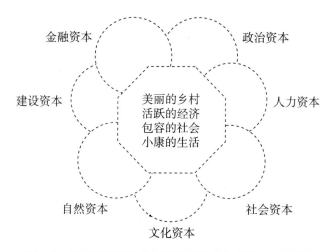

图 7 - 2 农村社区资本参与网络状居家养老服务协同供给

资料来源：［美］福罗拉：《农村社区资本与农村发展》，肖迎译，民族出版社2011年版，第16—19版。

在农村社区治理中，社会资本作为农村社区不可或缺的资源，为促进共同利益而采取的集体行动的正式和非正式的供给网络，其存量多寡直接影响社区治理的效能。现代社会及经济秩序不利于老年人过田园生活，农村老年人由于"远离社会权力中心"较少参与社会政治活动，难以影响公共政策的制定，健全老年人社区支持网络，为老年人提供社会支持，有利于维护老年人的权利。[1] 西方学者丹尼尔·贝尔提出了"社会资本"这一概念，他指出，经济社会活动的范围和数量与社会成员之间的相互信任程度呈紧密的正相关关系，将诚信建设作为提升地区乃至国家综合竞争力的战略举措尤为必要。罗伯特·帕特南（R. D. Putnam）认为，社会资本指的是社会组织的特征，例如信任、规范和网络，它们能够通过推动协调的行动来提高社会的效率。[2] 政府在服务过程中要履行财政投入和宏观管理职能，开拓资金来源渠道，充分发挥民间资本、国外资本、社会捐赠等社会资本在农村居家养老服务供给中的作用。社会资本能够强化农村社区居民的社会认同，提升农村社区社会规范，完善农村社区社会支持网络。社会嵌入理论认为任何个人都不是孤立的，而是嵌入在特定社会结构和关系

---

① 钱再见：《中国社会弱势群体及其社会支持政策》，《江海学刊》2002 年第 3 期。

② ［美］罗伯特·D. 帕特南：《使民主运转起来》，王列、赖海榕译，江西人民出版社 2001年版，第 10 页。

网络之中的，老年人社区社会支持网络包括个人网络、志愿者网络、邻里互助网络和社区授权网络。① 老年人既是社区服务的参与者、组织者，又是服务对象。老年人参与社区治理能力逐渐提升，农村老年人仍具有社会参与的诉求和意愿，应始终融入社会，积极参与老年福利政策制定，寻求为社会服务的发展机会，并以志愿者身份担任与其兴趣和能力相适应的角色，享受社会参与所获得的满足感与幸福感。② 跨越社会分层，社区志愿者参与网络，实现跨域治理。社会网络有助于为农村老年人提供物质资本、技术经验以及市场需求等信息资源，拓展农村老年人精神支持与社会参与的社交网络。通过健全社会关系网络获得社会支持以及信息、情感、服务等其他社会资源，有助于促进身心健康，增强幸福感，为农村老年人提供生活照料、康复理疗、紧急救援等居家养老服务，促进社会力量参与居家养老服务供给。

在辽宁省农村居家养老服务供给中，政府提供建设经费，村两委提供管理费，非营利组织或企业提供服务，政府为高龄和失能老年人购买养老服务，服务场所由村集体和家庭集资兴建，或由政府、企业和非营利组织投资兴建。由企业和非营利组织协同参与的供给方式已逐渐成为一种趋势。其中，政府通过委托代理、合同外包等多种方式，引入社会资本参与供给，或与非营利组织或私人资本合作，提升公共服务供给能力与水平。农村居家养老服务多元供给应充分挖掘现有组织资源进行有效整合，主要包括村两委（村党支部、村民委员会）、村卫生室、村养老院、村老年活动中心、村托老中心等村级组织以及未在民政部门注册的草根非营利组织如家庭养老院、村老年协会、村妇女协会等。为此，需要整合政府与社会间资源，实现区、镇、村三级联动供给居家养老服务，强化基本养老服务供给。完善多元主体参与的农村居家养老服务供给机制，明确基层政府及其派驻机构与农村基层自治组织的事权划分及其相互关系。通过政府引导与激励，调动企业、非营利组织、社区以及家庭等参与居家养老服务供给，充分激发多元主体共同参与公共服务供给的积极作用。

---

① 全利民：《老年社会工作》，华东理工大学出版社 2006 年版，第 255 页。
② 严陆根：《中国社区经济发展报告》，中国发展出版社 2014 年版，第 130 页。

第二节　构建辽宁省居家养老服务供给的多元保障机制

一　健全多元化长效投入机制

辽宁省培育居家养老服务多元供给主体，需要健全居家养老服务多元化长效投入机制，以实现农村居家养老服务供给的多元化发展格局。2016年12月23日，国务院《关于全面放开养老服务市场提升养老服务质量的若干意见》（国办发〔2016〕91号）指出，将养老资源向居家养老服务倾斜，向农村倾斜，向失能、半失能老年人倾斜，扩大护理型服务资源的开放，培育发展小型化、连锁化和专业化服务机构，逐步推进居家养老服务全覆盖。降低准入门槛，引导社会资本进入养老服务业，推动公办养老机构改革，提升居家社区和农村养老服务水平。2017年2月21日，中共中央办公厅国务院办公厅《关于加强乡镇政府服务能力建设的意见》提出，要创新乡镇公共服务供给方式，建立公共服务多元供给机制，加大政府购买服务力度，提高公共服务信息化水平，健全公共服务需求表达和反馈机制。据辽宁省民政厅相关部门负责人介绍，农村居家养老服供给关键是各级政府要持续增加投入，政府应通过购买服务等方式缓解农村互助幸福院供给能力不足的难题。政府亟待落实财政补贴等优惠政策以促进农村居家养老服务多元化发展，扩大服务对象补贴范围，进一步拓宽资金来源渠道和逐步增加资金总量。政府在居家养老服务供给中居于主导地位。居家养老服务供给网络涵盖政府、企业、非营利组织等不同供给主体，各个供给主体的角色定位具有差异性。在政府与第三部门的互动中，政府可通过制定政策监督非营利组织的成长领域和行为权利。政府主要承担财政支持、组织引导、政策导向和对农村五保、空巢、失能老年人的精准供给的职能。企业主要承担为居家老年人提供多元化的养老服务产品，发展养老服务产业。慈善组织、志愿团体、村老年协会、村妇联等非营利组织是居家养老服务供给的有益补充。社区主要为社会力量提供良好服务平台，家庭等其他非正式支持与正式照料服务共同为老年人提供多元化居家养老服务。

当前，政府亟待建立专项财政预算制度，扩大政府财政投入，增强福利彩票公益金投入力度，形成多渠道资金筹集机制。政府作为组织者，应侧重对农村居家老年人的基本生活保障给予财政支持，政府可在土地供给、资金扶持、税收政策等方面适当扶持，激活土地资源，让土地流转成为农民的养老保障。将新型农村合作医疗制度、农村五保供养制度、农村最低生活保障制度等进行统筹规划。完善城乡居家养老服务政策支持体系，促进社会救助制度、医疗保险制度和养老保险制度有效衔接，实现社会公正和社会安全。在城乡基本养老保险制度统筹后，进一步制定城乡基本养老服务统筹发展的政策法规，使农村养老服务政策与"新农保"制度有机整合，建立动态协调的农村社会养老保障制度，增强社会养老的经济支持能力，从而构建城乡统筹动态协调机制。党的十九大报告指出中国特色社会主义新时代的主要矛盾已经发生了转变。在新时代需要在统筹推进城乡居民基本医疗保险制度整合基础上，着眼于我国医疗保障制度的公平和长期可持续发展，健全完善中国特色医疗保障制度体系。随着服务型政府建设的推进，以及普惠型社会福利制度的完善，我国亟需在完善社会保险制度和社会救助与福利制度的同时，增加医养结合型居家和社区养老服务设施的投入，形成服务内容全面广覆盖、社会力量竞争参与、人民群众普遍认可的居家养老医养结合模式，积极发展医养结合型居家养老服务，为65岁以上老年人提供基本公共卫生服务，以老年人为重点开展家庭医生签约服务。助推居民首诊在社区、康复在基层等医改政策的顺利实施，推行医养服务中心经营管理模式，完善乡镇敬老院有效承接居家养老服务功能，鼓励农村留守老年人集中赡养，逐步提高医养结合覆盖率，切实保障农村老年人的养老权益，共享经济社会发展成果。健全多元化长效投入机制，通过优化财政支持的筹资与运营机制，逐步将农村老年人的居家养老服务纳入"新农保"或长期护理保险制度的养老保障范畴，农村养老保险基金以个人缴费为主、集体补助为辅，政府予以政策扶持。

2018年5月，国家下发《关于2018年提高全国城乡居民基本养老保险基础养老金最低标准的通知》，将全国基础养老金的最低水平从2018年1月1日起由70元上调至88元。中央财政和地方财政针对不同缴费档次对"新农保"基础养老金设计差异化政府补贴标准，需要将基础养老金标准与农村居民人均纯收入和农村居民消费价格指数挂钩，实现"新农保"养老金发放额的增长速度高于农村居民基本生活需求量增长速度。提高"新农保"养老金对农村老年居民的基本生活保障程度，具有一定的积极作用。推进实施健康中国战略，增强对基层医疗卫生服务的投入，促进医疗卫生工作重心下移和资源服务下沉，完善医疗保险制度的科学控费机制，提升基层社会化养老服务能力。完善财政补贴增长机制，坚持待遇与缴费相挂钩，权利与义务相对等，强调农民个人账户基金待遇的激励效应，突出农民在养老保险中的缴费贡献，鼓励农民积极参保缴费，完善社会保险征缴制度与社会保险基金管理制度，有条件的村集体应对参保人缴费给予补助。如辽宁辽阳县前杜村每月为老年人发放养老津贴800元，逐步提高了农村老年人的缴费能力，对五保、高龄、失能老年人等特殊群体实行社会救助，适度提高缴费能力，增强抵御基金支付风险能力。辽宁省不断坚持广覆盖、可持续，健全与经济社会相适应，与基本医疗保险制度、社会救助制度、长期护理保险制度等有机衔接的多层次城乡养老保障体系。① 在我国城乡基本养老保险制度实现统筹后，进一步整合城乡社会养老服务统筹发展的政策法规，使农村养老服务政策与"新农保"制度有机整合。尤其由乡镇向村（社区）倾斜，鼓励多元市场主体参与农村居家养老服务供给，完善农村养老服务多元协同供给主体间的风险响应机制，形成政府、社会、宗族网络和家庭"多位一体"的协同供给格局，提升农村老年人的养老服务政策认同，形成以政府为主导、居家养老为基础、社区养老为依托、机构养老为补充的全覆盖、保基本、多层次、可持续的社会化养老服务模式。政府应秉承"公平、正义、共享"的理念与村集体共同为基金统筹账户缴纳基金。随着中央决定实行社会统筹账户与个人账户严格分账管理，逐步做实个人账户，促进财政责任分担机制真正发挥其统筹功能，以确保个人账户基金保值增值，避免行政化与地方保护影响集体统筹基金的集中管理与保值增值，社会化筹资原则是实现资金持续供给的有力保证，完善多渠道激励机制，扩大老年人住房反向抵押养老保险试点范围。开展农村以土地养老试点业务，提高社会化筹资能力，通过城乡居民养老保险制度与长期护理保险制度相结合，健全多元化长效投入机制。居家养老服务协同供给需要明确政府和多元协同供给主体提供服务的范围和边界，鼓励非营利组织共同参与农村居家养老服务供给，达到政府和多元参与供给主体的有机契合，逐步形成"政府主导、多元协同参与"的供

---

① 郑喜洋、申曙光：《财政卫生支出：提升健康与降低费用——兼论企业医保降费》，《经济管理》2019 年第 1 期。

给筹资模式，努力提高资源供给效益。农村居家养老服务协同供给，需要在政府主导下，实现国家动员与社会多方参与力量的协同。辽宁省具有典型的"未富先老"特征。《辽宁省人民政府关于印发〈"十三五"辽宁省老龄事业发展和养老服务体系建设规划〉的通知》指出，建立健全经济困难高龄失能残疾老人生活补贴和重度残疾老人护理补贴制度，实行统一设计、分类施补，提高补贴政策的精准度，推动解决失能人员基本生活照料和相关医疗护理等所需费用问题，使社会保障制度供给能够满足农村老年人多元化养老服务需求，通过健全多元化长效投入机制进一步提升老年福利服务质量。

二　建立养老服务资源与信息共享机制

随着社会转型期养老服务社区化和家庭养老功能的弱化，农村老年人面临的生活照料风险更为严峻。居家养老服务需要在家庭养老基础上，充分发挥居家养老服务优势，凸显居家养老服务在老年社会风险管理中的优势，尤其是社区通过提供医疗保健、康复护理、心理咨询等服务保障老年人基本生存权和发展权，搭建功能完善的综合信息平台，实现生活照料、家政服务、康复理疗、医疗保健、精神慰藉、紧急救援等服务全方位融合发展，完善省、市、县级养老信息化共享平台，养老服务信息技术的广泛应用能够促进居家养老服务供给水平的提高，将互联网大数据、云计算和居家养老服务供给有机结合，使云计算技术与"互联网＋养老"相辅相成，完善老年人健康信息的采集应用与协同共享。基于辽宁省已有的居民呼叫中心，完善覆盖城乡的居家养老服务智能化系统和农村老年人信息数据库，将农村养老机构、农村互助幸福院、乡镇托管中心、村（社区）老年活动站点、家政服务企业、医院120急救等资源整合纳入养老信息服务体系。将各地区学校、企业、医院等各类专业化优质资源引入社区提供为老服务；整合各地区家政、餐饮、护理、卫生保健、旅游、健身等优质资源配置到社区提供为老服务；健全老年社区支援服务体系，拓展志愿者服务资源为社区老年人提供有计划有组织的专业化服务。支持本地区养老机构发挥辐射作用，积极开展居家养老服务。目前，辽宁省农村社会化养老服务虽已取得长足的进展，但其在养老服务资源整合与信息共享方面尚存在不足，影响了农村居家养老服务资源优化配置和有效供给。居家养老作为农村老年人主要的养老方式，其供给资源主要集中于家务支持、餐饮服务以及日常照护等基本服务。而对于机构养老服务来说，长期照护和康复服务具有明显优势。实现居家养老与机构养老资源共享，推动资源集中利用和广泛辐射辽宁省农村社区，有助于打破部分农村养老机构资源闲置和农村社区养老服务资源短缺的局面。农村养老机构数量有限且结构性失衡导致具有入住意愿的老年人的需求无法得到有效满足，而社区养老则可以分担部分责任。除整合居家养老和机构养老之间的资源以外，亟待逐步拓展其他社会资源的整合渠道，包括公益性居家养老服务中心在内的社会组织，发挥优化配置资源的有效供给能力。社区在为农村居家老年人提供上门服务的同时，可作为资源链接中心，通过提供场地和平台等方式吸引专业化服务机构入驻农村社区提供服务，从而更好地服务于农村社区老年人。提高城乡居家养老服务效能，促进农村居家养老服务协同供给，使农村养老服务机构与居家老年人互联互通，促进农村互助幸福院、社区托管中心、社区家政服务机构、医疗护理机构和养老机构等信息共享。健全价格调控和风险监管机制，将养老服务监管、信息共享和价格调控作为改革突破口，完善老年福利质量评估机制与质量监控机制。通过改革为居家养老服务产业拓展创新的空间，满足农村老年人差异化的养老需求，提升居家养老服务供给能力。多元供给主体需要通过信息交换、协调沟通和资源共享等方式，促进居家养老服务风险信息的互联互通，推动智能与数字化医养器械的功能衔接，使医养服务信息及其系统间的接口、协议和数据实现互联互通，提高居家养老服务供给水平。完善农村居家养老服务供给是经济发展与社会进步的重要体现，农村居家养老服务供给旨在让农村老年人共享经济社会发展成果，推进城乡基本公共服务一体化进程。以资金互助为基础，以组织动员为保障，以社区居家养老服务为依托，创新多元化居家养老服务供给方式，协力创建稳定多元的资金来源渠道，培育专业化老年护理师，增加邻里互助服务，使无偿与低偿相结合，探索建立标准化服务管理与监督评估制度，机构养老与社区居家养老互联互通，最终尝试建立多元化、网络化、制度化的农村互助型居家养老服务体系。① 注重农村居家养老服务的公共性供给，积极调动多元供给主体协同参与、逐步完善农村居家养老服务供给体系，探索适合辽宁省发展实际的农村居家养老

---

① 刘妮娜：《农村互助型社会养老：中国特色与发展路径》，《华南农业大学学报（社会科学版）》2019年第1期。

服务供给体系是当前的迫切任务，积极完善以政府为主导，由政府、企业、非营利组织、社区、家庭多元主体协同参与的居家养老服务供给体系，有利于分散老龄化社会治理风险，优化整合养老服务资源配置，发挥多元供给主体竞争与合作效应，进一步发挥财税优惠政策的杠杆作用，形成以政府为主导、居家养老为基础、社区养老为依托、机构养老为支撑的全覆盖、多层次和可持续的居家养老服务供给，以提高老年福利服务水平。

在互联网引领个性化、定制化、体验化消费时代，辽宁省利用城市成熟的数字化居家养老服务管理系统，以社区为依托，在政府主导下有效整合社区及乡镇福利机构的养老资源，努力实现精准供给。加快辽宁省农村养老模式的创新，引入"互联网＋"平台，可有效化解农村居家养老服务供给相对滞后的困境，实现以社区为依托促进现有农村福利院、农村中心敬老院和家庭养老院等资源与信息共享，加强与县区福利中心建设项目对接，搭建村（社区）综合性信息网络和服务平台，最大限度有效整合资源。根据就近派单原则安排有资质的养老机构、个体工商户等上门服务，为居家老年人打造"一公里、15分钟"生活服务圈，提供生活照料、医疗保健、代购代买、助行服务、家政服务、精神慰藉、紧急救援等多项服务（见图7-3）。但由于辽宁省农村居家养老服务有效供给不足，居家养老服务项目普惠性不强，农村社区居家养老服务覆盖范围有限，老年人行走速度较慢，"15分钟"生活服务圈对于部分交通便捷的农村地区易于普及，但对于偏远山区、地理状况复杂地段则需因地制宜，循序渐进，逐步推进农村居家养老服务的资源与信息共享，建立农村老年人电子信息健康档案，有效保障服务质量，提升供给满意度。辽宁省可借鉴宁夏建设一体化120智慧急救平台的有益经验，让救护车变为集无线、视频、通信等为一体的信息化智慧救护车，实现即时抢救，不再坐等救援，能够有效提升院前急救能力。在农村居家养老服务供给中逐步纳入社区智能服务系统以及配套设施，应通过"互联网＋健康养老"等技术瞄准辽宁省农村居家养老服务需求提供精准供给，打造智慧化养老服务新模式，充分发挥网络惠民红利。基于"互联网＋"居家养老服务的信息化平台，实现居家养老服务的无缝对接与精细化服务，促进新兴行业与传统养老服务产业实现融合发展。

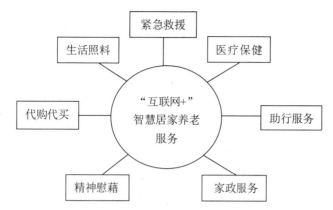

图 7 - 3　辽宁省基于"互联网 +"平台的智慧居家养老服务项目

资料来源：依据辽宁省智能化养老监控平台的服务内容整理而成。

三　完善政府购买居家养老服务机制

积极探索公建民营、民办公助、政府购买服务等模式，加大金融支持力度，拓展融资渠道，设立健康养老服务产业政府投资引导基金，引导和带动社会资本加大对养老服务业的投入。因此，政府不仅要确保养老服务的投入责任，而且要强化监管责任，制度规范，确保服务质量，保障我国健康养老事业发展的公益性，满足人民的健康需求。同时，政府应以少量参股方式，主动参与到 PPP 项目中，有利于形成风险共担、收益共享、长期稳定的公私合作关系。政府购买居家养老服务机制在辽宁省尚处于起步阶段，可以按照先易后难、由点到面、稳步推进的原则，完善购买服务工作机制。政府购买居家养老服务的优势是政府和社会组织双方通过对资源互惠与共享实现合作双方的利益诉求。培育承接公共服务的竞争性市场主体，规范购买过程中的监督约束机制。政府购买居家养老服务以市场为纽带引入竞争机制，实现政府、企业和非营利组织等供给主体有机结合，从"多元供给"向"协同供给"转变，使居家养老服务从行政性生产转向市场性生产，通过公私部门合作来提供养老服务以满足老年人的养老需要，承接者通过竞争获取养老服务生产权。同时，市场机制竞争性、激励性和刚性约束，使养老服务承接者和提供者具有内生性较强的创新动力，使公民享有均等化的优质服务。政府购买服务是非营利组织参与居家养老服务的重要方式，其核心是引入竞争机制，有利于增进基本公共服务均等化，发挥市场在资源配置中的决定性作用，实现准公共物品的帕累托最优。萨拉蒙较为系统地阐释了非营利部门的特性以及政府与非营利部门在福利提供中建立伙伴关系的内在机制。政府向非营利组织购买服务是竞争性契约关系而不是行政隶属关系，在公共服务领域政府与社会组织是合作伙伴关系，即政府提供资金，委托非营利组织供给或生产，双方形成契约关系。公私合作伙伴关系作为一种新的制度安排，正改变着养老服务的生产和传递，努力实现政事、政社分开促进政府职能转变，用以解决非营利组织筹资不足等难题，促进不同社会组织之间的良性竞争。在政府向非营利组织购买居家养老服务中，政府是公共服务资金的提供者和监管者，非营利组织则是公共服务的提供者。在服务提供与生产相分离基础上，政府承担着养老服务的组织者、管理者、引导者与监督者角色，恪守权力和职责边界。作为组织者和管理者，政府注重发挥多元供给主体的协同治理功能。辽宁省充分利用社会资本扩大公共服务供给，进一步扩大政府购买公共服务的规模，形成多元供给主体参与农村居家养老服务的供给格局。

农村居家养老服务多元供给亟待政府尽快取消对市场和社会组织的某些歧视性规定，提高服务质量和效益。健全政府购买养老服务监督评估机制，促进居家养老服务供给水平与能力的提升。通过政府购买居家养老服务，充分调动农村养老机构、志愿者的积极性，依托高等院校老年护理专业与专业养老机构建立养老服务培训基地，引入专业服务机构为农村老年人提供长期照护、心理咨询、法律维权等居家养老服务，依托乡镇（街道）司法所和村（社区）综治中心、活动中心、便民服务中心或人民调解室，完善法律援助服务，为居家养老服务供给提供法律保障。政府应明确农村互助幸福院相关立法，依法确立互助幸福院养老服务在农村社会经济生活中的地位，在现有农村互助养老服务日常管理制度基础上，规范互助养老服务合同条款，保障老年人养老的基本权益，发展生活照料、康复理疗、家政服务、精神慰藉等专业化服务，促进居家养老服务资源城乡共享，健全完善县（市）、乡、村三级公共文化设施，织密农村居家养老服务供给网。倡导政府与社会力量合作，积极推动居家养老服务多元供给主体间的竞争与合作，努力通过合作实现共赢。

第三节　推进农村居家养老服务实现协同供给

一　居家养老服务以需求强度为依据实现精准供给

目前，辽宁省农村居家养老服务尚处于起步阶段，以提升老年人居家生活质量为宗旨，辽宁省创新精准扶贫工作机制，构建与完善以农村老年人养老需求为导向的供给机制，拓宽居家养老服务筹融资渠道，发展"互联网＋"养老服务平台，推进社区服务向家庭延伸，鼓励农村幸福院等自助式、互助式养老服务设施改造，使居家养老服务设施与农村危房改造等基本住房保障相衔接。推进农村敬老院建设和改造，推动服务设施达标，满足农村特困人员集中供养需求。充分发挥非营利组织介于政府与企业间的纽带作用，引导非营利组织利用社区资源建设托老所、老年食堂、洗衣房、浴室、理发屋等养老服务设施，促进居家养老服务与机构养老服务融合发展，健全居家养老服务供给网络。农村居家养老服务机构如家庭养老院、农村互助幸福院等依托社区养老服务设施，嵌入"互联网＋"智慧养老服务为居家老年人提供助餐、助浴、助洁、助医、助急等服务，拓宽服务半径与服务范围，更好地发挥规模效应。居家养老服务供给主体由传统家庭赡养单一供给格局向以家庭赡养主体为基础，以政府、企业、非营利组织和家庭等为主体的多元供给格局转变，逐步承担居家养老服务供给责任，为农村失能、高龄、空巢老年人提供精准化养老服务。政府可通过购买养老服务的方式，依托农村社区综合服务中心（站）、综合性文化服务中心、农村养老机构、乡镇托管中心、家庭养老院、互助幸福院、社区（村）卫生室等机构，为辽宁省农村高龄、失能、空巢等老年人提供免费或低偿养老服务。针对不同农村老年群体采取不同的供给方式，农村特殊困难老年人的居家养老服务主要由政府购买服务，采取有偿、低偿或无偿方式重点供给，而中高收入群体则由企业来供给，非营利组织通过志愿服务、结对帮扶、邻里守望等方式，采取低偿、无偿方式向农村老年人提供多元化居家养老服务，特别是农村困难老年人的基本生活和基本公共服务需求，精准聚焦、雪中送炭。要积极协调有关部门抓紧制定发挥老年人积极作用的政策，继续开展好"银龄行动"，探索"年轻老人"照顾"年长老人"的有效帮扶机制，使老年人更加有序参与社会发展。同时，基于功能健康的分类评估标准，可将自理老年人和失能失智老年人作为服务对象提供差异化服务。对于农村自理老年人来说，除基本医疗服务之外，其精神文化需求和社会参与等发展型需求相对突出；而长期照护服务则成为农村失能失智老年人最重要的需求，同时失能失智老年人失能程度的不同也造成农村老年人需求的差异性，农村轻度失能失智老年人的发展型服务需求较重度失能失智老年人更为明显。此外，家庭照料者也应作为农村居家养老服务体系的供给对象之一而获得各种辅助支持性服务，以满足农村老年人异质性居家养老服务需求，补齐农村居家养老服务供给短板，提高供给的有效性和精准性，增强农村居家养老服务供给的普惠性。

伴随着居家养老服务模式的社会认同度逐渐提高，推进以农村老年人养老服务需求为导向的居家养老服务协同供给尤为重要。在农村老年人及其家庭成员家庭遭遇诸如疾病、灾难等突发风险事件时，以专项基金和帮扶计划援助农村家庭渡过难关，对于农村老年人反馈较好的居家养老服务给予奖励和补贴，而对需求强度较大的服务优先供给。调动农村老年人自助互助，共担分险，提高农村家庭抵御风险的能力。受农村居家养老服务特点和供给体系多层次性的影响，农村居家养老服务供给监管制度应充分考虑宏观层面的供给效率，发挥政府主导作用，以"互联网＋养老服务"为公共沟通平台，通过对话、协商或辩论增进共同理解与相互信任，逐步形成权利共享、协调行动、责任风险共担的居家养老服务供给体系，尤其由乡镇向村（社区）倾斜，鼓励多元供给主体参与农村居家养老服务供给，充分发挥农村基层党组织、自治组织和社会组织等的积极作用，开展基层联络人登记，建立应急处置和评估帮扶机制，关注老年人的心理、安全等问题，形成政府、企业、非营利组织、社区和家庭等"多位一体"的协同供给格局。福利多元主义理论认为各个供给主体在协作网络中拥有平等的权利和义务，将分散的资源集中起来形成合力，从而充分发挥协同参与者的综合能力和资源优势，形成政府与企业、社会组织等供给主体的协调联动。在政社互动过程中，政府努力为老年人提供医养结合型养老服务，创新居家养老服务多元供给的联动机制，赋予农村老年人适度的话语权，增强农村互助幸福院、家庭养老院、农村养老机构等居家养老服务机构承接政府购买服务的能力，通过竞标方式择优选取服务质量高的养老服务组织承接政府购买服务职能，政府与中标养老机构的购买合同也应与服务质量紧密挂钩。亟待政府建立农村居家养老服务专项基金，用于奖励服务质量与效益较好的农村养老机构。在此基础上，亟待政府建立城乡养老服务机构均等化标准评价体系，并定期对农村养老服务的供给效益进行测评，通过合理的监督与需求评估，建立线下线上相结合的养老需求动态信息网络，形成与居家养老服务机构的良性联动，有利于提高居家养老服务的经济与社会效益。

协同供给强调政府与企业、非营利组织等多元协同主体间的共同合作，发挥各自优势，共同承担治理风险。农村居家养老服务具有较高的规模经济与协同效应。在政府与市场的关系上，发挥政府与市场的协同作用，将政府机制与市场机制二者优势相结合，充分发挥政府财政资源和市场经济体制的优势。社区培育的重心在社区参与、社区社会性重塑以及社会资本生产。社区参与是由社区成员参与社区公共事务与社区治理，影响社区权力运作，分享社区治理成果的行为和过程，福利提供者（企业、社区、非营利组织等）和福利消费者共同参与福利服务的制度决策及服务递送过程。社区服务组织与社会资本的协同最大限度地降低居家养老服务的交易成本。农村居家养老服务亟待政府、企业与非营利组织协同合作，提高居家养老服务供需适配度。鼓励有条件的地方通过购买服务方式完善农村居家养老服务供给机制，制定优惠政策吸引民间资本投入农村养老服务行业。在保障农村特困人员集中供养需求的前提下，兼顾公平与效率，提高农村养老服务机构的服务质量，使农村老年人养老保障水平与辽宁省经济社会发展状况相适应，不断提升老年人获得感和幸福感。[①] 发挥农村基层党组织、村委会、老年协会的积极作用，通过邻里互助、亲友相助、志愿服务等形式和建设农村幸福院和养老大院等方式，积极培育居家养老服务社会组织，发展农村居家养老服务，实现居家、社区和福利机构相融合。积极以农村居家养老服务需求为导向，以政府为主导、居家养老为基础、社区养老为依托、机构养老为支撑，借助政府与社会力量，通过政府购买服务以及社区之外的非政府组织（NGO）和非营利性组织（NPO）提供居家养老服务，逐步形成全覆盖、保基本、多层次、可持续的社会化养老服务模式，不断增强农村老年人居家养老服务的获得感。政府作为引导

---

① 孙祁祥、锁凌燕、郑伟：《社保制度中的政府与市场——兼论中国 PPP 导向的改革》，《北京大学学报（哲学社会科学版）》2015 年第 3 期。

者、组织者、监督者和管理者，亟待提高公共服务治理能力，强化基层公共服务平台建设。通过整合社区资源、强化社区功能、增强社区活力，培育社区归属感，使老年人和社区之间形成协调发展、稳定有序的和谐关系。进入新时代，在习近平新时代中国特色社会主义思想指导下，我国养老事业在理论、制度、体系建设等方面实现了创新发展，探索从人人基本享有到共建共享的制度性改革，立足于更好满足老年人幸福需求的政策目标，通过养老金全国统筹、中央调剂以及城乡养老并轨的实践探索，创建"多支柱、一体化、共享式"养老体系，全面落实坚持在发展中保障和改善民生的基本方略。[①]

二 创新多元参与供给主体间的联动供给机制

协同供给机制是以共同理解与信任为基础，通过信任、承诺和共享实现协同供给，农村居家养老服务协同供给的关键是形成以政府为核心的权责分配机制。政府转变职能将社会服务交由社区承担，而政府通过政策扶持企业、非营利组织等主体介入农村居家养老服务供给，从而有效满足农村老年人居家养老服务需求。政府的权力配置与运行需要在有限与有效的双重维度上展开，即通过法律、授权和社会等方式来配置和规范行政权力，以及建立起协调、激励和约束等运行机制以确保权力高效运行。[②] 构建城乡居家养老服务供给机制，加强辽宁省农村居家养老服务政策、法律法规、标准规范等方面的保障作用，通过立法形式保障老年人的合法权益，政府通过鼓励非营利组织的参与，完善法律法规体系建设，给予农村非营利组织政策支持，为非营利组织营造平等的竞争环境。社会治理主体多元而非单一，彼此关系是合作而非强制，治理基础是协调与认同而非控制与服从，是上下互动而非自上而下。从"社会管理"向"社会治理"的转变，意味着政府与社会之间实现共担责任、良性互动。[③] 居家养老服务协同供给是一项全新的实践，通过跨越组织边界，突破排他性制度对养老服务供给要素自由流动的障碍，将不同供给要素纳入养老服务供给系

---

① 韩喜平、陈茉：《党的十八大以来中国完善养老保险制度的实践探索》，《理论学刊》2019年第1期。

② 黄建洪：《公共供求场域中的行政权力：配置方式、运行机制及发展趋势》，《社会科学研究》2013年第5期。

③ 李强、王莹：《社会治理与基层社区治理论纲》，《新视野》2015年第6期。

统之中。

农村居家养老服务协同供给是供给发展过程的一个高级阶段。按照制度规范化程度分为偶发式、常态化、制度化协同供给三个阶段。目前，辽宁省农村社区居家养老服务由于经济社会条件尚不成熟，属于偶发式协同供给阶段。制度化供给是在农村社会化养老服务体系发育成熟，多元供给主体完全具备阶段的供给形态，而偶发式协同供给只有少量、低度、水平较低的协同，高度协同供给远未真正实现。协同供给所要体现的精神是在政府和市场之间开辟混合福利经济的新领域，在政府提供福利和市场购买福利之间进一步融合，健全多元福利体系，构建政府、市场和非营利组织多元主体供给居家养老服务机制。任何单一供给模式和制度安排均无法实现居家养老服务有效供给，居家养老服务协同供给的整体目标是追求经济效率的提升，不能绝对地肯定或否定某一种方式，也不能在养老服务供给领域完全采用其中一种方式而彻底排斥另一种方式。"互联网＋"思维为社区居家养老服务的发展创造诸多机遇与挑战，通过增强政府、企业、社区等相关供给主体全方位合作，创新"互联网＋"居家养老服务模式的现实路径，促进智慧社区居家养老服务发展。在诸多情况下，养老服务由谁来供给，不是政府、市场、非营利组织、社区、家庭的非此即彼，而是通过多元主体的共同努力，才成为解决居家养老服务协同供给的有效方式。其中，市场、非营利组织等供给主体发育不完善；非营利组织力量薄弱难以承担服务责任，社区平台作用未有效发挥，使居家养老服务供给主体职责不明。为此，要根据资源优化配置的经济合理性原则与交易成本最小化原则，建立政府、市场与非营利组织等多元主体供给养老服务的多样化制度安排。农村居家养老服务多元供给主体之间不是简单的线性关系，而是复杂的网络关系。当前，跨主体内部的协同供给逐渐成为居家养老服务供给的重要形式，在服务生产者中任何一个供给主体都可能会与其他主体相互协作与竞争，从而形成了紧密的网络式互动结构。[①] 公私合作伙伴关系作为一种新的制度安排，通过政府购买服务来增加服务供给，提高服务质量和效率，从而实现政事、政社分开促进政府职能转变，克服政府失灵。农村社区居家养老服务的多元协同供给涵盖了政府、社区、非营利组织、

---

　　① 张勇杰：《从多元主体到程序分工：公共服务供给网链化模式的生成逻辑》，《党政干部学刊》2015 年第 10 期。

市场等社会力量相互合作与优势互补，从而更有效地向农村社区老年人提供居家养老服务。

目前，促进政府与多元供给主体间的良性互动，乡镇政府与村委会、乡政与村治之间已逐渐形成一种优势互补的良性互动关系。政府、企业和非营利组织通过权利与资源共享建立相互信任的协同关系，充分利用各自资源生产并提供不同类型的居家养老服务，充分挖掘社区志愿服务网络、家庭邻里互助和非营利组织的协同合作优势，有效整合各供给主体的功能优势，形成农村居家养老服务供给合力。在辽宁省农村居家养老服务供给中，主要表现为政府与市场之间、政府与社区之间以及政府与非营利组织之间的协同。其中，政府与市场之间的协同，在辽宁省主要体现为依托于"一键通"公司积极提供养老服务。政府与社区之间的协同主要表现为新民市农村互助幸福院式供给，依托社区的力量，以老年协会为依托，提供多元化居家养老服务。政府与非营利组织之间的协同主要表现为"译元慈孝"、鞍山市千山区托管中心等以政府和非营利组织共同为老年人提供居家养老服务。伴随着辽宁省农村经济社会的发展，从辽宁省东、中部做起，循序渐进，最终将努力实现多元供给主体间的有效协同。从郊区起步，形成经验，推广至广大农村。在民政或老龄办系统的推动下，将财政、教育、卫生等相关系统的功能进行整合，调动基层政府和社区自治组织的积极性，形成综合性服务供给网络，积极发挥政策供给合力效应，使城乡居家养老服务政策与养老保险制度有机整合，促进城乡居家养老服务统筹发展，增强农村老年人的经济保障能力，共建共享居家养老服务协同供给体系，实现政府、企业、非营利组织、社区和家庭的网络化联动与协同供给，构建政府、企业、非营利组织、家庭和社区等多主体融资渠道，鼓励具有支付能力和购买意愿的老年人购买有偿服务，引导企业、社会组织等主体参与居家养老服务供给。同时，鼓励老年人参与政府购买养老服务的监督与评估反馈过程，疏通老年人参与老年福利和需求表达渠道，及时监督服务质量。为此，政府亟待构建基于"互联网＋"的政民互动平台，便于老年人及家属表达利益诉求，对居家养老服务供给效果及时给予客观评价，有助于政府有效获取养老服务需求信息，确保政府购买养老服务取得积极成效。在服务主体上，政府部门作为规划者的重要角色，应构建城乡统筹的社会化养老服务体系，逐步提高社会养老服务供给水平，增强社会养老服务的可持续性，健全社会养老服务体系，逐步实现城乡统筹发展，有效增强社会养老服务的公平性和流动性，逐步推动城乡公共服务协调发展。① 政府在公共管理中引入竞争机制，发挥市场的作用，提倡政府将政策制定（掌舵）同服务提供（划桨）分开。鼓励私营部门与其他社会主体平等参与公共服务供给，在公私部门之间、公共部门机构之间引入竞争机制。② 社会支持系统则以其专业化和多渠道优势发挥着重要支撑作用，如养老机构、日间照料等专业化服务的投入，完善社会工作组织和志愿者队伍，有效发挥高校和科研机构的智库作用。家庭支持系统在不断弱化的背景下，需要探索发挥家庭照料和邻里互助等传统养老资源的活力，从而与政府支持系统、家庭支持系统共同构筑起三位一体的辽宁省农村居家养老服务供给体系。③ 通过政府购买服务，实现社会权利回归和政府角色转换，从而提高服务供给质量和效率。鼓励专业社会工作者、社区工作者和志愿者，形成居家养老服务多元主体之间的协同机制，弥补政府与市场提供居家养老服务的不足。居家养老服务通过市场化运作和委托代理等方式协同供给，政府和非营利组织通过采取合同外包制或项目申请制等合作供给养老服务。④ 鼓励社会力量参与供给，使政府、企业和社会组织等多元供给主体共同发挥作用，有利于构建"政府——企业——社会"多中心供给结构，培育成熟的市场和发达的第三部门，动员企业、社会组织、家庭等共同参与，三社联动能够有效地将社区、社会组织、社会工作队伍三方力量融合，通过搭建社区平台，以社会组织为载体，以社会工作者为支撑，为老年人提供养老服务，通过政府购买服务实现三者的协调联动，⑤构建政府主导、社会参与、市场化运作的互动协调机制。

三　发挥多元供给主体竞争与合作效应

福利多元主义主张福利产品应来自国家、家庭、商业部门和志愿机构，社会福利供给应由多元主体提供。其中，合作强调各子系统（或要素间）的一致性和一体化，合作是新型社会的本质属性，合作本身即为目

---

① 凌文豪、王又彭：《构建城乡统一社会养老服务体系的路径探寻——基于河南省9市553份调研问卷的分析》，《河北大学学报（哲学社会科学版）》2019年第1期。

② 丁煌：《西方行政学说史》，武汉大学出版社2004年版，第378页。

③ 袁小波：《社会养老服务体系该如何布局》，《人民论坛》2016年第30期。

④ ［美］菲利普·库珀：《合同制治理——公共管理者面临的挑战与机遇》，竺乾威等译，复旦大学出版社2007年版，第52页。

⑤ 姜晓秋：《中国东北地区发展报告（2016）》，社会科学文献出版社2017年版，第250页。

的，为形成与完善合作关系进行准备。① 而"协同"即在通过多元要素间复杂的相互作用，产生单一供给主体所无法实现的协同效应，打破传统意义上的政府部门或者单位体制的垄断式管理模式。农村居家养老服务协同供给的关键是形成以政府为核心的权责分配机制，多供给主体间有机联动，行动一致性与风险共担，并基于有序治理结构最终促进公共利益的实现。协同供给是以共同理解与信任为基础，通过信任、承诺与共享实现协同供给，农村居家养老服务协同供给的核心是以政府为主导的权责分配机制，农村居家养老服务协同供给是一个多元供给主体间的竞争与合作的过程。各供给主体提供的服务对不同群体、不同层次的养老服务需求存在缺口，需要发挥多元供给主体的协同效应。2017 年 6 月 16 日，国务院办公厅印发的《关于制定和实施老年人照顾服务项目的意见》（国办发［2017］52 号）指出，从我国国情出发，立足老年人法定权益保障和服务需求，坚持城乡统筹，和谐共融，加大基本公共服务资源向农村倾斜配置力度，提高农村老年人照顾服务的可及性和便利性。党的十九大报告作出了我国进入中国特色社会主义新时代，社会主要矛盾已经发生了转变的重大论断。在新时代需要在统筹推进城乡居民基本医疗保险制度整合的基础上，着眼于我国医疗保障制度的公平和可持续发展，健全完善中国特色的医疗保障制度体系。

发展居家养老服务，为居家养老服务企业发展提供政策支持，鼓励与老年人日常生活密切相关的各类服务行业为老年人提供优先、便利、优惠服务。大力扶持专业服务机构并鼓励其他组织和个人为居家老年人提供生活照料、医疗护理、精神慰藉等服务。鼓励和支持城乡社区社会组织和相关机构为失能老年人提供临时或短期托养照顾服务。创新和优化照顾服务提供方式，加大政府购买服务力度，依据相关规定，通过市场化方式，把适合的老年人照顾服务项目交由具备条件的社会组织和企业承担。福利多元主义理论注重政府、企业、非营利组织、社区和家庭等多元供给主体协调合作，共同满足老年人多元化居家养老服务需求。农村居家养老服务的协同供给本质上是一个集体行动的选择。在社会转型期，农村居家养老服务协同供给不只是单一的政府、市场或社会的场域，而是政府、市场、社会的跨域治理。农村居家养老服务供给的内驱动力源于对农村老年人居家

① 张康之：《合作的社会及其治理》，上海人民出版社 2014 年版，第 6 页。

养老服务需求的有效回应，其优势在于分散老龄化社会治理风险，优化整合农村养老资源提供优质服务，进一步发挥财税政策的杠杆作用，形成多元供给主体间的竞争与合作效应。政府需要充分挖掘家庭、社区志愿服务网络和非营利组织的协同合作优势，发挥多元供给主体各自优势，有利于居家养老服务协同供给，能够满足老年人多元化养老需求，为家庭照顾者提供支持，减轻家庭照顾者负担，提高老年人生活质量。由于政府与企业、非营利组织、家庭、社区具有各自的优势，多元主体之间的关系并非是单向依赖与依附关系，而是相互依赖的互动合作伙伴关系。在居家养老服务供给中，政府运用财税资金或其他资源撬动非营利组织积极提供专业化服务，鼓励和引导具备法人资格的农村集体经济组织、农业经济合作组织、非营利组织、公益性服务机构以及其他经济组织和个体工商户等承接政府购买居家养老服务。在服务供给者中任一供给主体都可能与其他主体形成相互竞争与合作，从而形成紧密的网络式互动结构。促进政府、企业、非营利组织、社区、家庭等多元供给主体间的相互竞争与合作，推进居家养老服务协同供给。推动政府与社会资本合作，吸引社会资本参与，其本质在于发挥多元供给主体的比较优势，完善具有内在激励的制度安排。良性竞争能够体现公平与正义，提升服务质量和效率，政府通过与非营利组织合作，为农村老年人提供优质和高效的服务，满足老年人多元化养老需求。企业与非营利组织应相互合作，在竞争中不断提高供给的协调性。在多元主体的相互协作下，协同供给机制的建立与运行将优化多元主体之间的关系与权利，逐步形成良好的供给循环系统，发挥居家养老服务供给主体的协同效应。

总之，构建以政府为主导，企业、非营利组织等主体共同参与的供给体系，突破政府单一主体供给的传统养老服务供给。农村社会组织需要有效整合乡村社会各种利益主体，以协调各方利益为主线，建立多元合作的网络治理结构。政府、企业、非营利组织、社区、家庭作为居家养老服务多元主体，具有各自的运行特征与有效作用条件，任何单一供给主体和制度安排均无法实现居家养老服务协同供给，通过多元主体的协同与合作，跨主体内部的协同供给已逐渐成为居家养老服务多元供给的有效方式。努力寻求政府、企业、社会组织、社区和家庭在居家养老服务供给中的均衡点，构建居家养老服务多元协同供给机制。促进多供给主体间有机联动与网络化互动协作治理，共建共享居家养老服务体系，实现公私协力供给，协同供给格局呈多元化动态发展。农村居家养老服务协同供给方式是农村居家养老服务供给主体以农村老年人需求为导向，在居家养老服务供给过程中所形成的供给方式，其运作机理在于居家养老服务供给主体明确各自责任边界基础上的协同供给，从非协同供给向协同供给转化，从低度协同向高度协同转化，由个别主体协同向整体、制度化协同转化，是未来居家养老服务的协同供给方式。政府与非营利组织合作促进公私协力供给。农村居家养老服务多元供给主体间的相互竞争合作与优势互补，农村居家养老服务供给经历了由"政府管理"向"社会治理"的理论与实践变迁，居家养老服务供给机制逐渐从单一供给走向多元协同供给。

第八章　结论

本书以福利多元主义理论为基础，主要运用访谈法与参与式观察法、问卷调查法与计量分析法等研究方法对农村居家养老服务供给进行了系统研究。既从宏观角度对农村居家养老服务供给进行了系统性分析，也从个案角度对农村居家养老服务的供给主体、客体、内容、方式与机制等方面进行了深入阐释，既有定性研究，又有定量的分析，最终得出本书的主要结论如下。

一　辽宁省农村居家养老服务应以需求强度为依据实施精准供给

从福利多元主义视角对辽宁省农村居家养老服务供给进行分析。从福利多元主义理论的视角，分析辽宁省农村居家养老服务供给问题，运用参与式观察法、访谈法、问卷调查法搜集农村居家养老服务供需状况的基础资料。在此基础上，采用结构方程模型实证分析了农村居家养老服务供给水平的内在机理，得出农村居家养老服务供给水平受需求意愿、家庭特征、制度特征与供给能力的影响，且各影响因素之间具有内在关联性。因此，辽宁省农村居家养老服务供给需要形成政府、企业、非营利组织、社区、家庭等多元主体的功能融合与优势互补，加快提升辽宁省农村居家养老服务的供给水平。

辽宁省农村居家养老服务发展尚处于探索与积极推进阶段，居家养老服务供给亟待从"粗放供给"向"精准供给"转变。本研究基于辽宁省农村居家养老服务需求问卷调查得出，农村居家养老服务需求呈现出多元化、多层次、高弹性、多强度等特征，农村居家养老服务更为符合农村老年人的养老意愿。基于不同年龄、性别、生活自理能力、婚姻状况、健康自评等因素，对农村老年人异质性居家养老需求提供精准供给，不断提高农村老年人居家养老生活质量。通过李克特量表法和层次分析法衡量居家养老服务需求强度，得出农村居家养老服务需求强度分为无弹性类、弱弹性类、中等弹性类、强弹性类以及可弃类五种类型，农村老年人所需的医疗保健和精神赡养服务与生活照料服务相比需求强度较高。农村居家养老服务政策需着眼短期目标与明确中长期规划，分清轻重缓急统筹发展战略。需求强度以 AHP 法为权重参照系，优先发展农村居家养老服务需求强度高的无弹性类，即农村老年人最迫切的服务需求如紧急救援服务。政府为养老服务资源稀缺地区优先供给，为养老服务资源丰富地区适度扶持。农村居家养老服务亟待政府、企业、非营利组织、社区、家庭多元主体的协同合作，实现潜在需求向有效需求的转化，不断提升农村社区居家养老服务供需适配度，完善需求表达与反馈机制，寻求城乡社会化养老服务协同发展新机制，逐步有序推进农村居家养老服务协同供给。

二　辽宁省发展农村居家养老服务需要充分培育多元供给主体

本书初步构建了辽宁省农村居家养老服务多元供给的分析框架。在对辽宁省部分农村老年人及其家庭进行实地走访调研的基础上，对辽宁省农村老年人的异质性居家养老服务需求进行量化分析，认为，农村居家养老服务供给应该实现大众化与个性化相结合，明确政府、企业、非营利组织、社区和家庭等多元供给主体的角色定位与职能分工，在服务方式上也需要将基本服务和选择性服务相统筹，充分吸纳社会力量参与居家养老服务供给，建立正式支持与非正式支持有机结合的农村居家养老服务联动供给机制，真正保障老年人享有高质量的晚年生活。

目前，政府是农村居家养老服务多元供给主体的培育者，在居家养老服务供给中居于主导地位，实现多元供给的前提条件是多元供给主体发育较为成熟。然而，受城乡二元结构的影响，农村居家养老服务多元供给主体发育孱弱，农村养老服务企业主体服务项目单一，非营利组织数量有限，辽宁省农村居家养老服务供给主体发育不成熟。农村居家养老服务供给需要完善以家庭为基础，培育和完善政府、企业、非营利组织、社区、家庭等多主体的多元协同供给网络，政府为非营利组织参与居家养老服务供给营造公平竞争的市场环境，积极培育和鼓励慈善组织和志愿者参与居家养老服务，在良性竞争基础上建立新的社会照料市场，将家庭转移支付与直接服务供给相结合。辽宁省农村居家养老服务供给由政府单一主体供给福利性居家养老服务，逐步向政府、企业、非营利组织、社区、家庭等多元协同供给转型，促进农村居家养老服务供需有效对接。农村居家养老服务供给需要政府、企业、非营利组织、社区、家庭等多元供给主体间实现有效协同,政府应通过增强内力——家庭经济实力,协同外力——社会支持(政府、企业、非营利组织、社区),并通过一定的激励措施鼓励非正式养老资源积极介入。鼓励社区资本进入居家养老服务领域,为居家养老服务协同供给奠定坚实基础。

三 构建多元协同供给机制是提升辽宁省农村居家养老服务供给水平的关键

本书系统论证了农村居家养老服务供给新路径——协同供给。结合对辽宁省各级民政福利机构、居家养老服务企业、非营利组织、社区、家庭等多元供给主体的实地调研,分析了农村居家养老服务现行供给方式,并根据实地调研结果深入分析农村居家养老服务供给存在的问题及成因,以协同供给为目标提出完善农村居家养老服务供给的新路径,即推动多元供给主体间形成协同供给机制,实现农村居家养老服务供给机制由分散化、封闭性、低度协同向互动性、开放性、高度协同转化,注重体现居家养老服务的公共性供给,不断改善民生,在发展中补齐民生短板、促进社会公平正义,在幼有所育、学有所教、劳有所得、病有所医、老有所养、住有所居、弱有所扶上不断取得新进展,提升农村老年人的生活水平与生活质量,是创新农村居家养老服务供给机制的重要举措。

农村居家养老服务从政策制定到具体实施直至惠及全体农村老年人是一个长期的过程,需要从政策激励、税收优惠等方面引导多元供给主体积极参与农村居家养老服务供给。居家养老服务协同供给体系是一个复杂的系统,养老服务特别是农村养老服务,其服务对象的异质性较强,其服务提供者日趋多元,尤其是在服务方式的多样性与同一性之间,总是存在着不同的理解。因此,如何在农村养老服务供给方面,既保持多样性提供以满足农村老年人多样化的选择,又保持同一性以实现居家养老服务的公共服务性,从而更好地推进农村养老服务的健康发展,就成为学术界研究的一个焦点课题。本书从政策创新入手,提出完善农村居家养老服务协同供给体系,拓宽居家养老服务筹融资渠道,为农村贫困、失能等特殊老年人优先供给服务,逐步完善老年人精神关爱和心理咨询志愿服务。当前,推进多元参与供给主体间的协同需要以政府为主导,通过跨越组织边界的整合,将不同供给要素纳入居家养老服务供给系统之中,避免由于政府职责边界不清导致供给过剩与供给不足乃至供给效率低下等问题。通过建立"互联网＋"居家养老服务平台，健全以家庭为基础的居家养老服务供给网络，发挥机构养老服务对居家养老服务的支撑作用，增强多元供给主体的供给能力。通过资源整合提高农村居家养老服务的经济和社会效益，努力提升居家养老服务供给水平。鼓励多元供给主体参与居家养老服务协同供给，积极构建农村居家养老服务协同供给机制，发挥多元供给主体的竞争与合作效应，形成政府、企业、非营利组织、社区、家庭的协同供给格局，提升农村老年人的居家养老服务政策认同感，形成以政府为主导、居家为基础、社区养老为依托、机构养老为补充的全覆盖、保基本、多层次、可持续的社会化养老服务供给模式，实现农村居家养老服务协同供给格局由低度协同向高度协同转变，是农村居家养老服务实现多元协同供给的重要选择。

总之，伴随着辽宁省人口老龄化问题不断加剧，农村居家养老问题逐渐得到重视。辽宁省农村居家养老服务供给成效已初步显现，但需要进一步创新农村居家养老服务供给机制，依托社区平台，实现家庭养老、居家养老和机构养老的相互联动与充分整合，提高供给的整体运行效率和社会效益。由于研究数据有限等原因，本书对于辽宁省农村居家养老服务供给的研究还是初步的。在今后的研究中，以下三个方面的问题有待进一步的深入探讨：其一，作者将在今后的学习和工作中通过实地调研国内发达省份的居家养老服务供给状况，以进行对比分析，有助于深化对辽宁省农村居家养老服务供给的研究。其二，农村居家养老服务亟待政府、企业、非营利组织、社区、家庭等供给主体的支持与协作，农村居家养老服务供给效益有待于进一步深入研究。因而，居家养老服务供给的研究需要一个长期的推进过程，依托社区平台，实现家庭养老、居家养老和机构养老的有机联动，不断提高养老服务供给的经济和社会效益。其三，迫切需要构建普惠发展型居家养老服务供给体系。由于农村经济发展状况不平衡和养老服务法律法规不完善，以及文化背景差异等因素的制约，探索发展居家养老服务对于辽宁省农村地区来说尚具有一定的前瞻性。为此，如何结合我国农村的实际情况和辽宁省农村老年福利的发展状况，通过加强政府部门协调联动，搭建农村居家养老服务与养老企业深度协同的平台，针对部分农村偏远农村地区实施精准供给，构建普惠发展型居家养老服务体系，是本书今后将进一步深化的研究课题。

参考文献

［澳］欧文·E.休斯：《公共管理导论》，彭和平等译，中国人民大学出版社 2001 年版。

［丹麦］斯丹纳·苛费尔、斯文·布林克曼：《质性研究访谈》，范丽恒译，世界图书出版公司 2013 年版。

［德］斐迪南·滕尼斯：《共同体与社会》，林荣远译，商务印书馆 1999 年版。

［美］E. S. 萨瓦斯：《民营化与公私部门的伙伴关系》，周志忍等译，中国人民大学出版社 2002 年版。

［美］W. 理查德·斯科特：《制度与组织——思想观念与物质利益》，姚伟等译，中国人民大学出版社 2010 年版。

［美］Y. 巴泽尔：《产权的经济分析》，费方域等译，上海人民出版社 1997 年版。

［美］埃弗里特·M. 罗吉斯、拉伯尔·J. 伯德格：《乡村社会变迁》，王晓毅等译，浙江人民出版社 1988 年版。

［美］彼得·德鲁克：《非营利机构的管理》，吴振阳等译，机械工业出版社 2009 年版。

［美］菲利普·库珀：《合同制治理——公共管理者面临的挑战与机遇》，竺乾威等译，复旦大学出版社 2007 年版。

［美］福罗拉：《农村社区资本与农村发展》，肖迎译，民族出版社 2011 年版。

［美］格罗弗·斯塔林：《公共部门管理》，陈宪等译，上海译文出版社 2003 年版。

［美］莱斯特·萨拉蒙：《全球公民社会：非营利部门视界》，贾西津、魏玉等译，社会科学文献出版社 2007 年版。

［美］罗伯特·D. 帕特南：《使民主运转起来》，王列、赖海榕译，江

西人民出版社 2001 年版。

[美] 斯托克、[美] 沃森：《计量经济学》，沈根祥、孙燕译，格致出版社、上海人民出版社 2012 年版。

[日] 高齢者の保健事業と介護予防の一体的な実施に関する有識者会議：《高齢者の保健事業と介護予防の一体的な実施に関する有識者会議報告書》，2018 年 12 月 3 日，https：//www. mhlw. go. jp/stf/seisakunit-suite/bunya/iryouhoken/database/seido/kokumin_ nenpo. html。

[日] 全国社会福祉協議会・地域福祉特別委員会「在宅福祉事業研究委員会」：《在宅福祉サービスと社会福祉協議会 –「在宅福祉サービスの戦略」から10 年，現状と今後の展開》，1989 年（平成元年）4 月版。

[日] 忠岡一也：《社会福祉協議会の展開と地域福祉》，《桃山学院大学社会学論集》，第 46 巻第 1 号。

[印] 阿玛蒂亚・森：《以自由看待发展》，任赜等译，中国人民大学出版社 2012 年版。

[英] 鲍曼：《共同体》，欧阳景根译，江苏人民出版社 2003 年版。

[英] 哈耶克：《自由秩序原理》，邓正来译，生活・读书・新知三联书店 1997 年版。

[英] 理查德・莫理斯・蒂特马斯：《福利的社会划分：对追寻公平的一些反思》，刘继同译，《社会保障研究》2007 年第 2 期。

[英] 马歇尔：《经济学原理（上册）》，商务印书馆 1981 年版。

[英] 苏珊・特斯特：《老年人社区照顾跨国比较》，周向红等译，中国社会出版社 2002 年版。

[英] 苏珊・特斯特：《老年人社区照顾跨国比较》，周向红等译，中国社会出版社 2002 年版。

"城乡统筹发展研究"课题组：《中国农村公共财政投入现状与需求》，《华中师范大学学报》（人文社会科学版）2015 年第 5 期。

包先康：《农村社区"微治理"中"软权力"的生成与运作逻辑》，《南京农业大学学报（社会科学版)》2018 年第 5 期。

曹晓峰、梁启东：《2016 年辽宁经济社会形势分析与预测》，社会科学文献出版社 2016 年版。

曾毅：《健康长寿影响因素分析》，北京大学出版社 2004 年版。

柴化敏：《英国养老服务体系：经验和发展》，《社会政策研究》2018

年第 3 期。

常健：《论政府责任及其限度》，《文史哲》2007 年第 5 期。

陈佳、陈凡：《论技术的社会整合及其机制》，《自然辩证法研究》2014 年第 8 期。

陈锡文：《中国农村公共财政制度》，中国发展出版社 2005 年版。

陈友华：《居家养老及其相关的几个问题》，《人口学刊》2012 年第 4 期。

程承坪、吴琛：《健康战略下发达国家发展养老健康产业借鉴研究——以美国、德国、日本为例》，《当代经济管理》2018 年第 3 期。

程晓明：《卫生经济学》，人民卫生出版社 2003 年版。

邓大松、李玉娇：《医养结合养老模式：制度理性、供需困境与模式创新》，《新疆师范大学学报（哲学社会科学版）》2018 年第 1 期。

丁煌：《西方行政学说史》，武汉大学出版社 2004 年版。

丁建定：《居家养老服务：认识误区、理性原则及完善对策》，《中国人民大学学报》2013 年第 2 期。

丁建定：《论中国养老保障制度与服务整合——基于"四力协调"的分析框架》，《西北大学学报（哲学社会科学版）》2019 年第 2 期。

丁英顺，《日本老年贫困现状及应对措施》，《日本问题研究》2017 年第 4 期。

丁煜、王玲智：《基于城乡差异的社区养老服务供需失衡问题研究》，《人口与社会》2018 年第 3 期。

丁煜：《福利多元主义视角的社区居家养老问题研究——以 XM 市街道为例》，《公共管理与政策评论》2015 年第 4 期。

杜鹏、武超：《中国老年人的主要经济来源分析》，《人口研究》1998 年第 4 期。

多吉才让：《中国老年人社会福利》，中国社会出版社 2003 年版。

樊丽明、骆永民：《农民对农村基础设施满意度的影响因素分析——基于 670 份调查问卷的结构方程模型分析》，《农业经济问题》2009 年 9 期。

樊勇明、杜莉：《公共经济学》，复旦大学出版社 2001 年版。

范洪敏、穆怀中：《人口老龄化会阻碍中等收入阶段跨越吗?》，《人口研究》2018 年第 1 期。

方亮：《辽宁与江苏对口合作重点推进 18 项任务》，《辽宁日报》2017 年 3 月 22 日第 A01 版。

费孝通：《家庭结构变动中的老年赡养问题——再论中国家庭结构的变动》，《北京大学学报（哲学社会科学版）》1983 年第 3 期。

费孝通：《家庭结构变动中的老年赡养问题——再论中国家庭结构的变动》，《北京大学学报（哲学社会科学版）》1983 年第 3 期。

风笑天：《论参与观察者的角色》，《华中师范大学学报》2009 年第 3 期。

高鉴国：《中国农村公共物品的社区供给机制》，山东人民出版社 2009 年版。

高进水：《我国农村社会保障制度体系的变迁》，《财政研究》2010 年第 2 期。

高铁梅：《计量经济分析方法与建模：Eviews 应用及实例》，清华大学出版社 2009 年版。

辜胜阻、吴华君、曹冬梅：《构建科学合理养老服务体系的战略思考与建议》，《人口研究》2017 年第 1 期。

郭竞成：《农村居家养老服务的需求强度与需求弹性——基于浙江农村老年人问卷调查的研究》，《社会保障研究》2012 年第 1 期。

郭竞成：《农村居家养老服务的需求强度与需求弹性——基于浙江农村老年人问卷调查的研究》，《社会保障研究》2012 年第 1 期。

郭林：《民营资本参与养老服务体系建设的研究现状与思考》，《华中师范大学学报》（人文社会科学版）2014 年第 2 期。

郭志刚、张恺悌：《对子女数在老年人家庭供养中作用的再检验——兼评老年经济供给"填补"理论》，《人口研究》1996 年第 2 期。

韩喜平、陈茉：《党的十八大以来中国完善养老保险制度的实践探索》，《理论学刊》2019 年第 1 期。

韩央迪：《第三部门视域下的中国农民福利治理》，上海三联书店 2014 年版。

贺聪志、叶敬忠：《农村劳动力外出务工对留守老人生活照料的影响研究》，《农业经济问题》2010 年第 3 期。

侯杰泰，温忠麟，成子娟：《结构方程模型及其应用》，教育科学出版社 2004 年版。

胡芳肖、李蒙娜、张迪：《农村老年人养老服务方式需求意愿及影响因素研究——以陕西省为例》，《西安交通大学学报（社会科学版）》2016年第4期。

葫芦岛市民政局：《市政协六届一次会议第147号〈关于进一步加快推进我市居家养老服务建设的建议的提案〉的答复》，2018年10月12日，http：//mzj.hld.gov.cn/zwgk/yjtabljg/201810/t20181012_806458.html。

黄建洪：《公共供求场域中的行政权力：配置方式、运行机制及发展趋势》，《社会科学研究》2013年第5期。

黄黎若莲、张时飞、唐钧：《比较优势理论与中国第三部门的研究》，《江苏社会科学》2007年第4期。

黄利文、王健：《政民互动视角下政府购买养老服务问题研究》，《南京社会科学》2016年第12期。

姜晓秋：《中国东北地区发展报告（2016）》，社会科学文献出版社2017年版。

姜晓秋：《中国东北地区发展报告》，社会科学文献出版社2017年版。

金太军：《"乡政村治"格局下的村民自治——乡镇政府与村委会之间的制约关系分析》，《社会主义研究》2000年第4期。

景天魁：《传统孝文化的古今贯通》，《学习与探索》2018年第3期。

景天魁：《创建和发展社区综合养老服务体系》，《苏州大学学报（哲学社会科学版）》2015年第1期。

景小红、赵秋成：《农村公共产品供给新路径：协同供给机制》，《山西师大学报（社会科学版）》2016年第1期。

敬乂嘉：《从购买服务到合作治理——政社合作的形态与发展》，《中国行政管理》2014年第7期。

康蕊，吕学静：《社会资本参与居家养老服务现状考察——以北京市为例》，《城市问题》2018年第3期。

李兵水、时媛媛、郭牧琦：《我国居家养老服务供给主体分析——从老年人对居家养老服务供给主体的期望的视角》，《广西经济管理干部学院学报》2012年第2期。

李建新、于学军、王广州、刘鸿雁：《中国农村养老意愿和养老方式的研究》，《人口与经济》2004年第5期。

李军：《公共政策视域下政府购买居家养老服务研究》，《江苏大学学报（社会科学版）》2014 年第 5 期。

李凌燕：《农村公共品供给效率实证研究》，《公共管理学报》2008 年第 2 期。

李旻、赵连阁：《农村劳动力流动对农业劳动力老龄化形成的影响——基于辽宁省的实证分析》，《中国农村经济》2010 年第 9 期。

李明星：《社区慢性病健康管理多部门合作：理论、实证与模式》，中国协和医科大学出版社 2017 年版。

李强、王莹：《社会治理与基层社区治理论纲》，《新视野》2015 年第 6 期。

李强、岳书铭、毕红霞：《农村失能老年人长期照护意愿及其影响因素分析——基于山东省农村失能老年人的问卷调查》，《农业经济问题》2015 年第 5 期。

李燕凌：《农村公共产品供给效率实证研究》，《公共管理学报》2008 年第 2 期。

李银河：《家庭结构与家庭关系的变迁——基于兰州的调查分析》，《甘肃社会科学》2011 年第 1 期。

李迎生：《市场转型期的农村社会保障制度建设：进展与偏差》，《中国人民大学学报》2005 年第 4 期。

李玉娇：《医疗保障水平、服务认知差异与养老方式选择制度效果会影响老年人居家养老需求吗？》，《华中农业大学学报（社会科学版）》2016 年第 3 期。

李玉娇：《医疗保障水平、服务认知差异与养老方式选择制度效果会影响老年人居家养老需求吗？》，《华中农业大学学报（社会科学版）》2016 年第 3 期。

李玉娇：《医疗保障水平、服务认知差异与养老方式选择制度效果会影响老年人居家养老需求吗？》，《华中农业大学学报（社会科学版）》2016 年第 3 期。

李跃亮、鲁可荣：《传统村落保护与居家养老服务的协同发展效应及路径分析——以浙江三村为例》，《福建论坛（人文社会科学版）》2018 年第 3 期。

梁喜新：《辽宁省经济地理》，新华出版社 1990 年版。

辽宁民政：《葫芦岛市养老服务工作健康有序发展》，2017 年 3 月 17

日，http：//www.lndca.gov.cn/dsxx/201703/t20170317_ 2813641.html。

辽宁民政厅《我省发布〈辽宁省养老服务标准体系建设指南〉》，2019年1月，http：//www.lndca.gov.cn/mzyw/201901/t20190123_ 3424827.html。

辽宁民政志编纂委员会：《辽宁省民政志》，辽宁人民出版社1996年版。

辽宁省发改委：《辽宁省养老服务发展基本情况及形势分析》，2017年3月6日，http：//www.lndp.gov.cn/Article_ Show.asp？ArticleID＝6020。

辽宁省民政厅：《2016年上半年全省农村五保供养对象人数与资金发放情况》，2016年7月29日，http：//www.lndca.gov.cn/hhzl/shjzxxgkzl/201608/t20160804_ 2474525.html。

辽宁省人民政府：《盘锦市民政局高质量推进居家和社区养老改革试点工作》，2019年2月1日，http：//www.lndca.gov.cn/dsxx/201901/t20190130_ 3435011.htm。

林清泉：《计量经济学》，中国人民大学出版社2009年版。

凌文豪、王又彭：《构建城乡统一社会养老服务体系的路径探寻——基于河南省9市553份调研问卷的分析》，《河北大学学报》（哲学社会科学版）2019年第1期。

刘柏惠：《养老服务体系的国际比较与可行选择》，《改革》2016年第4期。

刘冬梅：《德国老年福利制度研究》，《社会政策研究》2018年第2期。

刘桂莉：《养老支持力中的"精神赡养"问题——试以"空巢家庭"为例》，《南昌大学学报》2003年第1期。

刘蕾：《我国社区居家养老服务合作供给机制研究》，中国社会出版社2017年版。

刘丽娜：《我国城乡门诊医疗服务需求弹性研究》，《中国卫生经济》2006年第7期。

刘妮娜：《农村互助型社会养老：中国特色与发展路径》，《华南农业大学学报》（社会科学版）2019年第1期。

刘妮娜：《自治和共治：互助式养老的体现与诠释》，《中国社会工作》2019年第2期。

刘生龙、李军：《健康、劳动参与及中国农村老年贫困》，《中国农村经济》2012 年第 1 期。

刘涛、汪超：《德国长期护理保险 22 年：何以建成，何以可存，何以可行?》，《公共治理评论》2017 年第 11 期。

刘一伟：《互补还是替代："社会养老"与"家庭养老"——基于城乡差异的分析视角》，《公共管理学报》2016 年第 4 期。

娄成武、甘海威：《新制度主义视角下政府购买公共服务内部化问题治理研究》，《学术论坛》2017 年第 2 期。

娄成武、孙萍：《社区管理学》，高等教育出版社 2006 年版。

陆益龙：《嵌入性政治与村落经济的变迁——安徽小岗村调查》，上海人民出版社 2007 年版。

吕炜、王伟同：《发展失衡、公共服务与政府责任——基于政府偏好和政府效率视角的分析》，《中国社会科学》2008 年第 4 期。

毛学峰、刘靖：《农地"女性化"还是"老龄化"?——来自微观数据的证据》，《人口研究》2009 年第 2 期。

米红、叶岚：《中国农村最低生活保障标准的模型创新与实证研究》，《浙江社会科学》2010 年第 5 期。

民政部：《国外及港澳台地区养老服务情况汇编》，中国社会出版社 2012 年版。

穆光宗：《成功老龄化之关键：以"老年获得"平衡"老年丧失"》，《西南民族大学学报（人文社会科学版）》2016 年第 11 期。

穆光宗：《家庭养老制度的传统与变革》，华龄出版社 2002 年版。

穆光宗：《美国社区养老模式借鉴》，《人民论坛》2012 年第 8 期。

穆林林、魏双燕、何景梅等：《辽宁省居家养老现状及对策研究》，《现代商贸工业》2015 年第 10 期。

倪东生、张艳芳：《养老服务供求失衡背景下中国政府购买养老服务政策研究》，《中央财经大学学报》2015 年第 11 期。

倪九派、李萍、魏朝富、谢德体：《基于 AHP 和熵权法赋权的区域土地开发整理潜力评价》，《农业工程学报》2009 年第 5 期。

潘屹：《中国农村福利》，社会科学文献出版社 2014 年版。

彭华民、黄叶青：《福利多元主义：福利提供从国家到多元部门的转型》，《南开学报（哲学社会科学版)》2006 年第 6 期。

彭华民：《福利三角：一个社会政策分析的范式》，《社会学研究》

2006 年第 4 期。

彭艳斌、王春平、彭晶：《辽宁省农村公共产品的供给现状分析——基于对辽宁省彰武县、北镇市及新宾县的调查》，《农业经济》2007年第 5 期。

钱宁：《中国社区居家养老的政策分析》，《学海》2015 年第 1 期。

钱再见：《中国社会弱势群体及其社会支持政策》，《江海学刊》2002年第 3 期。

秦智颖、李振军：《我国农村养老服务供给主体多元化研究——基于协同治理理论视角的分析》，《中国集体经济》2016 年第 1 期。

秦智颖、李振军：《我国农村养老服务供给主体多元化研究——基于协同治理理论视角的分析》，《中国集体经济》2016 年第 1 期。

邱皓政：《结构方程模型的原理与应用》，中国轻工业出版社 2009年版。

曲嘉瑶、孙陆军：《中国老年人居住安排与变化：2000—2006》，《人口学刊》2011 年第 2 期。

曲绍旭：《NGO 介入养老服务体系之优化考量——基于"福利效能"视角》，《河南大学学报（社会科学版）》2014 年第 2 期。

邵德兴：《医疗卫生公益性嬗变析论——以改革开放以来农村基层医疗卫生政策变迁为例》，《浙江社会科学》2015 年第 8 期。

史云桐：《"政府造社会"：社区公共服务领域的"社会生产"实践》，《社会发展研究》2016 年第 4 期。

宋言奇：《居家养老中资源整合问题——基于苏州的实践》，《苏州大学学报（哲学社会科学版）》2015 年第 1 期。

宋洋：《农村社会福利的多元主体协同供给研究》，《中国特色社会主义研究》2014 年第 2 期。

孙祁祥、锁凌燕、郑伟：《社保制度中的政府与市场——兼论中国 PPP 导向的改革》，《北京大学学报》（哲学社会科学版）2015 年第 3 期。

田北海、王彩云：《城乡老年人社会养老服务需求特征及其影响因素——基于对家庭替代机制的分析》，《中国农村观察》2014 年第 4 期。

田北海、王彩云：《城乡老年人社会养老服务需求特征及其影响因素——基于对家庭替代机制的分析》，《中国农村观察》2014 年第 4 期。

田雪原：《人口老龄化与"中等收入陷阱"》，社会科学文献出版社

2013 年版。

仝利民：《老年社会工作》，华东理工大学出版社 2006 年版。

童玉林，赵英丽，鲁文雅：《居家养老服务层次体系的完善——基于福利多元主义的视角》，《广西经济管理干部学院学报》2016 年第 2 期。

汪杰贵、裴志军、张俊华：《以农民满意为导向的农村公共服务多元化协同供给模式研究》，《农村经济》2012 年第 1 期。

汪锦军：《构建公共服务的协同机制：一个界定性框架》，《中国行政管理》2012 年第 1 期。

汪应洛：《系统工程理论、方法与应用》，高等教育出版社 1998 年版。

王春燕：《构建便捷高效居家养老服务圈——我市 14 所社区居家养老服务综合示范中心全部建成》，《大连晚报》2017 年 1 月 10 日第 A8 版。

王杰秀等：《发达国家养老服务发展状况及借鉴》，《社会政策研究》2018 年第 2 期。

王蕾、杜栋：《农田水利设施供给水平、农户需求意愿与供给效果研究》，《中国管理科学》2015 年第 1 期。

王蕾、杜栋：《农田水利设施供给水平、农户需求意愿与供给效果研究》，《中国管理科学》2015 年第 1 期。

王丽敏：《我国社区居家养老服务的供需矛盾及对策》，《商业经济研究》2016 年第 5 期。

王浦劬，［美］莱斯特·M. 萨拉蒙等著《政府向社会组织购买公共服务研究：中国与全球经验分析》，北京大学出版社 2016 年版。

王琼：《城市社区居家养老服务需求及其影响因素——基于全国性的城市老年人口调查数据》，《人口研究》2016 年第 1 期。

王思斌：《中国社会工作研究（第一辑）》，社会科学文献出版社 2002 年版。

王武林：《中国老年人口自杀问题研究》，《人口与发展》2013 年第 1 期。

王小龙等：《劳动力转移、留守老人健康与农村养老公共服务供给》，《南开经济研究》2011 年第 4 期。

王晓亚、孙世芳、许月明：《农村居家养老服务的 SWOT 分析及其发展战略选择》，《河北学刊》2014 年第 2 期。

王新军、郑超：《老年人健康与长期护理的实证分析》，《山东大学学报（哲学社会科学版）》2014 年第 3 期。

王跃生：《中国城乡老年人居住的家庭类型研究——基于第六次人口普查数据的分析》，《中国人口科学》2014 年第 1 期。

王振军：《农村社会养老服务需求意愿的实证分析——基于甘肃 563 位老人问卷调查》，《西北人口》2016 年第 1 期。

王争亚、吕学静：《福利多元主义视角下我国养老服务供给主体问题解析》，《中国劳动》2015 年第 2 期。

文继红：《辽宁：公共服务向农村延伸》，《辽宁日报》2008 年 5 月 6 日第 A08 版。

邬沧萍、杜鹏：《老龄社会与和谐社会》，中国人口出版社 2012 年版。

吴明隆：《结构方程模型：Amos 的操作与应用》，重庆大学出版社 2009 年版。

席恒、雷晓康：《公共管理的方法论基础：从成本收益分析到合作收益分析》，《江苏行政学院学报》2006 年第 4 期。

夏学銮：《社区管理概论》，中共中央党校出版社 2005 年版。

项继权：《论我国农村社区的范围与边界》，《中共福建省委党校学报》2009 年第 7 期。

熊波、石人炳：《中国家庭代际关系对代际支持的影响机制——基于老年父母视角的考察》，《人口学刊》2016 年第 5 期。

熊凤水：《从婚姻支付实践变迁看农村家庭代际关系转型》，《中国青年研究》2009 年第 3 期。

熊汉富：《空巢家庭：一个应当关注的老年群体——北京大学身边无子女家庭探析》，《人口研究》1998 年第 5 期。

徐永祥：《社区发展论》，华东理工大学出版社 2001 年版。

徐永祥：《社区工作》，高等教育出版社 2004 年版。

严陆根：《中国社区经济发展报告》，中国发展出版社 2014 年版。

杨成波：《农村居家养老服务供给模式和对策建议》，《农业经济》2015 年第 11 期。

杨翠迎、鲁於：《"医疗嵌入型"医养结合服务的行为逻辑与实践经验——基于上海市六个区的调查分析》，《云南民族大学学报（哲学社会科学版）》2018 年第 6 期。

杨翠迎：《我国农村社会保障制度的演变及评价》，《西北人口》2001

年第 4 期。

杨峰、金荣生：《鞍山每 60 人中就有一人是慈善义工》，《辽宁日报》2015 年 12 月 8 日第 A09 版。

杨守宝：《"刘易斯转折点"上农村养老资源需求层次理论分析》，《农村经济》2010 年第 1 期。

杨志安：《农村公共产品供给碎片化与协同治理——以辽宁省为例》，《长白学刊》2016 年第 1 期。

姚远：《从宏观角度认识我国政府对居家养老方式的选择》，《人口研究》2008 年第 2 期。

姚远：《中国家庭养老研究》，中国人口出版社 2001 年版。

叶响裙：《公共服务多元主体供给：理论与实践》，社会科学文献出版社 2014 年版。

易丹辉、尹德光：《居民消费统计学》，中国人民大学出版社 1994 年版。

尹栾玉、王依娜：《从英国 NHS 制度变迁看我国新医改路径选择》，《社会治理》2018 年第 10 期。

尹栾玉：《基本公共服务：理论、现状与对策分析》，《政治学研究》2016 年第 5 期。

于长永：《新型农村合作医疗制度建设绩效评价》，《统计研究》2012 年第 4 期。

袁小波：《社会养老服务体系该如何布局》，《人民论坛》2016 年第 30 期。

张车伟、王德文：《农民收入问题性质的根本转变——分地区对农民收入结构和增长变化的考察》，《中国农村观察》2004 年第 1 期。

张国平等：《政府购买居家养老服务的满意度及其影响因素分析》，《常熟理工学院学报》2018 年第 1 期。

张恺悌、罗晓晖：《新加坡养老》，中国社会出版社 2014 年版。

张康之：《合作的社会及其治理》，上海人民出版社 2014 年版。

张乃心、姜文丽、任素娟：《辽宁省的居家养老服务现状与发展对策》，《经营与管理》2015 年第 6 期。

张奇林、赵青：《全民社保与社区居家养老模式的发展》，《武汉理工大学学报》（社会科学版）2012 年第 1 期。

张奇林、赵青：《全民社保与社区居家养老模式的发展》，《武汉理工大学学报》（社会科学版）2012 年第 1 期。

张奇林、赵青：《我国社区居家养老模式发展探析》，《东北大学学报》（社会科学版）2011 年第 9 期。

张仕平：《中国农村家庭养老研究》，《人口学刊》1999 年第 5 期。

张应良、王晓芳、官永彬等：《农村社区公共产品有效供给与制度创新》，中国农业出版社 2013 年版。

张应良、王晓芳、官永彬等：《农村社区公共产品有效供给与制度创新》，中国农业出版社 2013 年版。

张勇杰：《从多元主体到程序分工：公共服务供给网链化模式的生成逻辑》，《党政干部学刊》2015 年第 10 期。

章晓懿：《"救急难"托底保障的机制构建与地方实践》，《中国民政》2017 年 16 期。

赵国辉：《鞍山年鉴（2015）》，沈阳出版社 2015 年版。

赵英军：《西方经济学（微观部分）》，机械工业出版社 2009 年版。

赵志强、杨青：《制度嵌入性视角下的农村互助养老模式》，《农业经济》2013 年第 1 期。

郑功成：《尽快补上养老服务中人文关怀的短板》，《中国社会工作》2018 年第 29 期。

郑杭生：《社会学概论新修》，中国人民大学出版社 2001 年版。

郑喜洋、申曙光：《财政卫生支出：提升健康与联系人降低费用——兼论企业医保降费》，《经济管理》2019 年第 1 期。

郑真真、周云：《中国老年人临终生活质量研究》，《人口与经济》2019 年第 2 期。

中华人民共和国国务院新闻办公室：《〈国家人权行动计划（2012—2015 年）〉实施评估报告》，《人民日报》2016 年 6 月 15 日第 12 版。

钟慧澜：《从国家福利到混合福利：瑞典、英国、澳大利亚养老服务市场化改革道路选择及启示》，《经济体制改革》2016 年第 5 期。

钟仁耀：《我国老年津贴政策的区域差异化分析》，《公共治理评论》2017 年第 1 期。

周敏：《论我国居家养老服务的产业化之路——兼谈政府、市场及家庭的职能定位》，《社会保障研究》2015 年第 1 期。

周作宇：《协同创新政策的理论分析》，《新华文摘》2013 年第 10 期。

朱凤梅：《新加坡养老保障体系：制度安排、政府角色及启示》，《中国社会工作》2018 年第 35 期。

朱勤：《我省已建 2400 个农村幸福院——相关人士建议加大投入做好后续管理服务》，《辽宁日报》2015 年 8 月 6 日第 A07 版。

朱玉春、唐娟莉、罗丹：《农村公共品供给效果评估：来自农户收入差距的响应》，《管理世界》2011 年第 9 期。

朱震宇、李放：《医养结合养老服务满意度及其影响因素》，《中国老年学杂志》2018 年第 23 期。

Alcock, P., Powell, M. A, Welfare Theory and Development, SAGE Publications Ltd, 2011, pp. 61 – 88.

Andersen, R., Newman, J. F., "Societal and Individual Determinants of Medical Care Utilization in the United States", The Milbank Memorial Fund Quarterly, *Health and Society*, Vol. 51, No. 1, Winter 1973, pp. 95 – 124.

Aud Elisabeth Witsø, Borgunn Ytterhus, Kjersti Vik, "Taking home – based services into everyday life; older adults' participation with service providers in the context of receiving home – based services", *Scandinavian Journal of Disability Research*, Vol. 17, No. 1, May 2013, pp. 46 – 61.

Benjamin, D., Brandt, L., Fan, J. Z., "Ceaseless Toil? Health and Labor Supply of the Elderly in Rural China", William Davidson Institute Working Paper Series, 2003, pp. 1 – 4.

Blazer, D. G., Landerman, L. R., Fillenbaum, G., "Horner, R. Health Services Access and Use among Older Adults in North Carolina: Urban vs Rural Residents", *American Journal of Public Health*, Vol. 85, No. 10, October 1995, pp. 1384 – 1390.

Borowiak, E., Kostka, J., Kostka, T., "Comparative analysis of the expected demands for nursing care services among older people from urban, rural, and institutional environments", *Clinical Interventions in Aging*, Vol. 10, 2015, pp. 405 – 412.

Borowiak, E., Kostka, J., Kostka, T., "Comparative analysis of the expected demands for nursing care services among older people from urban, rural, and institutional environments", *Clinical Interventions in Aging*, Vol. 10,

2015, pp. 405 – 412.

Bradshaw, J., "The Concept of Social Need", *New Society*, Vol. 30, 1972, pp. 640 – 643.

Braekers, K., Hartl, R. F., Parragh, S. N., Tricoire, F., "A. bi – objective home care scheduling problem: Analyzing the trade – off between costs and client inconvenience", *European Journal of Operational Research*, Vol. 248, No. 2, January 2016, pp. 428 – 443.

Brauw, A. D., Rozelle, S, "Migration and Household Investment in Rual China", *China Economic Reviews*, Vol. 19, No. 2, 2008, pp. 320 – 335.

Brown, J. R., Finkelstein, A, "why is the market for long – term care insuance so small?", Journal of Public Economics, Vol. 91, No. 10, November 2007, pp. 1967 – 1991.

Caldwell, J. T., Ford, C. L., Wallace, S. P., Wang, M. C., Takahashi, L. M., "Racial and ethnic residential segregation and access to health care in rural areas", *Health and Place*, Vol. 43, January 2017, pp. 104 – 112.

Chalise, H. N, "Depression among elderly living in Briddashram (old age home)", *Advances in Aging Research*, Vol. 3, No. 1, 2014, pp. 6 – 11.

Chandola T, "The fear of crime and area differences in health", Health and Place, Vol. 7, No. 2, June 2001, pp. 105 – 116.

Chang, H., Dong, X. Y., Macphail, F., "Labor Migration and Time Use Patterns of the Left – behind Children and Elderly in Rural China", *World Development*, Vol. 39, No. 12, December 2011, pp. 2199 – 2210.

Chappell, D., "Communication and Better Support on Agenda at Inaugural Aged – care Gathering", *Medical Societies*, Vol. 18, No. 3, 2012, pp. 1173 – 2032.

Chaves, Claudia, and M. Santos, "Patient Satisfaction in Relation to Nursing Care at Home", Procedia – Social and Behavioral Sciences, Vol. 217, 2016, pp. 1124 – 1132.

Davidsson, Per, and B. Honig, "The role of social and human capital among nascent entrepreneurs", *Journal of Business Venturing*, Vol. 18, No. 3, May 2003, pp. 301 – 331.

Evers, A., Svetlik, I, "Balancing Pluralism: New Welfare Mixer in care for the elderly", Journal of Social Policy, Vol. 23, No. 3, July 1994, pp. 446 – 448.

Fitzpatrick, S. J., Perkins, D., Luland, T., Brown, D., Corvan, E., "The effect of context in rural mental health care: Understanding integrated services in a small town", *Healthand Place*, Vol. 45, May 2017, pp. 70 – 76.

Frode F. Jacobsen and Tone Elin Mekki, "Health and the Changing Welfare State in Norway: A Focus on Municipal Health Care for Elderly Sick", *Ageing International*, Vol. 37, No. 2, June 2012, pp. 125 – 142.

Gaugler, J. E., Duval, S., Anderson, K. A., Kane, R. L., "Predicting nursing home admission in the U. S: a meta – analysis", BMC Geriatrics, Vol. 7, No. 1, June 2007, pp. 1 – 14.

Gerdtham, U. G., "The impact of aging on health care expenditure in Sweden", *Health Policy*, Vol. 24, No. 1, April 1993, pp. 1 – 8.

Gilbert, N, "Remodeling social welfare", Society, Vol. 35, No. 5, July 1998, pp. 8 – 13.

Graefe, P, "Personal Services In the Post – Industrial Economy: Adding nonprofits to the welfare mix", Social policy & administration, Vol. 38, No. 5, August 2004, pp. 456 – 469.

Gregory, Anna, et al. "Experiences of health care for older people who need support to live at home: A systematic review of the qualitative literature. " *Geriatric Nursing*, Vol. 38, No. 4, Jul. – Aug. 2017, pp. 315 – 324.

Grossman, M., "On the Concept of Health Capital and the Demand for Health", Journal of Political Economy, Vol. 80, No. 2, March to April 1972, pp. 223 – 235.

Hatch, I. S. Mocroft, Components of welfare voluntary organisations, social services and politics in two local authorities, London: Bedford Square Press, 1983, p. 2.

Huber, M., Rodrigues, R., Hoffmann, F., Gasior, K., & Marin, B., Facts and figures on long – term care. Europe and North America. Vienna: European Centre for Social Welfare Policy and Research, 2009.

Hungerbuehler, Ines, et al., "Home – Based Psychiatric Outpatient Care Through Videoconferencing for Depression: A Randomized Controlled Follow –

Up Trial", *Jmir Mental Health*, Vol. 3, No. 3, Aug. 2016, pp. 1 – 10.

Johnson, N, The Welfare State in Transition: The theory and Practice of Welfare Pluralism, Amherst: University of Massachusetts Press, 1987, pp. 25 – 31.

Kiil, A., Houlberg, K., "How Does Copayment for Health Care Services Affect Demand, Health and Redistribution? A Systematic Review of the Empirical Evidence from 1990 to 2011", *The European Journal of Health Economics*, Vol. 15, No. 8, November 2014, pp. 813 – 828.

Knapp, M., Bauer, A., Perkins, M., Snell, T., "Building Community Capital in Social Care: is There an Economic Case?", *Community Development Journal*, Vol. 48, No. 2, April 2013, pp. 179 – 196.

Kr̊utilová, V., "Unmet Need For Health Care——A Serious Issue for European Elderly?", *Procedia – Social and Behavioral Sciences*, Vol. 220, No. 31 May 2016, pp. 217 – 225.

Kumari, P., Mathew, L., Syal, P., "Increasing trend of wearables and multimodal interface for human activity monitoring: A review", *Biosensors and Bioelectronics*, Vol. 90, No. 15, April 2017, pp. 298 – 307.

Kwak, C. Y., Ko, Y., "Historical overview of community Health Practitioners in Korea", *Public Health Nursing (Boston, Mass)*, Vol. 32, No. 2, March – April 2015, pp. 161 – 168.

Laranjeira, C., Azeredo, Z., Guerra, M., Rodrigues, C, "Formal caregivers' perceptions of working in a home – based care for elderly", *European Psychiatry*, Vol. 33, March 2016, pp. 634 – 634.

Lee, Y. J., Xiao, Z, "Children's Support for Elderly Parents in Urban and Rural China: Results from a National Survey", *Journal of Cross – Cultural Gerontology*, Vol. 13, No. 1, March 1998, pp. 39 – 62.

Leisse, M., Kallert, T. W, "Social intergration and the quality of life of schizophrenic patients in different types of comlementary care", *European Psychiatry*, Vol. 15, No. 8, December 2000, pp. 450 – 460.

Liu, K., Manton, K. G., Aragon, C., "Changes in home care use by disabled elderly persons: 1982 – 1994", *Journals of Gerontology*, Vol. 55,

No. 4, 2000, pp. 245 – 253.

Luo, Y., Hawkley, L. C., Waite, L. J., Cacioppo, J. T., "Loneliness, health, and mortality in old age: A national longitudinal study", *Social Science & Medicine*, Vol. 74, No. 6, March 2012, pp. 907 – 914.

Makinen, M., Waters, H., Rauch, M., Almagambetova, N., Bitran, R., "Inequalities in health care use and expenditures: empirical data from eight developing countries and countries in transition", *Bulletin of the World Health Organization*, Vol. 78, No. 1, 2000, pp. 55 – 65.

Maslow, A. H., "A Theory of Human Motivation", *Psychological Review*, Vol. 50, 1943, pp. 370—396.

Milena, V. K., Reuther, S., Dortmann, O., "Care arrangements for community – dwelling people with dementia in Germany as perceived by informal carers – a cross – sectional pilot survey in a provincial – rural setting", *Health & Social Care in the Community*, Vol. 24, No. 3, May 2016, pp. 283 – 296.

Novy – Marx, Robert and Rauh, Joshua D., "Linking Benefits to Investment Performance in Us Public Pension Systems" (October 2012). NBER Working Paper, No. 18491, Available at SSRN, https://ssrn.com/abstract = 2167594.

Okabe, Y., Furuta, M., Akifusa, S., Takeuchi, K., Adachi, M., Kinoshita, T., Kikutani, T., Nakamura, S., Yamashita, Y., "Swallowing Function and Nutritional Status in Japanese Elderly People Receiving Home – care Services: A 1 – year Longitudinal Study", *The journal of nutrition, health & aging*, Vol. 20, No. 7, July 2016, pp. 697 – 704.

Oomkens, R., Hoogenboom, M., Knijn, T., "Performance – based contracting in home – care work in The Netherlands: Professionalism under pressure?", *Health and Social Care in the Community*, Vol. 24, No. 4, July 2016, pp. 399 – 410.

Ostrom, E., "Crossing the great divide: Coproduction, synergy and development", *World Development*, Vol. 24, No. 6, 1996, pp. 1073 – 1087.

Pang, Lihua, A. D. Brauw, and S. Rozelle, "Working Until Dropping: Employment Behavior of the Elderly in Rural China.", Department of Economics Working Papers, 2004, pp. 1 – 36.

Pestoff, V. "Citizens and co – production of welfare services. Childcare in eight European countries", Public Management Review, Vol. 8, No. 4, Dec 2006, pp. 503 – 519.

Rooy, G. V., Mufune, P., Amadhila, E., "Experiences and Perceptions of Barriers to Health Services for Elderly in Rural Namibia", Sage Open, Vol. 5, No. 3, July 2015, pp. 1 – 10.

Satka, Mirja and Pilvi Hämeenaho, "Finnish eldercare services in crisis: the viewpoint of rural home care workers," Current Genomics, Vol. 5, No. 1, November 2014, pp. 1 – 14.

Schoen, C., Davis, K., Desroches, C., Donelan, K., Blendon, R., "Health Insurance Markets and Income Inequality: Findings from An International Health Policy Survey", Health Policy, Vol. 51, No. 2, April 2000, pp. 67 – 85.

Suurmond, J., Rosenmöller, D. L., EI, M. H., Lamkaddem, M., Essinkbot., M. L, "Barriers in access to home care services among ethnic minority and Dutch elderly——a qualitative study", International Journal of Nursing Studies, Vol. 54, February 2016, pp. 23 – 35.

Timonen, V., Mcmenamin, I., "Future of Care Services in Ireland: Old Answers to New Challenges?", Social Policy and Administration, Vol. 36, No. 1, February 2002, pp. 20 – 35.

UK Office for National Statistics, https: //beta. ons. gov. uk/peoplepopulationandcommunity/healthandsocialcare/healthcaresystem/datasets/healthcareexpenditureintheukalltables.

UNITED NATIONS, UN Population Division's World Population Prospects 2017, https: //www. un. org/en/。

Voraroon, S., Meebunmak, Y., Enmarker, I., Hellzén, O., "Shareholding Networks for Care in Rural Thailand: Experiences of Older Persons and Their Family Members", Open Journal of Nursing, Vol. 7, No. 2, 2017, pp. 318 – 330.

Waterson, J., "Redefining community care social work: Needs or risks led?", Health and Social Care in the Community, Vol. 7, No. 4, 1999, pp. 276 – 279.

Winkleby, Marilyn A. , et al. , "Socioeconomic status and health: How education, Income and occupation contribute to risk factor for cardiovascular disease", American Journal of Public Health, Vol. 82, No. 6, June 1992, pp. 816 – 820.

Wong, L, "Community social services in the People' s Republic of China", International social work, Vol. 35, No. 4, 1992, pp. 455 – 470.

Wu, Z. , Hart, R, "The effects of marital and nonmarital union transition on health", *Journal of Marriage and Family*, Vol. 64, No. 2, 2002, pp. 420 – 432.

Yip, W. , Subramanian, S. V. , Mitchell, A. D. , Lee, D. T. , Wang, J. , Ichiro, K. , "Does Social Capital Enhance Health and Well – being? Evidence from Rural China", *Social Science & Medicine*, Vol. 64, No. 1, January 2007, pp. 35 – 49.

后 记

本书的出版离不开沈阳师范大学管理学院院长王海燕教授的亲切指导和勉励，进而为本书的形成增添无限光辉，本书才得以顺利成稿。同时，特别感谢东北大学我的指导教师李兆友教授在我读博期间引领我探索学术前沿，把握人生方向。每一个环节都得到了李老师醍醐灌顶般的点拨，李老师严谨的治学精神和谦逊的品格是我永远学习的榜样。正是李老师的批评与指正让我可以及时地发现问题并修正思路，使自己知道了学术道路原来是如此的艰辛，更知道自己仍有很多的不足。在这段时间的砥砺中，让我逐渐获得了独立思辨的能力，努力使自己在学习中成长，在成长中学习。

本书的写作特别要感谢东北大学李坚教授等专家的谆谆教诲，在调研过程中协助联络相关部门和机构负责人，使我在本书调研和写作过程中能够找准方向，少走弯路。本书力图反映管理学、社会学、人口学相关理论研究的最新进展，为此借鉴国内外本领域专家的诸多研究成果，在此表示诚挚的谢意，是大家智慧的分享才有本书的完成。特别要感谢我敬爱的父亲母亲、公公婆婆，以及我的爱人张志元副教授和乖巧懂事的女儿的鼓励支持，感谢中国社会科学出版社宋燕鹏老师在本书出版过程中给予的鼎力支持。大家的无私帮助永远是我前行的不竭动力。

伴随着辽宁老工业基地的全面振兴，辽宁省农村居家养老服务供给是一项系统工程，本书旨在抛砖引玉，期待得到学界前辈的批评指导，为本书的进一步完善继续努力。上下五千年，始于尧舜，传统孝道文化源远流长。路漫漫其修远兮，吾将上下而求索。不忘初心，砥砺前行。

我们这代人恰逢百年复兴实现中国梦的伟大时代，百年梦想，百年机遇，百年希望，谨以此书献给中华人民共和国建国七十周年，祝愿伟大祖国繁荣富强，农村老年人老有所养，病有所医，老有所乐。

郑吉友

2019 年 2 月于辽宁沈阳